한반도 공화국 리포트

미중 경쟁시대에서의 생존전략

한반도 공화국 리포트

김경종

밥북

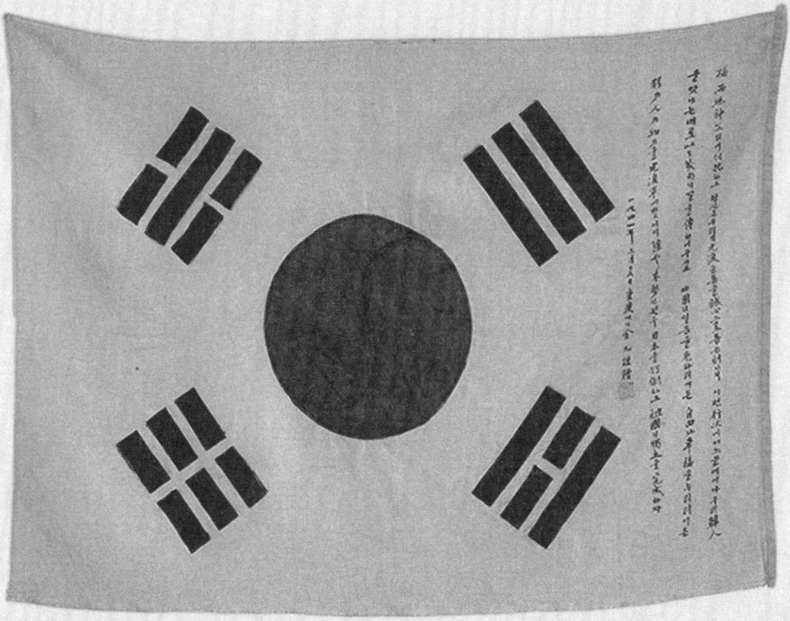

"네 소원이 무엇이냐 하고 하나님이 내게 물으시면 나는 서슴지 않고 '내 소원은 대한 독립이오' 하고 대답할 것이다. 그다음 소원은 무엇이냐 하면 나는 또 '우리 나라의 독립이오' 할 것이오, 또 그다음 소원이 무엇이냐 하는 셋째 번 물음에도 나는 더욱 소리를 높여서, '나의 소원은 우리나라 대한의 완전한 자주독립이오' 하고 대답할 것이다."

– 백범 김구의 〈나의 소원〉 중에서

서문

독자에게 말한다.

첫째, 이 책은 가볍게 읽는 책이 아니다. 이 책은 읽으면서 스스로 생각해 보기 위한 책이다.

성공하기 위해서나, 돈을 벌기 위한 사람들은 이 책보다는 다른 책들을 보기 바란다.

둘째, 아무리 먹고살기가 힘들어도 한국인이라면 가끔은 한 번씩 나라를 생각해 봐야 한다.

우리가 원하지 않아도 한반도는 강대국들이 탐내는 땅이며, 한반도가 반으로 나뉘어 있기 때문에 강대국들의 이해가 충돌할 때마다 우리는 힘들어진다. 그러나 다시 한번 생각해 보면 강대국들이 한반도에서 경쟁하였기에 오히려 우리가 성장할 수 있었다는 것을 느끼게 된다.

셋째, 이 책은 어려운 현실에서 제대로 된 길을 찾기 위한 책이다.

이 책은 한반도의 평화를 유지하고, 더 나아가 한반도의 평화통일을 염원하는 사람들을 위한 책이다. 그런 염원을 가진 사람들이 제대로 된 길을 찾기 위하여 진지하게 다시 한번 생각을 하고, 다시 한번 마음을 모아 나아가기 위해 쓴 책이다.

넷째, 필자가 이 책을 읽는 한국인에게 바라는 요구 수준은 매우 높다.

한 번도 생각해 보지 않은 사고들이 많이 포함되어 있을 것이다. 선입관을 가지고 미리 판단하지 말고 우선 필자가 쓴 내용들을 제대로 이해하여야 한다. 필자의 관점을 제대로 이해한 뒤, 자신의 생각을 다시 세우기를 희망한다. 남들이 말하는 그럴듯한 주장만 따라서 말하는 습관에서 벗어나, 이제는 스스로의 사고를 통하여 우리나라를 위한 최선의 길이 무엇인지를 제대로 찾아야 한다. 이 과정이 쉽지는 않을 것으로 생각된다.

그러고 나서 자신이 옳다고 믿는 것을 위하여 각자의 분야에서 할 수 있는 일을 찾아서 행동해야 한다. 행동이 없는 지식은 자기만족에는 좋으나 사회에는 큰 의미가 없다. 돈이 되는 일만 할 것인가? 대의를 위한 일을 하는 것도 매우 보람이 있는 일이다.

다섯째, 10년 뒤에 우리나라의 주역이 될 현재의 20대, 30대 그리고 40대가 이 책을 읽고, 사색하고, 행동하기를 바라는 마음으로 이 책을 썼다. 필자가 주장하는 방향으로 나아간다고 해도 적어도 10년은 걸린다. 미래의 주역들이 '한 번도 가지 않은 새로운 길'을 개척하여, 새로운 한반도의 주인으로서 당당하게 일하고 살아가는 모습을 기대한다.

여섯째, 미래의 주인공들이 이 책을 읽으면서 한반도에서 최선의 길을 찾는 데 필요하다고 판단한 자료들을 다 포함하다 보니 학술지의 논문과 같은 매우 광범위한 내용이 되었다. 가능하면 쉬운 말로 풀어서 썼지만, 여전히 천천히 읽으면서 한참 생각해 봐야 겨우 이해할 수 있는 책이라는 것을 미안하게 생각한다.

이 책의 기본 관점은 다음과 같다.

제1) '잃어버린 110년'을 보낸 우리는 새로운 길을 찾을 수 있는 최적의 시기에 도달하였다.

제국주의 시대에 강대국들 사이에서 방황하다가 나라가 사라진 지 벌써 110년이 지났고, 미소 냉전시대에 남북으로 분단되어 한반도에 제2차 남북국시대가 시작된 지 70년이 지났다. 냉전이 끝나면서 우리는 한반도에서 평화 공존의 길을 선택하였으나, 북한이 핵무기를 개발하면서 적대적 관계가 지속되었다.

2017년 미국과 북한은 '핵단추, 전쟁'이란 단어까지 사용하며 대립하면서 한반도에서의 긴장이 최고조로 높아졌으나, 2018년에 평창올림픽에 북한이 참가하여 최악의 전쟁 위기를 넘기게 되었다. 남과 북이 다시 대화를 시작하면서 한반도의 비핵화와 남북의 평화적인 교류를 추진하기로 합의하였고, 북미 간의 대화도 시작되었다. 필자는 지금이 새로운 길을 찾을 수 있는 최적의 시기라고 판단한다.

제2) 한반도의 길을 찾기 위해서는 '회색국가'의 행태에서 벗어나 먼저 '자주독립국가'가 되어야 한다.

다음과 같은 사고가 대표적인 '회색국가'의 사고이다.

'한반도가 남북으로 분단된 상태가 유지되고, 남과 북이 서로 다른 체제가 유지되는 현재 한반도에 사는 우리는 항상 불안한 마음을 떨칠 수가 없다. 그러나 우리는 먹고살기에도 매우 힘들다. 남한은 선진국이 되었으나, 스스로를 지키지도 못하는 국가이며, 북한을 지원할 수 있는 경제력도 부족한 국가이다. 따라서 우리는 강대국들의 힘에 의존하면서, 강대국이 북한의 핵무기를 잘 처리해 주기만 바라고 있다.'

이제는 이런 '회색국가'의 사고에서 벗어나 우리의 운명을 우리가 선택하는 '자주독립국가'가 되어야 한다.

'남한은 이미 선진국이 되었고, 모든 면에서 북한을 압도한 지 30년이 넘었다. 이제는 우리가 가진 능력을 다시 평가하여야 할 때이다. 현재 우리의 군사력은 북한에 대한 전쟁 억제력을 충분히 보유하고 있다.

우리가 강대국이 되어 다른 강대국과 대등하게 힘을 겨루는 것이 우리의 목표는 아니다. 또한 우리가 어느 강대국과 힘을 합쳐서 다른 강대국을 이기려는 것도 우리의 목표는 아니다. 남북이 대화를 하지 않으면서 서로 다른 강대국에 의존하여 살아간다면 한반도의 평화를 기대하기 어렵고, 더더욱 평화통일의 길은 찾을 수 없다. 더 이상 강대국들의 결정에 우리의 운명을 맡기지 말자. 우리의 최종 목표는 자주독립국가가 되어 평화통일을 달성하여 한민족의 번영과 발전을 위하여 나아가는 것이다. 한반도 주위의 강대국들과 사이좋게 지내면서 한민족이 번영하고 발전하여, 한반도에서 태어난 우리의 자손들이 당당하게 활동하면서 평화롭게 살 수 있는 나라를 만드는 것이 우리의 목표이다.'

제3) 한반도에서 또다시 전쟁이 일어나는 것을 막아야 하며, 한반도의 평화를 유지하기 위한 길을 우리가 적극적으로 찾아야 한다.

핵무기는 무서운 무기이지만 현실적으로 사용하기 매우 힘든 무기이며, 한 국가가 핵무기를 사용하면 그 나라는 세계의 강대국들에 제압당할 수밖에 없는 것이 현재의 세계 질서이다. 따라서 북한이 핵무기를 사용할지 모른다는 공포심에서 이제는 벗어나야 한다. 북한의 핵무기를 강제적으로 제거하려는 행위는 한반도에 새로운 전쟁을 불러올 수 있으니 할 수 있어도 하지 말아야 한다.

전쟁도 평화도 우리가 선택하는 것이지, 강대국들이 결정하는 것은 아니다. 우리의 생명을 소중히 여기고, 북한에 대한 자주국방능력을 유지하면서 대화를 통해 한반도의 평화를 유지하자.

어떠한 이유이든 한반도에 전쟁이 일어나면 지금까지 쌓아온 모든 것들과 미래에 대한 희망도 모두 날아가고 만다. 남과 북이 평화롭게 교류하면서 전쟁을 하지 않겠다고 약속하고 한반도에서의 평화를 유지해야 한다.

전쟁이 일어나지 않아야 한민족이 평화통일을 할 수 있는 기회를 잡을 수 있다.

제4) 한민족의 평화통일은 남과 북이 서로 간절하게 원하면서 합의하여야 비로소 가능한 일이다.

'우리의 꿈은 통일'이라고 외치지 말고, '우리의 꿈은 평화통일'이라고 말해야 한다. 무력통일이나 흡수통일을 하려고 하다가, 전쟁으로 한반도만 폐허가 되거나 현실적으로 오히려 통일의 기회마저 없어질 수 있다.

우리가 바라는 통일 한반도는 '민주공화국, 자유평등국가, 국제평화국가'라고 말해야 한다. 이제는 세습 체제나 독재 체제로서의 통일을 바라는 것이 아니라는 것을 당당하게 말해야 할 때이다.

통일은 남과 북이 서로 합의하여 달성하는 것이지, 한쪽이 일방적으로 달성하는 것은 아니다. 우리의 통일 방안에 대해 북한이 동의하지 않으면, 과거의 통일 신라와 발해처럼 평화로운 한반도 남북국시대를 유지하면 된다. 통일 신라와 발해는 직접 교류하지도 않고, 서로 싸우지도 않으면서 260년을 평화롭게 지냈다. 발해가 다른 강대국에 의해 망하게 되자, 고려는 한반도를 통일하면서 한민족의 시대를 열었다.

제5) 한반도의 평화 유지와 평화통일을 위하여 주위의 모든 강대국과 친하게 지내야 한다.

한반도는 강대국 사이에서 힘들기도 했지만, 강대국들이 있었기에 발전하기도 하였다. 아직도 강대국들은 한반도를 둘러싸고 서로 경쟁하고 있다. 우리가 어떻게 행동하느냐에 따라 주위의 강대국들이 우리의 친구가 될 수도 있고, 적이 될 수도 있다.

강대국들의 경쟁 속에서 한반도의 평화 유지와 평화통일의 길을 찾는 것이 우리에게 주어진 과제이다. 한반도에서 평화가 정착되고 더 나아가 한민족의 평화통일을 달성하는 길을 찾아 강대국들을 설득할 수 있어야 한다.

끝으로 한반도와 한민족의 통일에 대한 필자의 염원은 다음 세 가지다.

첫째, 전 세계에서 유일한 분단국인 한반도가 평화통일을 이루는 것은 하늘의 뜻이고, 지금 살고있는 우리들의 소명이다. 강대국들이 자신의 목표를 스스로 선택하는 것처럼, 우리는 한민족의 번영과 발전을 위해 나아가야 한다. 우리의 소명을 달성하기 위하여 지금까지의 우리의 생각, 습관과 행동을 다시 한번 살펴보면서, 잘못 생각하고 잘못 행동하고 있는 우리의 행태를 다 바꾸어야 한다.

둘째, '한민족은 하나'라는 믿음을 가지고 한민족의 번영과 발전을 위해 나아가자. 남한만의 발전이 아닌 한민족의 발전을 위해서는 나아가야 한다. 더 많이 알고 더 여유 있는 남한이 북한을 도와주면서, 힘들게 살고 있는 북한주민에게 통일에 대한 '희망과 기회'를 제시해 주면서 나아가야 평화통일의 길이 나타날 것이다. 미중 경쟁시대에서 적어도 한반도에서는 미국과 중국이 친하게 될 수 있도록 우리가 길을 찾아야 한다.

셋째, 한민족이 번영 발전하기 위해서 자주독립국가로서 '자유롭고 평등한 국가', '더 많은 국민을 위한 국가', '평화를 추구하는 국가'로 나아가야 한다. 이 길을 향해 나아가면서 국민에게 새로운 희망과 기회를 줄 수 있는 새로운 지도자를 기다린다. 필자는 한반도의 평화통일을 달성하는 새로운 지도자와 같이 일할 수 있는 날을 기다린다.

LIST

PART 2

새로운 길을 찾고 있는 한반도와 한민족

PART 3

평화로운 한반도, 번영하는 한민족

PART 1

방황하고 있는 한반도와 한민족

제1부 제3차 북핵 위기와 새로운 희망

1. 제3차 북핵 위기와 한반도의 긴장 고도화

(1) 제3차 북핵 위기(2009년~현재)

2009년 3월 키리졸브 한미합동군사연습을 실시하자, 북한은 2009년 5월 제2차 핵실험을 실시하였다. 미국은 2010년 시리아, 이란, 북한을 악의 축 국가로 발표하고, 2011년 4월 시리아를 폭격하기 시작하였다. (시리아에서 러시아가 지원하는 정부군과 미국이 지원하는 반정부군의 싸움이 지속되면서, 현재까지 3백만 명 정도의 사상자가 발생하고, 인구의 반 정도가 해외로 탈출하여 난민이 되었다.)

2011년 11월 북한의 김정일 국방위원장이 갑자기 사망하자 김정은 국무

위원장 체제로 되면서, 2013년부터 북한은 핵개발을 본격화하였다. 2013년 2월 제3차 핵실험 이후 2017년 6월 제6차 핵실험을 실시하면서 핵보유국으로 자칭하게 되었다. 핵무기를 가지게 된 북한은 자신의 체제 보장을 요구하고 있고, 미국은 '선 핵포기 후 대화'의 원칙을 고수하면서 서로 대립하게 되었다.

‖ 2009년의 제2차 핵실험과 제3차 북핵위기의 시작

1992년 남북의 한반도 비핵화에 대한 합의를 무시하고, 1993년 북한이 핵무기를 개발하기 시작하면서 제1차 핵위기가 발생하였다. 제1차 핵위기는 1994년 미국과 북한의 제네바 합의로 지나갔다. 2002년 북한이 다시 핵무기를 개발하면서 제2차 핵위기가 발생하였으나, 2007년 제2차 남북정상회담과 6자 회담의 합의로 제2차 핵위기도 지나갔다.

2009년 5월 북한은 제2차 핵실험을 하면서 핵무기 개발에 대한 의지를 굽히지 않게 되자, 남북한의 대화와 협력 분위기는 급속히 냉각되었다. 제3차 핵위기가 시작된 것이다. 남북한의 대화와 교류를 하는 과정에서 북한이 핵무기에 대한 개발을 다시 시작하자, 남한은 더 이상 북한과 대화와 교류를 지속할 수 없었다. 2010년 5월 남한은 5·24 조치를 발표하면서 북한과의 대화를 중단하였다. 즉 남북 교역을 중단하고, 대북 지원사업을 보류하였고, 모든 국민의 방북을 금지하였다.

미국은 이미 두 차례나 북한의 기만전술에 속았기 때문에 북한과 협상하려는 의지가 없었고, 이제는 어떠한 대화도 시도하지 않았다. 이번에는 중국도 어떤 역할을 하기 어려웠다. 중국의 주도로 6자 회담을 주재하면서 북한의 핵개발을 중단하기로 합의한 지 1년도 안 돼 북한이 다시 핵실험을 했으니 무엇을 할 수 있었겠는가?

‖ 2012년 시작된 북한의 김정은 위원장 체제

2011년 12월 북한의 김정일 위원장이 급성 심근경색으로 갑자기 사망하고, 12월 29일 김정은이 북한군 최고 사령관으로 추대되었다.

첫째, 2012년 2월 북한은 미국과 2·29 합의를 하였다. 북한이 우라늄농축프로그램(UEP)을 중단하고, 핵미사일 실험을 하지 않으며, 국제원자력기구(IAEA) 감시단의 입국을 허용하겠다고 합의하였다. 동 합의는 미국이 북한에 대한 식량(24만 톤)을 지원하는 조건으로 이루어진 것이다. 그러나 북한은 4월에 곧장 장거리 미사일 실험을 하였고, 이에 미국은 북한과의 대화를 중단하였다.

둘째, 주변국들이 북한의 세습체제를 환영하지 않고 정통성을 의심하자, 북한은 고립주의 노선을 선택하였다. 북한이 3대에 걸친 세습에 성공하자 전 세계는 매우 놀랐다. 중국이 장성택을 지원하면서 김정은 체제에 대한 불신을 보이자, 2012년 12월 북한의 김정은 위원장은 장성택을 갑자기 처형하면서 중국과 거리를 두기 시작하였다.

셋째, 김정은 체제는 정권을 인정받기 위하여 대내적으로 핵무기 개발을 본격적으로 추진한 것으로 보인다. 2013년 초에 김정은 위원장이 '중대 결심을 하였다'라고 발표한 후인 2월 12일 제3차 핵실험을 실시하였다. 제3차 핵실험 이후 남북관계가 완전히 중단되었고, 유엔에 의한 경제 제재 조치가 강화되었다. 그래도 북한은 핵무기 개발을 지속적으로 추진하면서, 장거리 미사일 실험도 계속 실시하였다.

(2) 제3차 북핵 위기와 한반도의 긴장 고조

‖ 북한의 본격적인 핵무기 개발에 따른 남북대화의 단절과 긴장 고조

2012년 2월 북한은 미국과 장거리 미사일 실험을 하지 않겠다고 합의한 뒤, 4월 13일 장거리 미사일인 광명성 3호를 발사하였으나 실패하였다. 북한의 장거리 미사일 시험에 대항하여, 한미는 남한의 미사일 개발에 대한 제한을 완화하는 내용으로 한미 탄도미사일 협정을 2012년 10월 개정하였다. 즉 남한의 미사일 사정거리에 대한 제한을 기존의 300km에서 800km로 확대하였으나, 탄도 중량은 500kg으로 유지하였다.

2012년 12월 북한은 장거리 로켓(은하 3호)을 발사하였고, 2013년 2월에 북한이 제3차 핵실험을 하였다. 이에 대항하여 남한은 개성공단의 가동을 잠정 중단(2013.4.3.~2013.9.15.)하였다. 제4차 핵실험(2016년 1월) 이후 개성공단은 전면 중단(2016년 2월)하게 되었다.

2015년 5월에는 잠수함발사 탄도미사일(SLBM)을 수중에서 발사하자, 이에 대응하여 남한은 2015년 8월 대북 확성기 방송을 다시 시작하였다.

2016년 1월에 제4차 핵실험에서 첫 수소탄을 성공했다고 북한은 주장하였다. 이에 대응하여 남한은 즉시 대북 확성기 방송을 전면적으로 전개하였고, 2월 개성공단의 전면 중단을 선언하였고, 7월에는 남한에 사드 배치를 발표하였다. 이에 대해 사드 배치가 중국의 국가 이익을 침해하는 조치라고 중국이 강력히 반발하면서 한중 관계가 경색되기 시작하였다.

2016년 9월의 제5차 핵실험에서는 핵폭탄의 소형화를 실험했다고 발표했으며, 장거리 미사일(화성 14호, 15호)에 대한 발사도 실시하였다. 2017년 6월 제6차 핵실험을 실시한 이후 북한은 스스로 핵무기 개발에 성공하였다고 선언하였다. 2017년 7월에는 ICBM (화성 14형)급의 미사일을 발사하였고, 9월에는 제6차 핵실험으로 소형 수소탄을 실험하였다고 발표하였다.

|| 북핵에 대한 미국의 강경 대응

첫째, 미국은 북한이 핵무기를 본격적으로 추진하자 유엔을 중심으로 경제 제재를 강화하고 있다. 북한이 먼저 핵무기 개발을 포기하고, 보유 핵무기도 폐기해야 경제 제재를 해제하겠다는 입장을 견지하고 있다.

둘째, 북한의 핵무기 개발이 심화될수록 한미연합군사훈련이 강화되었고, 이에 따라 한반도의 긴장도 높아졌다. 북한은 한미연합훈련이 무력으로 북한 정권을 붕괴시키려는 것을 목적으로 하는 것이라고 비난하였고, 미국에 평화협정 체결과 정권의 유지 보장을 요구하였다. 그러나 미국은 과거에 미국과의 약속을 두 번이나 위반한 북한을 신뢰하지 못하고 있으며, 북한이 먼저 핵무기 개발과 보유를 포기하여야 대화하겠다는 입장을 고수하고 있다.

셋째, 2017년 9월 북한이 제6차 핵실험을 실시하자, 2017년 11월 미국은 북한을 테러 지원국으로 다시 지정하였다. 북한이 핵무기를 본격적으로 개발하면서, 미국은 내부적으로 군사적 해결 방법도 검토한 것으로 보인다. 미국의 강경파들이 북한 정권을 붕괴시키기 위해 군사적 행동을 선택해야 한다고 미국 언론을 통하여 주장할 때마다, 중국은 반대 의견을 표명하였다. 중국의 반대가 없었다면 미국이 이라크나 시리아에 사용한 방식으로 북한에 군사적 행동을 취했을 가능성이 매우 컸다고 생각한다.

|| 제4차 북 핵실험(2016년 1월) 이후 시행된 강력한 유엔의 대북제재

유엔 안보리는 2016년 3월 북한의 핵실험과 로켓 발사에 대응하여 전면적 무기 금수와 금융제재, 무역 통제 등을 시행하는 대북제재 결의 2270

호를 통과시켰다. 동 조치로 북한의 모든 국외 거래를 사실상 금지해서 경제적 압박을 극대화하는 강력한 제재를 시행하게 되었다.

첫째, 2013년의 결의안에서는 핵무기, 탄도미사일의 수출입을 금지하였으나, 2016년의 결의안은 모든 소형 무기에 대한 거래도 금지했다. 또한 평화적 목적의 위성 발사에 대한 기술도 금지하면서, 북한의 탄도미사일 개발에 대한 기술 이전을 차단하였다.

둘째, 북한의 석탄, 철광석, 금 등 북한의 광물 거래를 제한하면서 수출을 통한 자금조달에 차단하였다. 석탄, 철, 철광석의 경우 민생용인 경우에도 제한적으로 수출을 허용하였다.

셋째, 모든 북한의 수출입화물에 대한 의무적 검색을 실시하면서 북한의 대량살상무기에 대한 수출을 완전히 차단하였다. 북한에 항공기나 선박의 대여를 금지하고, 북한 선박을 소유하거나 빌리는 것도 금지하였다.

넷째, 항공유와 로켓 연료의 공급을 금지하였으며, 국가의 운영에 필요한 원유만 예외적으로 허용하였다.

다섯째, 북한의 개인 및 단체들도 제재 대상으로 포함시켰다. 안보리를 이행하는 국가들은 제재 대상인인사들을 해당 국가에서 추방할 수 있으며, 관련 자산도 동결할 수 있게 되었다. 북한의 외교관이나 정부 대표가 유엔 제재를 회피하거나 위반한 경우에는 해당 국가에서 그를 추방할 수 있다.

여섯째, 금융거래 제재도 훨씬 더 강하게 시행되었다. 사실상 북한은 해외와의 금융거래가 중단된 것이다.

|| 2017년은 한반도에서 전쟁이 일어날지 모른다는 공포감이 커지는 한 해였다.

첫째, 한반도에 사드를 배치하기로 결정(2016년 7월)하면서, 2017년 내내 중국과의 관계가 급격하게 악화되었다. 무리하게 빨리 사드를 배치하려는 과정에서 대내적으로 절차상의 문제가 큰 이슈가 되었고, 대외적으로 미국과 중국 사이에서 한국은 어떻게 할 수 없는 무기력감을 느끼게 되었다.

둘째, 2017년 1월 트럼프가 미국의 새로운 대통령으로 취임하면서, 북한에 대한 강공책으로 나아갔다.

2017년 북한이 장거리 미사일의 발사 실험을 하자 미국은 북핵 시설에 대한 군사적 타격 방안을 검토하기 시작하였다. 2017년 9월에는 미국과 북한은 서로에 대한 적대적 감정을 노골적으로 말하면서 '핵단추, 전쟁 등'의 단어까지 사용하였다. 미국은 2017년 11월 북한을 테러 지원국으로 다시 지정하였다.

2. 새로운 길을 찾을 수 있는 최적의 시기, 지금

(1) 새로운 희망이 시작된 2018년!

2018년이 되면서 한반도에 새로운 희망이 보이기 시작하였다. 북한의 김정은 위원장이 신년사를 통해 평창동계올림픽에 참여할 의사를 밝히고, 남북고위급회담도 제안하였다. 그 결과 평창동계올림픽에 여자 아이스하키 남북단일팀이 참가하였고, 북한에서 응원단과 예술단도 참가하게 되었다.

‖ 남북한의 다섯 번째 대화: 판문점 선언

2018년 3월 남북고위급회담이 열리면서 4월 말에 남북정상회담을 개최하기로 합의하였고, 2018년 4월 제3차 남북정상회담이 판문점에서 열렸다. 거의 10년 만에 남북이 대화를 다시 하게 된 것이다.

남북의 정상은 한반도에서 새로운 평화 시대가 시작되었음을 선언하면서, 한반도의 분위기가 화해의 방향으로 바뀌게 되었다. 또한 한반도의 완전한 비핵화를 선언하고 남북관계 개선과 연내 종전 선언, 정전협정을 평화협정으로 전환하기 위한 남·북·미 또는 남·북·미·중 정상회담을 추진하겠다고 밝혔다.

‖ 첫 번째 북미 정상회담의 개최

2018년 3월 8일 미국의 트럼프 대통령은 북한의 제안을 수락하고 북미정상회담이 개최되기를 희망한다고 공식적으로 발표하였다. 그리고 5월 10일 미국은 6월 12일 싱가포르에서 북미정상회담을 개최한다고 확정 발표하였다.

2018년 5월 24일 북한은 풍계리 핵 실험장을 공식 폐쇄하였다. 그러나 그날 저녁 미국 대통령은 북한의 핵무기 폐기에 대한 의지가 미약하다고 판단하여 북미정상회담의 취소를 발표하였다. 이에 남과 북은 제2차 남북정상회담을 5월 27일 개최하여 핵무기 개발 포기의사를 다시 밝히면서, 북미정상회담이 재추진되었다. 5월 30일 북미고위급회담 이후 미국은 북미정상회담의 개최를 확정했다.

2018년 6월 12일 북한의 김정은 위원장과 미국의 트럼프 대통령은 정상회담을 개최하여 4개 항에 대해 합의했다.

첫째, 양국은 새로운 북한–미국 관계를 수립한다.

둘째, 한반도의 평화 체제 구축을 위해 노력한다.

셋째, 판문점 선언을 재확인하고 한반도의 완전한 비핵화를 위해 노력한다.

넷째, 전쟁 포로 및 실종자의 유해를 즉각 송환한다.

미국과 북한이 대화를 다시 시작하면서 제3차 핵위기로 인한 전쟁의 가능성이 낮아지고, 평화로운 해결 방법을 찾을 수 있다는 희망이 다시 살아나기 시작하였다. 아직까지 미국과 북한이 서로를 믿지 않고 있기에 한반도의 평화 정착을 위한 길은 멀지만, 한민족에게는 매우 희망적인 새로운 기회가 온 것이다.

‖ 제3차 남북정상회담과 백두산 방문

남북 정상은 다시 만나 우리끼리 할 수 있는 사항에 합의를 하면서 2018년 9·19 평양 공동 선언을 채택하였다.

첫째, 한반도의 비핵화를 위한 의지를 다시 한 번 보여 주었다. 양국 정상은 핵위협이 없는 평화의 땅으로 만들기 위해 적극 노력하기로 하였다.

둘째, '전쟁 없는 한반도가 시작되었다'라고 선언하면서, 남북 간의 대결과 대립의 역사를 끝내기 위해 군사적 긴장을 완화하는 군사분야합의서를 채택했다.

셋째, '우리 민족의 운명은 우리 스스로 결정한다'는 민족자주원칙을 확인했다. 이 밖에도 경제 협력, 이산가족 등 인도적 차원의 협력 등에 대하여도 합의하였다.

‖ 제2차 북미정상회담과 판문점 만남

2019년 2월 27~28일 베트남의 하노이에서 제2차 북미정상회담을 개최하였으나, 합의에 도달하지 못했다. 미국은 '북한의 경제 제재를 해제'하는 조건으로 '북한의 핵과 중거리 미사일, 그리고 생화학 무기의 완전한 폐기'를 제시하였다. 미국은 북한의 '선 핵포기 후 대화' 원칙에서 더 나아가, 생화학 무기의 폐기까지를 요구한 것이다. 이에 북한은 '핵무기의 단계적 폐기와 유엔 제재의 단계적 완화'를 주장하고, 점진적인 협상 방안을 고수하였다.

북핵에 대한 관점의 차이가 매우 있음에도 불구하고 양국은 향후에도 대화를 통한 협상을 계속하기를 희망하였다. 또한 북한이 핵 및 미사일 시험을 재개하지 않는 한, 미국은 한미합동군사훈련의 중단을 묵시적으로 합의한 것으로 보인다.

2019년 6월 30일 미국의 트럼프 대통령과 북한의 김정은 위원장은 비무장지대(DMZ)인 판문점에서 깜짝 만남을 가지고, 북미 협상을 재개하기로 합의하였다.

(2) 2019년! 지금부터 한반도의 평화와 통일을 위한 제대로 된 길을 찾아야 한다.

|| 지금부터 한반도의 평화와 통일을 위한 길을 찾을 수 있는 최적의 시기이다.

첫째, 한반도에 새로운 희망이 시작되었다.

남북정상회담과 북미정상회담의 개최를 통하여 한반도가 전쟁의 위협에서 벗어나 평화와 안정을 위한 새로운 길로 나아가고 있다. 앞으로 가야 할 길은 멀지만 전쟁 직전까지 갔던 한반도에 새로운 희망이 시작되었다.

둘째, 최악의 상황이 오지 않은 지금이 길을 찾을 수 있는 최적의 시기이다.

아직까지 북한이 존재하고 있다

지금까지 한반도에 전쟁이 다시 일어나지 않았다

핵무기도 아직 한반도에서 터지지 않았다.

‖ 지금은 조선 말기와 상황이 다르다.

조선 말기에는 제국주의가 전 세계의 정치 이념이었다. 유럽에서 스페인이 제일 먼저 중남미를 점령했고, 프랑스와 영국은 아프리카 대부분을 점령하였다. 아시아에서의 최강국인 중국이 망해가자, 영국, 프랑스, 포르투갈 그리고 뒤늦게 미국도 가세하여 중국을 약탈하였다. 조선은 나라를 지킬 수 있는 자체적인 국력을 보유하지 못한 쇠약한 나라였다. 강대국들의 힘에 의존하여 나라를 지키려고 노력하였으나, 강대국들의 경쟁과 타협으로 조선은 멸망하게 되었다. 즉 일본이 중일전쟁의 승리에 이어 러일전쟁에서도 승리하면서 조선을 합병할 수 있었다.

그러나 지금은 조선 말기와 상황이 다르다.

첫째, 지금은 한반도가 남과 북으로 나누어져 있으면서, 같은 민족끼리 서로 다른 이념과 체제를 가지고 있다. 남한은 민주국가이나, 북한은 세습제에 의한 독재국가이다. 남한은 선진국이나, 북한은 최빈국이다. 남한은 미국과 제일 긴밀한 관계를 유지하고 있고, 북한은 중국과 친밀한 관계를 맺고 있다.

둘째, 전 세계의 정치이념이 제국주의에서 평화주의로 정착되었다. 전 세계의 평화를 위하여 모든 국가가 협조하고 있다. 중국도 미국과 같은 시장경제체제를 유지하면서 발전해 왔으며, 2010년 G2가 된 중국은 G1이 되기 위해 노력하는 중이다. 미국과 중국이 세계 패권을 위해 경쟁하고 있으나 양국 간의 기본 관계를 적대적이라고 평가하기는 어렵다.

셋째, 한반도가 남북으로 분단되기는 했지만, 현재 대한민국은 세계 12위의 국가로 성장하였다. 따라서 현재 중국과 미국이 경쟁을 하고 일본이 가세한다고 해서 100여 년 전과 같은 상황이 오기는 어렵다. 지금은 우리도 어느 정도의 경제력을 갖추고 있고, 남한은 미국, 중국, 러시아, 일본의 강대국들과 외교관계를 맺고 있으며 우호적인 관계를 유지하고 있다. 조선 말기처럼 외교적으로 줄타기만 해야 하는 허약한 국가가 아니다.

넷째, 북핵의 해결 방법에 대하여 미국과 중국의 생각이 서로 다르다. 미국의 의지는 확고하다. 북한의 핵무기 보유를 막아야 하고, 핵무기로 미국을 위협하는 북한의 행동을 그만두게 하는 것이 최우선 목표인 것 같다. 중국은 주변 국가들의 평화와 안정을 바라고 있으며, 특히 한반도의 안정에 대한 중국의 의지가 확고하다.

강대국들이 합의점을 찾지 못하고 계속 자기의 주장만 말하면서 나아간다면, 한반도에 있는 우리가 제일 힘들다. 이제 우리는 강대국들의 입장을 명확히 이해해야 하고, 그들을 설득할 방법을 찾아야 할 때이다.

‖ 자랑스러운 한국인!

일제시대에 한국을 찾겠다고 많은 사람들이 독립운동을 하였지만, 1945년 미국이 일본의 무조건 항복을 받은 이후 한반도는 38선을 기점으로 남과 북으로 분단되었다. 독립운동의 지도자이셨던 김구 선생은 선 통일을 외쳤지만 이루어지지 않았고, 1948년 남한에 대한민국이, 북한에 조선민주주의인민공화국이 성립되었다. 6·25 전쟁이 끝나고 1960년대에 한국은 강력한 수출주도의 경제발전 전략을 채택하면서, 급속한 경제 성장을 달성하여 '한강의 기적'을 만들었다.

경제가 어느 정도 발전하게 되자 YS, DJ를 중심으로 추진된 자유민주주의가 마침내 1990년대에 달성되었다. 두 번째 과제도 훌륭하게 달성한 한국은 90년대에 돈과 이익만을 우선적으로 추구하면서 IMF사태를 맞이하게 되었다. 외환 위기를 극복하기 위하여 경제 체제를 미국식으로 철저하게 개편하기 시작하였다. 그 결과, 경제 부문이 투명하게 개편되었고, 기업들도 국제적인 경쟁력을 다시 보유하면서 전 세계 12위의 국가가 되었다. 제2차 세계대전 이후 전 세계에서 경제발전과 민주화를 동시에 이룩한 나라는 한국밖에 없다.

2000년대에 중국의 부상으로 일본이 재무장을 서두르고 있다. 일본이 미국을 설득하여 미국과 중국의 2강 대결을 부추기고 있다. 일본의 의도대로 미국과 중국이 대결 구도로 정착된다면 한국은 선택의 폭이 매우 좁아진다. 미국과 중국이 다소 마찰이 있어도 같이 공존하고 있는 지금이 한국으로서 새로운 길을 찾을 수 있는 최적의 시기이다. 지금부터 한목소리로 우리의 꿈을 세우고 주변 강대국들을 설득하면서 나아가야 한다.

우리는 한반도에서 전쟁이 일어나는 것을 반대하고, 평화를 유지해야 한다. 남북한이 평화롭게 교류와 협력을 하고 있어야 한반도가 안정된다. 한반도에 평화가 정착되고 남북이 서로 교류와 협력을 하고 있어야, 한반도를 통일할 기회를 잡을 수 있다. 한반도가 통일이 되어야 진정한 한민족의 번영과 발전이 다시 시작되는 것이다.

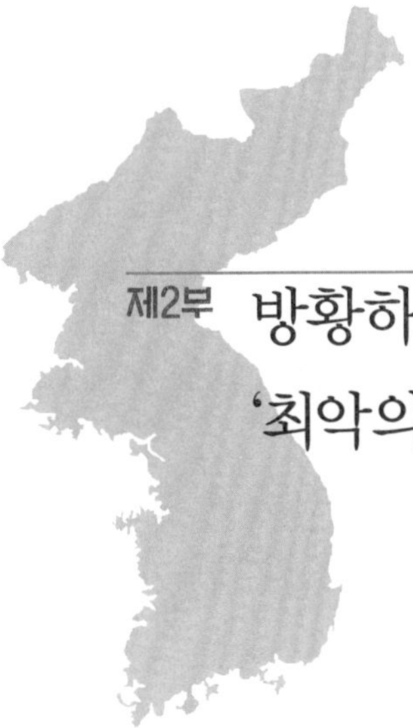

제2부 방황하고 있는 한민족이 피해야 할 '최악의 한반도 리스크'

1. 방황하고 있는 한민족과 한반도

(1) 관점 1. '핵무기와 전쟁이 없는 평화로운 한반도에서 살고 싶다.'

‖ 북한의 핵무기 보유 및 개발에 대한 공포

첫째, 핵무기가 무섭다. 핵무기를 개발하고 있는 북한이 무섭다.

작은 것이라도 핵무기가 하나 터지면 몇십만 명에서 몇백만 명까지 죽게 된다. 공포스러운 핵무기를 계속 개발하고 있는 북한을 믿을 수 없다. 한반도에 핵이 터지면 남한과 북한 모두 다 망하게 될 것이다.

핵무기가 없어야 편하게 살 수 있는데, 가면 갈수록 불안감이 더 높아진다. 아무리 국제사회가 핵무기 개발을 중단하라고 경제 제재를 계속하여도 북한은 계속 핵무기를 보유할 것 같아서 불안하다. 북한이 핵무기를 보유하게 되면 우리는 핵무기의 인질이 되어서 살아야 한다고 생각하니 끔찍하다.

둘째, 북한이 핵무기를 보유하여 미국과 담판을 짓겠다고 말하면서, 남한을 미제에서 해방시켜서 노예 생활에서 벗어나게 해주겠다고 주장하기도 한다. 그런 소리를 들을 때마다 우리는 더욱더 황당해진다. 우리가 미제의 노예 생활을 하는 것이 아닌데, 왜 70년이 지나도 같은 소리만 반복하고 있지? 남북대화를 해 보았는데도 우리를 그렇게 느낀 것인가? 아니면 핵무기를 개발할 명분으로 남한을 이용하는 것인가?

셋째, 북한 핵에 대응하기 위하여 우리가 핵을 개발하거나, 미국의 핵무기를 다시 들여와야 하나?

우리가 핵을 개발해서 자체적으로 보유해야 마음 편하게 살 수 있다고 생각하기도 한다. 그런데 우리가 핵을 개발하게 미국 등 강대국들이 허용할까? 핵을 개발할 수 없으면 미국의 핵무기를 다시 한반도에 배치하면 될 것이라고 생각도 해본다. 남북한이 다 핵무기를 가지면 평화롭게 살 수 있을까? 오히려 핵전쟁의 가능성만 더 커지는 것 아닌가?

‖ 한반도에서 전쟁이 일어날지 모른다는 공포

첫째, '통일이 안 되어도 좋으니, 전쟁만 일어나지 않고 남북이 긴장감만 없이 평화롭게 살면 좋겠다!'

경제 제재에도 불구하고 북한이 핵개발을 지속한다면, 군사적 행동을 취해서라도 북핵을 제거해야 하나? 무력 행동을 취하다가 한반도에서 전쟁이 일어나면, 한국 사람들만 다치게 되면 어떻게 해야 하지? 핵무기는 없어져야 하는 데~.

둘째, 북한이 미국 본토를 공격할 수 있다고 큰소리치면서 미군 철수를 주장할 때마다 전쟁이 일어날지 몰라서 공포감을 느낀다. 미군이 철수하면 남한 혼자서 북한의 공격을 막을 수 있을까?

셋째, 북한을 아예 먼저 공격해서 무력통일을 할까? 이런 극단적인 사고를 하는 사람도 있는 것 같다. 그런데 이것은 다시 더 많은 걱정과 불안을 가져온다.

이기지도 못할 싸움만 하는 것은 아닌가? 우리가 불안하다고 먼저 공격할 수 있는 것인가? 다시 한반도에서 전쟁이 일어난다면, 그동안의 모든 노력이 다시 잿더미로 돌아가게 되는 상황이 올 수 있다. 어떻게 편하게 살 수 있나?

(2) 관점 2. '우리는 북핵을 처리할 힘이 없다. 강대국들이 풀어야 한다.'

‖ 이념과 가치관이 같은 미국과 같이 가는 것이 최선이다?

첫째, 북한이 핵무기의 개발 및 보유를 포기하지 않을 경우 미국의 매파들은 북한의 핵시설을 무력으로 공격하여 무력화시켜야 한다고 주장한다. 그런데 핵무기만 제거하기 위한 군사행동이 남북의 전면전으로 발전하면 한국인이 제일 많이 다치게 된다. 더욱이 중국까지 개입한면, 한반도에서 다시 국제전이 시작될 수도 있는 데 미국 매파의 입장을 우리가 받아 주어야 하는가?

둘째, 미국과 중국의 세계 패권 전쟁이 시작된다면, 한국은 가치관과 이념이 같은 미국과 나아가야 한다고 주장하기도 한다. 미국과 중국이 패권경쟁을 한다고 하지만, 직접 전쟁을 할까? 미국과 중국이 직접 전쟁을 한다면 제3차 세계대전이 일어난다는 것인데 진짜로 일어날까?

미소 냉전시대처럼 강대국들이 직접 싸우지 않고 중소국가의 지역에서만 무력 충돌이 있을 수 있다. 한반도가 다시 그 장소를 제공해야 하는가? 강대국들끼리 싸워도 끝이 안 나면 한반도만 피해를 보는데 그것을 받아들여야 하나? 강대국들의 싸움에서 우리도 어느 강대국과 연합하여 다른 강대국을 이기기 위해 싸워야 하는가? 미국과 중국의 경쟁에서 어느 강대국의 승리를 위하여 한민족의 생명과 재산을 기꺼이 희생해야 하는가? 만일 한쪽의 강대국이 이기게 되면 우리는 또다시 그 강대국의 뜻에 따라서 살아야 하는가?

‖ 중국은 이해할 수 없는 나라이다?

북한이 핵개발을 계속하면 한반도가 불안해지면서 남한 사람들은 편하게 살 수 없게 된다. 그런데 중국은 왜 북한을 계속 지지하고 있을까? 중국이 북한만 지원하지 않으면 북한이 항복하면서 모든 문제가 해결될 것 같은데 왜 중국은 계속 북한을 지원하는지 이해가 되지 않는다.

북한의 핵 위험에 우리의 생명을 더 안전하게 지키려고 미국의 사드를 배치하겠다고 결정하자, 순간에 한중 관계가 경색되었다. 우리의 안전을 위해서 하는 것이라고 사드 배치가 중국을 겨냥한 것이 아니라고 말해도, 중국은 우리의 생각을 받아들이지 않는 것 같다. 왜 우리의 말이 설득력이 없는 거지? 무엇을 못 받아들이는 거지? 중국이 속마음을 말하지 않고, 반발만 하고 있는 것을 보면서 우리는 한없는 무력감을 느끼게 되었다.

(3) 관점 3. '통일을 해야 하나? 아니면 현상 유지만 하면서 살까?'

‖ 우리 힘으로 통일하면 제일 좋고, 남의 힘으로 통일해도 좋고…

한반도가 하나로 통일이 되면 마음 편하게 살 수 있고, 경제적으로도 번영하게 될 것이다. 그러나 북한이 핵무기를 보유하고 있기 때문에 평화통일이 불가능해 보인다. 우리의 힘으로 안 되니 포기해야 하나, 하는 생각도 들고, 포기하기는 아까우니 다른 나라의 힘으로 통일을 하는 방안을 찾아보기도 한다.

현실적으로 다른 나라의 힘으로 이루어지는 통일은 우리가 생각하는 평화통일의 방식과 다를 수 있으며, 한민족을 우선하여 고려하지 않고 강대국들의 이익을 우선 고려하여 판단할 수 있다. 다른 나라의 힘을 빌려서 통일하는 것은 오히려 예상하지 못한 다른 큰 문제를 불러올 수 있다. 그런 상황은 받아들이기 어려운 데….

‖ 통일을 하려면 불확실한 변수가 많으니, 차라리 지금 우리가 가진 것을 지키면서 안정적으로 살자!

첫째, 북한을 믿을 수 있는가? 통일이 안 되어도 남한은 계속 발전할 수 있으니, 북한보다는 남한의 평화와 안전만 확보하면 되지 않는가?

북한이 핵무기를 쉽게 포기할 것 같지도 않고, 핵무기가 있는 한 남북이 서로 협력하여 나가기에는 불확실성이 너무 크다. 남과 북의 불확실한 통일을 추진하는 것보다 계속 분단국으로 대치하면서 평화롭게 사는 것만이 현실적인 최선의 방안으로 보인다.

둘째, 남한과 북한은 '같은' 민족이지만 '서로 다른' 한민족이다. 같이 어울려서 살기가 거의 불가능하다. 같은 한민족이지만, 70여 년을 분리되어 살아왔기 때문에 이념이나 가치관은 매우 다르다. 서로 다른 정치 및 경제, 사회 체제에서 오랫동안 살아왔기 때문에 일반 사람들의 사고방식이 매우 다르다.

셋째, 통일을 할 수 있다고 해도 북한 지역 개발에 많은 비용이 소요된다. 지금도 먹고살기 힘든데 북한 지역에 그 많은 돈을 투자해야 하나? 차라리 지금 식으로 따로따로 사는 것이 최선인 것 같다. 그런데 통일이 안 되고 남북이 분단되어 있는 한 안보에 대한 불안감은 항상 존재한다. 통일을 하기 위한 비용이 부담스러워 통일을 포기하여도 남북 분단에 따른 비용은 계속 지출하여야 한다. 북한과의 관계가 긴장될수록 안보 유지 및 강화를 위한 군사비 지출은 계속 증가할 수밖에 없다.

넷째, 주변의 강대국들은 한반도의 통일에 큰 관심이 없는 데, 우리가 통일하자고 해도 지지를 받을 것 같지 않으니 통일에 대한 꿈보다는 현상 유지가 최선인 것으로 보인다.

미국은 남북한의 교류 촉진보다는 북한의 핵 위협만 제거하는 데 관심이 집중되어 있고, 중국은 한반도에서 미군의 영향력이 커지는 것을 막는 데 모든 신경을 집중하는 것 같다. 일본과 러시아는 한반도가 통일될 가능성이 낮다고 보는 것 같다.

‖ 북한은 멀지 않아 망할 것이다. 북한이 망하게 되면 그때 통일을 추진하자!

북한이 핵무기 개발을 포기하지 않으면서 유엔에 의한 경제 제재가 갈수록 강화되고 있다. 미국은 북한의 핵무기 개발 의지를 꺾기 위하여 더욱더 강경조치를 취하고 있으며, 북한 정권이 붕괴되지 않도록 북한을 지원하는 중국에 대하여 압박 수위를 계속 높이고 있다. 북한은 이미 거의 30년 가까이 경제가 정체되어 있다. 유엔에 의한 경제 제재가 계속 강화된다면 북한이 얼마나 더 버틸 수 있을까?

그러나 이런 우리의 희망과 다르게 현실이 전개될 가능성도 있어서 걱정된다. 북한이 붕괴되고 나면 한반도가 어떻게 변할까?

첫째, 북한이 더 이상 버틸 수 없게 된다면 그 사실을 받아들이고 핵무기 개발을 포기할까? 아니면 망하기 전에 또 다른 무엇인가를 시도하다가, 그것마저 실패하고 나서야 비로소 핵무기 개발을 포기할까?

둘째, 북한이 극단적인 행동을 선택하지 못하게 만들기 위해서는 항상 출구를 열어 두어야 하는 것은 아닌가? 출구가 보이지 않으면 극단적인 선택을 할 가능성이 커진다.

셋째, 북한이 망하게 되면 어느 나라에 제일 먼저 도와달라고 말할까?

경제 제재를 주도하고 있는 미국에 항복한다고 선언할까? 아니면 전통적인 우방인 중국이나 러시아에 도와 달라고 말할까? 같은 민족인 우리에게 북한이 제일 먼저 협의할까? 그런데 우리가 북한을 믿고 있는가?

2. 스핑크스가 한국인에게 던진 수수께끼

‖ 우리의 목표가 불명확하니, 길을 찾지 못하고 있다!

우리의 소원은 통일! 그러나 분단국이 된 지 70년이 지났다. 그동안 통일이 안 되고 분단상태가 지속되었다는 것은 우리가 진정으로 통일을 위해 적합한 방법을 찾지 않았다는 것을 의미하는 것이다. 무엇이 문제인지 냉정한 자기반성이 필요하다.

첫째, 북한 핵무기만 제거되면 되는가? 아니면 북한이 망할 때까지 기다리고 있는가?

둘째, 한반도의 통일은 되면 좋고, 안 되어도 좋은 것인가? 통일이 안 되어도 상관없으니 남북이 따로따로 평화롭게 살기만 하면 되는 것인가?

셋째, 평화통일이 안되면 포기할 것인가? 아니면 무력통일을 해야 하는가?

넷째, 통일보다는 남한만의 번영을 추구하는가? 아니면 북한을 포함한 한민족의 발전이 중요한가?

|| 우리에게 스스로 물어보자.

첫째, 해방 후 지금까지 우리가 진정으로 남북통일을 위해 무엇을 했는가?

둘째, 외국의 강대국들에 통일에 대한 우리의 의지를 말하면서 행동해 왔는가?

셋째, 우리가 북핵 문제를 해결하기 위해 적극적으로 북한과 주변의 강대국들을 제대로 설득해 보았는가? 아니면 한 강대국의 생각을 앵무새처럼 따라 한 것 아닌가?

북핵 문제는 미국과 북한이 해결할 때까지 기다려야 하는가? 새로운 상황이 올 때까지 지금과 같은 눈치 보기만 계속할 것인가?

넷째, 우리가 스스로 길을 찾을 수 있는가? 아니면 지금처럼 계속 기다려야 하는가?

|| 스핑크스가 한국인에게 던진 수수께끼

강대국들의 한반도 비핵화 노력에도 불구하고 북한이 결국 핵무기 개발에 성공하였다. 남북한 관계가 개선되지 못하고 국제간의 갈등이 심화되자, 어느 날 북한이 핵무기를 강원도 산간지역에 터트려서 설악산이 사라졌다. 전 국민이 공포의 도가니에 빠졌고 전 세계는 핵무기의 실전 사용이라는 경악할 사건으로 제3차 세계대전의 발발을 걱정하고 있다.

어떻게 대응해야 할지를 찾고 있는 그날 북한이 최후의 통첩을 날렸다.
"일주일 이내 미군이 철수하고 남한은 즉시 항복하라. 그렇지 않으면 5일째에 다시 핵무기 하나를 더 터트리겠다."

한국인은 어떻게 행동해야 하는가? 다음 중에서 당신의 선택은 무엇인가?
1. 도망간다. (핵이 터진 나라에 살기 싫다.)
2. 항복한다. (핵무기로 더 많은 사람이 죽으면 안 된다.)
3. 강대국들이 해결해 주기를 기다린다. (빨리 해결해 주라고 호소한다.)
4. 북핵제거를 위해 강대국들을 배제하고 우리끼리 북으로 진격한다. (또 다른 희생자를 막아야 한다.)

3. 일어나서는 안 될 '최악의 한반도 리스크'

최악의 시나리오를 생각하는 것은 그 일이 일어날 것이라는 게 아니라, 최악의 상황을 생각해 본 뒤 적절한 대안을 마련하기 위한 것이다. 최악의 상황을 생각하다 보면 의외로 막연한 공포심이 사라지고, 우리가 놓치고 있는 관점이나 문제들을 다시 한번 생각하게 되어 보다 더 합리적인 대안을 찾을 수 있다.

필자가 생각한 최악의 시나리오는 다섯 가지이다.

'한반도 리스크 1'은 북한과의 긴장이 고조되면서, 북핵을 제거하고 무력통일을 하는 것이다.

'한반도 리스크 2'는 북한이 붕괴되면서 통일을 포기하고 남한이 아닌 제3국을 선택하는 것이다.

'한반도 리스크 3'는 북한이 핵을 사용하면서 강대국들에 의해 북한이 분할되는 것이다

'한반도 리스크 4'는 북핵에 대한 미중의 갈등이 심화되면서 미중 냉전시대가 시작되는 것이다.

'한반도 리스크 5'은 한반도의 운명을 강대국이 다시 정하는 것이다.

(1) 최악의 한반도 리스크 1: 북핵을 제거하고 무력통일을 하는 것.

국제사회의 노력에도 불구하고 결국 북한이 핵무기를 실전에 배치하겠다고 선언하였다. 우리와 전 세계는 이 뉴스에 경악하게 되었고, 즉각적인 대응 방안을 협의하기 시작했다. 최종적으로 핵무기 제거가 유일한 길이라고 결론을 내고 핵무기에 대한 정밀타격을 기습적으로 실시하기로 결정한다. 이에 대해 중국이 반대하지만, 핵무기 개발의 책임이 중국에 있다고 전 세계가 비난하자 중국도 어쩔 수 없는 상황이 된다.

드디어 미국과 힘을 합쳐서 핵무기를 해체하고 북한의 정권을 붕괴시키면서 꿈에도 그리던 통일이 되었다. 북한지역까지 미군이 진출하자, 중국은 안보를 이유로 한국과의 국교를 단절하고 적대국으로 선언하였다. 또한 서해안에서 중국 함정이 수시로 순항하면서 한반도는 이제는 미국과 중국의 경계선이 되었다. 이제는 모든 정책과 예산을 한반도를 지키는데 쏟아부어야 한다.

조금 지나자 더 큰 문제가 생기기 시작한다.

북한에서 중국으로 망명한 사람들이 모여서 새로운 조직을 만들고, 한국과의 결사항쟁을 선포한다. 북한을 지지하는 테러집단에 대한 국제적인 공조가 실패하면서, 한국에 대한 대규모의 테러가 시작된다. 한국은 통일은 되었지만, 대내적으로 테러와의 전쟁을 수행하기 위하여 모든 인원과 예산이 집중된다. 테러와의 전쟁으로 경제발전이나 북한 지역 개발을 위한 사업들은 시작할 엄두도 내지 못한다.

생각해야 할 과제

1. 핵무기를 무력으로 제거 안 하고, 통일을 할 수 있는 방법은 무엇인가?
2. 북핵은 평화적으로 해결이 안 되면 강제적으로 제거해야 하는가?
3. 군사적 해결이 아닌 평화적 해결방안은 무엇인가?

(2) 최악의 한반도 리스크 2: 북한이 붕괴되면서 다른 나라를 선택하여, 통일의 꿈을 접어야 하는 것.

유엔을 중심으로 한 북한의 핵개발에 대한 경제 제재 조치가 성공적인 효과를 보이기 시작하였다. 북한이 경제의 어려움으로 더 이상 핵무기를 계속 보유하기 어려워 포기선언을 하기 직전이 되었다.

모두 다 이제는 평화롭고 사이좋게 살 수 있는 한반도를 꿈꾸면서 미래를 논의하기 시작하였다. 북한의 경제개발을 어떻게 하면 한국이 강대국이 될 수 있느냐, 북한 개발에 필요한 자금은 이렇게 조달하면 된다는 청사진들이 검토되기 시작하였다.

그러던 어느 날 갑자기 북한이 제3국과의 협약을 통하여 북한의 경제개발 등을 모든 운영을 그 나라에 맡기겠다고 선언하였다. 더더욱 이해할 수 없는 것은 북한의 경제력이 너무 피폐해져서, 당분간 그 나라에 북한의 영토 보호도 위탁한 것이다. 그 결과 제3국 군인이 북한에 진격하여 중요시설을 보호하게 되었으며, 휴전선에서 제3국의 군대와 대치하기 시작한 것이다.

생각해야 할 과제

1. 북한이 남한을 믿고 있는가? 북한이 다른 나라를 선택할 가능성은 없는가?
2. 북한이 남한을 선택하게 하려면 우리는 지금부터 어떻게 해야 하나? 우리를 믿게 하려면 어떻게 해야 하는가?
3. 한반도의 통일이 불가능해지는 상황을 우리가 받아들일 수 있는가?

(3) 최악의 한반도 리스크 3: 북한이 핵무기를 사용하면서 강대국들에 의해 북한이 분할되는 것.

북한에 대한 경제 제재가 지속되면서 경제가 더 이상 버티기 어려운 상황이 되었다. 북한이 망하기 전에 최후의 수단으로 핵무기를 사용하여 강대국들에 대한 돌파구를 찾게 된다. 여러 번의 핵무기 사용위협에도 강대국들이 굴복하지 않자, 북한은 핵무기를 사용하면서 자신의 의지를 전 세계에 명백하게 보여 주었다.

북한이 핵무기를 사용하자, 전 세계는 경악과 충격 속에서 대응책을 강구하기 시작하였다. 북한의 핵무기 사용은 현행 세계질서에 대한 도전이며, 강대국들에 대한 협박으로 간주하면서, 북한의 핵 관련 시설에 대한 공동 폭격을 하게 되었다. 아울러 핵을 사용한 북한의 정권도 붕괴시킨 뒤, 강대국들의 합의를 통해 북한 지역을 분할하기로 결정하였다.

갑자기 강대국들이 북한 지역을 분할 통치하기 시작했다. 다시 강대국들의 군대가 한반도에 진입하여 북한 지역을 점령하자, 통일에 대한 우리의 꿈은 완전히 사라지게 되었다.

생각해야 할 과제

1. 북한이 핵무기로 위협할 경우 어떻게 대응하는 것이 최선의 대응인가?
2. 북한이 핵무기를 사용할 경우 우리가 어떻게 행동하는 것이 최선인가?
3. 북한이 극단적인 선택을 하지 못하게 하려면 우리는 무엇을 어떻게 해야 하는가?

(4) 최악의 한반도 리스크 4: 북핵에 대한 미중의 갈등이 심화되면서 미중 냉전시대가 시작되는 것.

북한의 핵무기가 실전에 배치됨에 따라 새로운 첨단무기 및 장비들을 추가로 배치할 수밖에 없게 되었다. 새로운 무기가 남한에 추가로 배치될 때마다 중국은 한국의 조치에 항의하기 위해 경제 제재를 다시 강화하고 있다. 북핵 문제의 해결에 대한 미국과 중국과의 대립도 격화되고 있어서, 주기적으로 중국과의 경제가 단절되면서 한국 경제가 매우 불안정하게 되었다.

중국과의 불안정한 관계가 지속되면서, 한국은 실질적으로 중국시장을 잃게 된다. 중국시장을 잃게 되면서 수출 규모도 대폭 감소되었고, 경제도 마이너스 성장으로 전환되었다. 북핵의 위협에 대한 국방비 지출이 계속 증가하게 되자, 복지수요에 대한 예산을 우선적으로 삭감한된다. 복지예산의 축소로 사회취약계층에 대한 사회 안전망을 유지할 수 없게 되고 한국은 치안이 매우 불안한 사회로 변하게 된다.

남한 사회가 불안해지고 성장력도 약화되자, 외국계 기업들이 한국에서 철수하기 시작한다. 외국계 자금도 이탈하면서 경제는 바닥이 보이지 않을 정도로 추락하게 된다. 위기를 극복하기 위하여 국민들이 새로운 정권과 강력한 지도자를 바라면서, 한국에서 민주주의가 쇠퇴하고 사회를 안정시키기 위한 독재정치가 시작되려고 한다.

생각해야 할 과제

1. 미국과 중국이 계속 대립한다면 한국은 어떻게 대응해야 하는가?
2. 북한의 핵무기가 실전 배치된다면 한국은 어떻게 대응해야 하나?
3. 북핵 문제는 북한이 미국과 타협할 때까지 기다리고 있어야 하는가? 서로 자신들의 입장을 주장하면서 가더라도, 우리가 스스로 선택할 수 있는 대안은 없는가?

(5) 최악의 한반도 리스크 5: 강대국이 한반도의 운명을 다시 정하는 것.

북한과 미국이 서로의 입장을 좁히지 않고 있어, 북핵 문제가 장기화하면서 한반도의 긴장이 계속 높아진다. 북한이 핵무기를 보유하게 되면서 남한은 핵무기 방어를 위한 국방비 지출에 모든 경제력을 집중하고 있다.

미국이 일본과의 합동 군사 훈련을 강화하자, 이에 대응하여 중국도 러시아와의 합동 군사 훈련을 더욱더 강화하면서 한반도에서의 긴장이 갈수록 높아진다. 미국과 중국, 러시아와의 대립이 계속되면서, 중동 지역과 남중국해 등에서의 갈등도 점점 더 심해진다.

전 세계에서 미국과 중국이 대립하게 되자, 국제 무역도 위축되면서 세계 경제가 불황으로 진입하게 되어 제2차 세계대전 이후 최대의 위기에 직면한다. 위기에 대한 해결책이 보이지 않자, 강대국들이 다시 모여서 분쟁지역들에 대한 포괄적인 해결방안을 협상하기 시작하였다. 마침내 강대국들은 한반도도 포함한 전 세계의 분쟁지역에 대한 포괄적인 평화 협상을 타결하게 된다. 그 과정에서 한반도의 방향도 결정되었다.

한반도의 운명이 새롭게 결정되었으나, 우리가 원하지 않는 방향으로 결정되었다. 전 국민이 강대국들에 항의하면서 협상을 다시 하라고 요구하나, 강대국들은 합의한 대로 필요한 절차를 진행한다. 한국의 운명이 강대국들에 의해 다시 결정된 것이다.

생각해야 할 과제

1. 한반도의 운명을 결정할 수 있는 강대국들은 어떤 나라들인가?
2. 강대국들끼리의 협상으로 우리의 운명이 결정되어도 우리는 어쩔 수 없이 받아들여야 하는가?
3. 강대국들이 한반도에 대한 협상을 시작할 때 한국이 스스로 선택할 수 있는 대안은 없는가? 우리가 강대국들을 설득할 수 있는가?

PART 2

새로운 길을 찾고 있는 한반도와 한민족

제1부 세계와 역사 속에서 배우는 교훈

1. 전 세계의 전쟁과 평화주의 역사

(1) 유엔과 세계평화주의

‖ 국제평화를 위한 유엔의 창설

제2차 세계대전 이후 1945년 국제평화와 안전, 인권보호를 위한 국제연합(UN)이 성립되었다. 1941년 대서양 헌장의 정신을 토대로 국제평화기구에 대한 구상이 유엔을 창설한 것이다.

국제평화 유지와 국제 분쟁 해결을 위한 유엔의 주요 원칙은 다음과 같다.

첫째, 국제평화의 유지를 위해 모든 국가가 협력한다.

국제연합헌장 제1조는 국제연합의 목적이 국제평화와 안전의 유지에 있다고 명시되어 있다. 국제사회에서 분쟁이 일어날 때 모든 회원국은 우선적으로 평화적 수단에 의하여 해결하는 것을 원칙으로 선언하고 있다.

둘째, 국제 분쟁의 해결을 위하여 필요한 경우 강대국들끼리 합의하여 군사적 해결을 취할 수 있다.

신속하고 효과적인 조치를 확보하기 위하여, 국제연합 회원국은 국제평화와 안전의 유지를 위한 일차적 책임을 안전보장이사회에 부여하였다.

안전보장이사회는 평화에 대한 위협, 평화의 파괴 또는 침략행위의 존재를 결정하고, 국제평화와 안전을 유지하거나 이를 회복하기 위하여 어떠한 조치를 취할 것인지를 결정한다. 안전보장이사회는 국제평화와 안전의 유지 또는 회복에 필요한 공군, 해군 또는 육군에 의한 조치를 취할 수 있다. 그러한 조치는 국제연합 회원국의 공군, 해군 또는 육군에 의한 시위, 봉쇄 및 다른 작전을 포함할 수 있다. 모든 회원국은 안전보장이사회의 결정에 따라야 한다.

안전보장이사회의 결정은 상임이사국의 동의 투표를 포함한 9개 이사국의 찬성투표로 결정한다. 안전보장이사회의 상임이사국은 미국, 영국, 프랑스, 러시아, 중국의 5개국이다. 따라서 국제 분쟁이 일어날 경우 해당 강대국들이 모두 다 합의해야 유엔에 의한 군사적 행동이 가능하게 되어있다. 강대국 중 한 나라가 반대하면 유엔에 의한 군사행동을 취할 수 없다.

셋째, 한 강대국이 자신의 이익을 위하여 국제 분쟁을 군사적 행동으로 해결하려고 할 때, 현행 유엔 체제에서는 이 결정을 막을 방법이 없다. 따라서 미소 냉전시대에도 강대국의 이해관계에 의한 국지전은 지속되었다.

한국전쟁이 일어나자 소련이 불참한 UN 안보리에서 미국은 UN군의 한국전쟁 참가를 결정하게 된다. 그러나 중국군이 UN군을 저지하면서 대치하게 되었고, 결국 소련의 중재로 휴전을 하게 되었다.

넷째, 유엔헌장 제51조에 의하여 모든 국가에 한 나라의 수호를 위해 개별자위권과 집단자위권을 인정하고 있다. 한 나라가 무력공격을 받는 경우, 안전보장이사회가 필요한 조치를 취할 때까지 그 나라는 자국을 보호하기 위하여 개별적 또는 집단적 자위권을 행사할 수 있다. 단 자위권을 행사할 때에는 회원국이 취한 조치를 즉시 안전보장이사회에 보고해야 한다.

‖ 평화 10원칙

1954년 중국과 인도는 평화 5원칙(영토 주권의 상호 존중, 상호 불가침, 상호 내정 불가침, 호혜 평등, 평화 공존)을 선언하면서 미소 팽창주의를 견제하려고 하였다. 이 선언 이후 아시아와 아프리카의 29개 국가들이 인도네시아 반둥에서 평화 10원칙을 선언하게 되었다.

1. 기본적 인권과 유엔헌장 존중
2. 주권과 영토 보존 존중
3. 인류와 국가 간의 평등
4. 내정불간섭
5. 단독 및 집단의 자위권 존중
6. 대국에 유리한 집단 방위 배제
7. 무력 침공 부정
8. 국제 분쟁의 평화적 해결
9. 상호 이익 협력 촉진
10. 정의와 국제 의무의 존중

아시아에서 일어난 민족해방운동이 반둥회의를 계기로 아프리카로 확산

되었다. 1960년대에 아프리카의 30개국이 새롭게 독립하게 된다. 그러나 아프리카 국가들의 독립은 영국, 프랑스 등 강대국들과의 힘겨운 투쟁을 통하여 겨우 이루어졌다. 비동맹국가들은 비동맹 회의를 통하여 제국주의적 세계 전략이 확대되지 못하게 많은 영향력을 행사하였다.

‖ 68운동(68세대)과 시민운동의 시작

1968년 전 세계적으로 벌어진 다양한 운동과 그에 따른 활동을 '68운동'이라고 한다.

1968년 봄에 프랑스 파리에서 학생들을 중심으로 권위주의적 기성 체제에 대한 반발로 시작하여, 여성해방, 자율의 확대, 창조와 다양한 가치관의 존중 등 사회문화에서의 큰 변화가 일어나게 되었다. 여성해방 운동이 활성화되었으며, 개인의 자율, 자아실현, 다양한 관점과 가치관을 사회가 인정해야 한다고 주장하면서 권위주의적 전통을 붕괴시키는 큰 사건이 되었다.

미국에서는 자유발언 운동을 시작으로 촉발된 시위가 인종 차별 반대와 반전 운동으로 이어졌다. 영국과 벨기에에서는 베트남전과 인종차별에 항의하는 시위가 지속되었고, 이 시위에 당시의 브라질, 멕시코, 일본, 이탈리아, 스페인 등의 대학생들도 동조하는 시위를 하였다.

반권위주의적인 가치 운동이나 문화운동으로 시작된 68운동은 세계질서 또는 기성 질서의 변화를 가져오기 시작했다고 평가되고 있다.

첫째, 베트남에서 미군이 철수하게 되었다. 1959년 미국이 베트남 전쟁에 참여하였고, 1969년부터 반전운동이 미국에서 일어났다. 미국 국민들의 반전운동으로 미국 정부는 월맹에 대한 폭격을 중지하고, 평화교섭을 통해 1975년 미군이 철수하게 된다.

둘째, 체코슬로바키아가 소련의 권위에 대항하였다. 1960년대에 체코슬로

바키아는 경제의 분권화를 향한 개혁을 실시하였다. 1968년 정치의 민주화를 의미하는 '프라하의 봄'을 선언하였으나, 소련은 무력으로 진압하였다.

셋째, 68세대는 각종 시민운동, 국제적인 환경과 평화운동 등을 주도하였다. 반전운동, 반핵시위, 공해반대, 원전건설반대 등 반핵 평화운동, 인종차별금지운동, 여성해방운동, 노동운동, 환경보호운동 등등을 주도하였다.

(2) 대량살상무기와 핵무기에 대한 국제질서(NPT체제)

‖ 과학기술혁명과 대량살상무기의 발전

제1차 세계대전에서는 대포, 전차, 기관총, 수류탄, 독가스, 전투기, 잠수함 등이 개발되면서 매우 많은 인명 피해를 겪었다. 제2차 세계대전에서는 전쟁무기들이 더욱더 발전하게 되었고, 미국이 원자폭탄을 개발하여 사용하면서 제2차 세계대전이 끝나게 된다. 과학기술의 발전으로 대량살상무기가 개발됨에 따라 1, 2차 세계대전에 5천만 명 가까운 사람들이 희생된다. 이 숫자는 인류 역사상 일어난 모든 전쟁에서 발생한 사상자의 수와 비슷하다고 평가된다.

제2차 세계대전에서는 도시 하나를 폭파하기 위하여 원자폭탄을 투하(일본의 히로시마, 나가사키)하거나, 수많은 비행기의 폭탄 투하(독일의 드레스덴)가 필요하였다. 그러나 과학기술의 발전으로 현대 무기는 비약적으로 발전하였다. 이제는 하나의 도시를 폭파하기 위해서 단 한 대의 전폭기만 보내도 가능하고, 보통 규모의 중소국가를 초토화하기 위해서 하나의 항공모함만 보내면 끝이다.

1945년 미국이 일본의 히로시마에 투척한 원자폭탄은 15kt급이었다. 원자폭탄 투하로 33만 명의 시민 중 1950년까지 20여만 명이 사망하였고, 도시의 90% 건물이 파손된 것으로 알려졌다.

70년이 지난 지금은 핵폭탄 기술이 더욱더 발전하여 1MT이 전략 핵폭탄의 기본단위로 여겨진다. 1984년 일본에서 분석한 자료에 의하면 1메가 톤의 핵무기가 동경에서 폭발한다면, 반경 5km 이내에 있는 300만 명의 사람이 즉시 사망하고 후폭풍(시속 350km, 지진7도 규모) 등으로 총 1,000만 명 가까이 죽을 것으로 추정하고 있다. 1MT급 1개면 1천만 명이 죽을 수 있게 하는 핵폭탄의 무서움을 다시 한번 느끼게 된다. 수소폭탄은 원자폭탄의 10배의 파괴력을 가진 것으로 추정되니 그 피해는 상상을 초월한다.

핵무기의 파괴력이 크지만, 제2차 세계대전을 종식하기 위해 미국이 일본에 2번 투하한 것이 전부이다. 인류 역사상 지금까지 미국이 딱 2번 사용하였고, 일본 이외에는 투하된 적이 없다. 핵무기는 그 파괴력이 너무 크고, 후유증도 매우 크다. 전쟁에서 이기려고 핵무기를 사용한다면, 인간에 대한 무차별한 학살을 의미하기에 현대전에서 어느 나라도 쉽게 사용하지 못한다. 무차별하게 인류를 죽이는 국가에 대하여 누가 친하게 지내려고 하겠는가? 오히려 모든 나라가 힘을 합쳐서 핵무기를 사용한 나라를 없애려고 할 것이다. 그러나 한 나라가 망하기 직전에 최후의 수단으로 핵무기를 사용할 가능성은 있는 것 같다.

‖ 핵무기 개발 및 보유국

지금 전 세계에서 원자폭탄 보유국은 미국(1945년), 러시아(1949년), 영국(1952년), 프랑스(1960년), 중국(1964년), 인도(1974년), 파키스탄(1998년)이다. 핵무기 중 수소폭탄은 소련(1953년), 영국(1957년), 중국(1967

년), 프랑스(1968년), 인도(1998년)가 개발한 것으로 알려져 있다.

미국과 러시아는 1966년 핵무기 확산금지를 위한 논의 이후 계속 핵무기 숫자를 줄이고 있으나, 아직도 전 세계 핵무기의 95%를 양국이 보유하고 있다. 핵무기의 보유 대수를 보면 미국과 러시아가 7,000~15,000개 보유하고 있으며, 나머지 국가들은 20~300개 정도의 규모로 보유하는 것으로 알려졌다.

국가마다 보유하고 있는 대수가 다른 이유는 과거의 역사적 요인이 제일 크다. 미국과 소련이 냉전시대에 핵무기 경쟁을 했기에 두 나라가 제일 많이 보유하고 있다. 영국과 프랑스도 냉전시대에 소련의 위협에 대항하기 위하여 핵무기를 보유하였다. 중국은 미국과 소련에 대항하기 위하여 개발했다.

인도와 파키스탄의 개발은 국경 분쟁과 관련이 있다. 인도는 중국과의 국경 분쟁이 일어난 뒤 중국의 위협에 대항하기 위하여 핵무기를 개발하였고, 파키스탄은 인도와의 국경 분쟁에 대항하기 위하여 1980년대 중반부터 핵무기를 개발하기 시작하였다. 결국 세 나라는 대화와 협상으로 국경 분쟁을 해결하였다.

‖ 핵무기에 대한 현재의 국제질서: NPT체제

세계대전 이후 전 세계는 전쟁의 무서움을 깨닫고 평화운동을 시작하였고, 또한 핵무기의 무서움을 직접 목격한 인류는 핵무기에 대한 통제를 강화하기 시작하였다.

핵무기는 미국이 1945년 일본에 사용할 때에는 유일한 핵무기 보유 국가였으나, 1949년 소련이 핵무기를 가지게 되면서 미국의 핵 독점 체제가 무너졌다. 이어서 영국, 프랑스, 중국 등의 국가도 핵무기를 가지게 되자,

인류가 핵무기전쟁으로 멸망하는 것을 막기위하여 핵무기의 국제적 확산을 막아야 한다는 인식이 생겼다. 그래서 3년여 동안의 제네바 군축회의에서 협상한 결과 1968년 53개국이 핵확산금지조약을 체결하게 되었다.

핵확산금지조약(NPT: Nuclear Non-proliferation Treaty)의 정식 명칭은 핵무기 확산 방지조약(Treaty On the Non-proliferation of Nuclear Weapons)이다. 각국이 NPT를 제대로 지키고 있는가에 대한 사찰은 국제원자력기구가 담당한다. 국제원자력기구(IAEA: International Atomic Energy Agency)는 원자력을 군사 목적이 아닌 세계 평화와 인류 복지에 공헌하는 데 쓰도록 하기 위해 1956년 유엔에 설치된 국제기구이다. 핵물질을 원자력 발전, 의학적 치료 등의 목적으로 평화적으로 사용하기 위해서는 IAEA의 승인이 필요하다.

2016년 현재 190개국이 동 조약에 가입하였으며, 남한은 1975년 NPT에 가입하였다. 1992년에 중국도 동 조약에 가입하였다. NPT에 가입하지 않은 나라는 인도, 파키스탄, 북한, 이스라엘, 남수단에 불과하다. 이중 핵무기를 보유한 나라는 인도(1974년)와 파키스탄(1998년)이고, 이스라엘은 보유하고 있을 수 있다는 추측만 있다.

‖ 핵무기에 대한 NPT체제의 기본 원칙

첫째, 핵무기 보유는 제2차 세계대전의 승전국인 5개국(5개국: 미국, 소련, 영국, 프랑스, 중국)만 보유할 수 있다.

NPT는 기존의 핵보유국(5개국: 미국, 소련, 영국, 프랑스, 중국)에 대하여 군축 노력을 부여하면서 스스로 핵무기를 감축하면서 결국에는 폐기해야 하는 의무를 부여하였다. 그러나 기존 보유국은 이런저런 이유로 계속 핵무기를 보유하고 있으며 핵무기 감축의 의무도 제대로 이행하지 않고 있다. 현행 국제법상 강대국의 이러한 행태를 강제할 수 있는 방법은 없다.

둘째, 기존 5개국 이외의 국가는 핵무기를 개발하거나 보유하는 것을 원천적으로 금지하고 있다.

1995년 4월 핵확산금지조약에 대한 연장회의에서 동 조약의 기한을 무기한으로 연장하면서, 사실상 5개국을 제외한 모든 나라의 핵무기 개발을 계속 금지하고 있다. 5개국 이외의 국가가 핵무기를 개발하거나 보유하려고 한다면 각종 제제를 받게 된다. 원자력의 평화적 사용도 허용하지 않기 때문에 방사성 물질의 접근이 불가능해지고, 또한 유엔 차원의 각종 경제 제재를 받으면서 경제가 고립될 수밖에 없다. NPT 조약을 개정하지 않는 한 기술력을 보유하고 경제력이 확보되어 있는 일본과 독일도 핵무기를 개발할 수 없다.

셋째, 핵물질을 의료나 발전 등 평화적인 목적으로 사용하기 위해서는 동 조약에 가입하고, 주기적으로 유엔의 사찰을 받아야 한다. 사찰을 거부하는 국가는 핵무기를 개발하려는 것으로 추정되어 국제사회의 제재를 받게 된다.

넷째, NPT에 가입하지 않으면 핵무기를 개발할 수 있으나, 핵물질에 대한 국제사회의 통제가 엄격하기에 핵무기를 몰래 개발하는 것은 사실상 불가능하다. 또한 핵물질의 평화적 사용도 제한되다.

인도와 파키스탄은 아예 가입을 하지 않았기에 엄격한 제재를 받지 않았으나, 상당 기간 선진국들이 어떠한 경제적 기회를 주지 않게 되면서 국제사회에서 고립되었다.

NPT에 가입하다가 탈퇴를 하게 되면 국제법에 의한 엄격한 제재를 받는다. 북한은 1985년에 NPT에 가입하였기 때문에, 1990년대의 핵무기 개발에 대한 강한 제재를 받게 되었다.

‖ NPT체제의 평가

첫째, 핵무기의 파괴력이 너무 크기 때문에 핵보유국들 간의 직접적이고 전면적인 전쟁이 일어나기 어렵다. 어느 한 강대국이 사용한다면 그 나라는 다른 강대국과의 핵전쟁을 각오하여야 한다. 강대국들끼리 핵전쟁을 한다면 누가 이길 지도 불확실하고, 방사능 오염으로 결국 지구가 황폐해지면서 인류가 살아갈 수 없는 환경이 될 것이다. 따라서 핵무기의 개발이 오히려 강대국들의 전면적 전쟁을 억제하는 긍정적 효과를 지적하는 학자도 있다.

그러나 미소 냉전시대에서 양국은 영향력 확장을 위한 경쟁을 계속하면서, 세계에서 국지적 전쟁은 지속하였다. 재래식 무기에 의한 방식으로 전쟁이 수행되면서, 효율적인 전쟁 수행을 위하여 양국은 첨단 군사 무기를 계속 개발하였다.

둘째, 만약 어떤 나라가 핵무기를 사용한다면 어떻게 될까?

어느 중소국이 사용한다면 그 나라는 국가가 없어질 위험을 감수해야 한다. 강대국들이 모두 힘을 합쳐서 핵무기를 사용한 나라를 우선적으로 점령하여 국가가 해체될 확률이 높다. 다음에 어느 나라에 사용할지 모르는 믿을 수 없는 나라를 강대국들이 어떻게 용인하겠는가?

셋째, 핵을 보유한다고 해서 강대국들과 대등해지는 것은 아니다.

파키스탄이 핵을 보유하고 있다고 해서 강대국이라고 인정하는 나라는 없다. 여전히 못 사는 나라일 뿐이다. 마찬가지로 북한이 핵을 보유한다고 해도 여전히 극빈국이다. 핵무기를 갖는다고 강대국과 대등하게 될 수 있다는 생각은 착각일 뿐이다.

‖ 핵무기에 반대한 아인슈타인 박사

미국에 핵 기술을 가르쳐준 독일의 아인슈타인 박사는 미국이 핵을 일본에 사용하게 되면서 그 무서움을 느끼고, 핵 반대운동을 위해서 죽을 때까지 노력하였다. 그의 노력에도 불구하고, 현재 전 세계가 보유하고 있는 핵무기만으로도 지구를 멸망시키고도 남는 상황이 되었다.

"지구가 핵으로 멸망할 것이다"라는 확신으로, 그것을 막기 위해 반핵운동을 시작한 아인슈타인 박사의 말을 다시 한번 명심해야 한다. 아인슈타인 박사의 이러한 소망을 지금의 현대인들은 다시 한번 새겨듣고, 인류의 생존을 위한 방안을 스스로 찾아야 한다. 이 문제는 모든 인류가 마음을 모아야 비로소 풀릴 것으로 판단된다.

"한 나라가 핵 주권을 행사하게 되면, 다른 나라도 거부권을 가지려고 핵으로 무장하게 된다. 워낙 파괴력이 커서 서로 자제하겠지만, 어느 순간 한 국가가 핵을 사용하게 된다면 전 세계는 연쇄적인 핵폭발이 일어날 것이다. 그렇게 되면 핵폭발로 대부분의 세계가 파괴되고, 90% 이상의 사람이 죽게 될 것이다. 빙하가 녹아서 해수면이 상승하게 되면 육지의 50% 이상이 바다에 묻힐 수도 있다.

남아 있는 땅은 방사능으로 오염되어 있어 인류가 생존하지 못하게 될 것이다. 극소수의 살아남은 자는 바다에서 흘러오는 오염되지 않은 식량에 의존하여 살 것이고, 사람들은 지능도 훼손되고 신체도 비정상적이 될 것이다. 이러한 사태는 인류가 막아야 한다. 사랑하는 사람들이 다 죽어가고 인류가 멸망하는 것을 막기 위해, 핵무기가 폐기된 세상을 만들기 위해 모든 노력을 해야 한다."

(3) 우리에게 주는 교훈

교훈 1 북한의 핵개발과 NPT 체제

‖ 북한이 핵무기를 보유해도 체제와 정권을 보장받을 수 없다

현행 국제법으로는 북한은 핵무기의 개발에 성공하더라도 핵보유국 지위는 인정받지 못할 것 이다. 북한을 핵무기 보유국으로 인정하는 것은 제2차 세계대전 후에 형성된 국제질서를 부정하는 것이 된다. 북한의 핵무기 개발을 인정한다면 세계의 모든 나라가 핵무기를 보유하려고 하기 때문에 현재의 핵무기 질서가 파괴된다. 따라서 강대국들이 북한의 핵무기 개발에 반대하는 것이다. 북한을 인정한다면 이란 등의 국가가 핵무기를 개발하는 것도 인정해야 한다는 것을 의미하기 때문이다.

각국의 핵무기 개발을 허용하는 새로운 국제 조약이 생긴다면 즉시 핵무기를 보유할 수 있는 국가로는 독일과 일본 등을 예상할 수 있다. 독일과 일본은 즉시 핵무기를 가질 수 있는 기술력과 경제력을 보유하고 있다. 특히 일본은 핵무기를 보유하고 싶은 의지가 보인다. 일본이 핵무기를 가진다면 새로운 세계의 질서는 어떻게 바뀔까? 상상하기도 싫다.

‖ 북한이 핵무기를 사용하면 북한의 정권을 방어할 수 있을까? 없다. 오히려 북한이 망한다.

인류 역사상 1945년 미국이 일본에 딱 2번 핵무기를 사용하였다. 핵무기의 무서움을 직접 보고 나서 미국은 쿠바 사태에서도 소련과 대화를 통한 합의를 선택하였다. 냉전시대에 전 세계에서 일어난 전쟁에서도 핵무기는 사용되지 않았다.

북한이 자국을 지키기 위해 핵무기를 사용한다면 어떻게 될까? 북한이 어떤 이유이든 핵을 사용한다는 것은 나중에도 다른 나라에 사용할 수도 있다는 것을 의미하는 것이기에 이것은 전 세계가 받아들일 수 없을 것이다. 아마도 전 세계의 국가들이 국제평화와 인류의 생존을 위해 우선 북한을 멸망시킨 뒤에, 다시 강대국들의 합의를 통하여 북한지역을 분할할 가능성이 매우 크다.

북한이 미국 본토를 공격할 수 있다? 현실적으로 불가능하다!

미국은 전 세계의 최강국이며, 군사적인 면에서도 최강국이다. 북한이 미국 본토를 공격한다고 해도, 미국은 아시아와 알래스카에 구축된 지금의 방어망으로 충분히 막을 수 있는 것으로 판단된다. 미국 본토를 공격하는 것은 현실적으로 불가능하다.

오히려 북한은 미국 본토를 공격하는 순간, 미국의 반격을 받아 망할 확률이 매우 높다. 지금은 중국과 한국의 자제 요청으로 북한을 공격하지 못하고 있지만, 핵무기를 발사하게 되면 미국은 북한을 공격할 수 있는 명분을 가지게 된다.

남한은 핵무기를 개발하여 보유할 수 있을까? 개발할 수 있어도 개발하면 안 된다.

핵무기를 개발한다면 발전, 치료 등 핵물질의 평화적인 이용도 중단되고, 개발하는 과정에서 국제적인 경제 제재를 받게 되어 경제가 먼저 망할 것이다. 만약 핵무기를 보유하게 된다고 하여도 경제적으로 망하게 된다면 무슨 의미가 있는가? 지금까지 북한이 겪은 과정을 우리도 따라가야 하는가?

교훈 2 국가의 개별자위권과 집단자위권

유엔헌장 제51조에 의하면 모든 나라가 자신의 국토와 국민의 생명을 지키기 위한 개별자위권이나 집단자위권을 가질 수 있다.

‖ 남한은 집단자위권만 가지고 있다.

한국은 6·25 전쟁 이후 1953년 10월 미국과 한미상호방위조약을 체결하였다. 한반도에 무력 충돌이 발생한 경우 미국은 국제연합의 결정 없이 즉시 개입할 수 있게 되었으며, 미군이 남한에 주둔하게 되어 북한의 위협을 실질적으로 대처할 수 있게 되었다. 그동안 여러 번의 협의를 거쳐서 지금은 평시작전권은 한국군이 가지고 있지만, 전시작전권은 아직도 한미연합사령부(미군 주도)에 있다. 따라서 남한은 스스로 전쟁을 선택할 수 있는 개별자위권은 없다고 판단된다.

집단자위권만 보유한 한국은 개별자위권이 없기 때문에 다음의 두 가지 문제점이 생각될 수 있다.

첫째, 남한은 스스로 전쟁을 수행할 수 있는 권한이 없다. 미국이 반대한다면 전쟁을 선택할 수 없다.

둘째, 남한이 전쟁을 하기 싫어도 미국이 강하게 주장한다면 어쩔 수 없이 전쟁을 시작할 수도 있다. 남한이 끝까지 미국에 반대한다면 전쟁을 막을 수가 있으나, 현실적으로 강하게 반대하기 어렵기 때문이다….

‖ 북한은 개별자위권과 집단자위권을 다 가지고 있다.

1961년 7월 중국과 북한은 중조우호협력상호원조조약을 체결하였다. 동 조약에 의하여 북한은 전쟁이 발생할 경우 즉시 중국의 군사적 도움을 받을 수 있게 되었다.

‖ 다시 생각해 보아야 할 몇 가지 사항들

첫째, 한반도에서 전쟁이 일어나면, 미국과 중국이 자동으로 개입하는 국제전이 된다.

한반도에서 남한과 북한만의 전쟁은 불가능하고, 전쟁이 일어난다면 미국과 중국이 개입되는 국제전으로 발전할 수밖에 없는 것이 현재 상황이다.

둘째, 미국과 중국이 서로 군사적 대결을 선택한다면, 한반도에서 우선적으로 전쟁이 일어날 수 있다. 따라서 한반도에서 전쟁이 일어나지 않게 하기 위해서는 미국과 중국이 한반도에서 극한적으로 대립하는 상태로 가지 않게 하는 우리의 노력이 절실하다.

셋째, 북한의 핵무기 및 관련 시설에 대한 선제적 공격도 중국의 묵인이 있어야 가능한 것으로 판단된다. 핵시설만 제거하는 선제공격인지, 아니면 북한을 미국의 영향력 지역으로 만들려고 하는 전면전인지 어떻게 알 수 있는가? 북핵 시설에 대한 타격을 북한이 전쟁행위로 간주하고 선전포고를 한다면, 한반도에서 전쟁이 일어나면서 한민족이 제일 많이 죽게 될 것이다.

2. 전 세계 국가들의 경험

세계의 강대국들 사이에서 중소국가들이 어떤 선택을 하면서 살아왔는지를 살펴보기로 한다. 그들 국가의 선택을 보면서 강대국의 특성을 간접적으로 느껴보자. 또한 제2차 세계대전 후 분단된 독일과 베트남이 어떻게 통일을 했는지도 살펴보자.

(1) 강대국들 사이에서의 선택

‖ 타일랜드: 적극적인 외교로 중립적인 독립국가 유지

제국주의 시대에 아시아는 모두 다 침략을 받았으나 유일하게 타일랜드(태국)만 독립국가로 유지되었다. 영국은 인도와 버마 그리고 말레이시아를 식민지로 만들었고, 프랑스는 라오스, 캄보디아와 베트남을 식민지로 만들었다. 영국의 식민지와 프랑스 식민지 사이에 있던 태국을 누가 차지하느냐에 대한 영국과 프랑스의 경쟁은 매우 치열했다.

태국의 왕인 라마 4세는 제국주의 국가와 불평등한 통상 조약을 체결하면서도 식민지화를 막는 정책을 선택하였다. 이어서 즉위한 라마 5세는 서양의 문물을 받아들이면서, 영국과 프랑스의 압력에 대항하기 위하여 러시아와 독일과의 적극적인 외교 활동을 펼쳤다. 마침내 제국주의 국가들이 영국과 프랑스 사이의 완충 지대로 태국을 인정하면서, 독립국가를 유지할 수 있었다. 그 결과 아시아에서 유일하게 식민지국가가 되지 않았다. 이런 사유로 실질적인 권력을 갖고 있지 않은 태국의 왕은 현재도 국민들에게 높은 신임을 받고 있다.

‖ 쿠바: 자주를 선택한 민족

사회주의 혁명가인 카스트로와 게바라의 군대가 1959년 1월 8일에 쿠바혁명(1953~1959)을 성공하게 된다. 이후 토지개혁과 산업국유화를 1960년 10월에 실시하고, 외국인 소유의 모든 재산도 국유화하였다. 1961년 1

월 쿠바는 미국과의 국교를 단절하였고, 미국은 쿠바 정부를 전복하기 위하여 1961년 4월 쿠바 망명자를 앞세워 비밀 침공을 강행하였으나 실패하였다.

카스트로는 미국의 재침공을 막기 위하여 러시아의 장거리 미사일을 도입하려고 하다가, 1962년 그 유명한 '쿠바 미사일 사건'이 터지게 된다.

1962년 10월 14일 미국 측은 쿠바에 건설 중인 소련 미사일 기지를 발견하였다. 소련은 쿠바의 정권을 보호하고, 미국과의 유리한 협상 카드를 만들기 위해 쿠바에 장거리 미사일 기지 설립을 비밀리에 추진한 것이다. 미국은 쿠바에 미사일 기지를 세우는 것은 미국의 안보에 정면 도전하는 것으로 여기고 제3차 세계대전도 불사하겠다고 강력히 반발하였다. 미국과 소련은 초긴장 속에서 외교적인 방법으로 쿠바사태를 해결하였다. 터키의 미군기지에 있는 장거리미사일(ICBM)을 철수하는 조건으로 소련도 쿠바 미사일 기지 건설을 포기하였고, 미국이 쿠바를 침략하지 않겠다는 데 동의하면서 사건이 종료되었다.

미국은 1962년 3월부터 쿠바에 대한 금수조치를 실시하였고, 미국 내 쿠바인의 자산을 동결하였다. 냉전기간 중 쿠바는 소련으로부터 매년 50억 달러 전후의 원조를 받아, 중남미의 공산주의 국가로 유지되었다.

1990년 소련 붕괴 이후 쿠바는 격심한 경제 위기를 겪게 되면서 개혁을 시작하였다. 1991년 쿠바 헌법에서 공산주의 관련 조항을 삭제하고, 1996년에는 외국인의 부동산 매입도 허용하였으나, 미국은 금수조치를 해체하지 않았다. 2008년 2월 카스트로가 대통령을 사임하고, 2008년 10월 쿠바는 유럽 연합과 다시 외교를 정상화하였다.

미국은 2014년 12월 양국 간 국교정상화를 선언하면서 다시 상업교류 활성화, 여행에 대한 제재 해체 등 부분적인 관계 정상화 수준을 밟고 있으나, 양국관계의 정상화에 대한 입장을 좁히지 못하고 있다. 쿠바는 대쿠바 금수조치 해제를 요청하고 있으나, 미국은 쿠바의 민주주의와 인권 개선이 선행되어야 한다고 주장하고 있다.

∥ 핀란드: 국가주권을 선택한 민족

핀란드는 스웨덴의 속국이었다가, 108년간 러시아의 자치국으로 있었고 1917년 러시아의 사회주의 혁명 때 독립한 국가이다. 독립 이후 독일과 가까워지는 것을 막기 위해 소련이 침략(1939~1940)하였으며, 나치 독일의 지배하에서 핀란드는 대소련 전쟁(1940~1944)에 참여하였다.

전쟁 후 핀란드는 미국 주도의 유럽부흥계획을 거절하면서 NATO에 가입하지 않고, 1945년 소련과 우호협정을 체결하였다. 또한 소련의 대 NATO 군사협력 요구에 대해서는 거부하면서 경제적으로 소련과 잘 지내는 관계를 유지해왔다.

핀란드는 지리적으로 가까운 러시아(구소련)와 정치 군사적으로는 협조하지 않으면서, 긴밀한 경제 협력관계를 유지하는 정책을 채택하고 있다. 이러한 핀란드의 정책에 대하여 국제정치학에서는 "지정학적으로 강대국에 인접한 약소국가가 주권과 독립의 유지를 위해 주변 강대국의 대외정책에 중립기조를 유지하면서, 경제적 협력은 강화하는 관계"로 평가하고 있다. 소련연방의 해체(1991년), 러시아 경제위기(1998년), 2014년 우크라이나 사태 등에 따른 대러시아 경제제재(2014년) 등 소련의 경제 상황에 민감하게 핀란드 경제가 흔들리고 있다. 그러나 핀란드는 국가 주권을 유지하는 것을 최고의 정책목표로 삼고 계속 러시아와 우호적으로 나아가고 있다.

‖ **우크라이나: 슬픈 국가**

우크라이나는 구소련 시대에는 핵무기 생산기지, 군수품 생산기지, 곡물 생산지, 흑해함대의 근거지로서 러시아에는 매우 중요한 지역이었으나, 소련연방이 해체(1991년)되면서 독립하였다. 우크라이나는 핵무기를 포기하는 조건으로 강대국으로부터 국가의 안전을 보장받는 협상을 개시하여, 드디어 1994년 우크라이나는 미국, 영국, 러시아와 '부다페스트 안전보장 각서'를 체결하였다. 핵무기를 러시아에 다 넘겨주는 조건으로, 우크라이나는 강대국들로부터 안전을 보장받게 된 것이다.

2008년 우크라이나가 IMF의 구제금융을 받으면서 경제위기에 몰리자, 우크라이나는 유럽연합과의 FTA협상 등을 통하여 경제위기를 극복하려고 하였다. 유럽연합에서 지원조건으로 그동안 빌려준 돈에 대한 상환 계획과 더 높은 경제개혁을 요구하였으나, 2010년 친 러시아 대통령이 당선되면서 러시아의 적극적인 공세가 시작되었다. 러시아는 아무 조건 없이 150억 달러를 지원하겠다고 우크라이나를 설득한 결과, 당시의 야누코비치 대통령은 2013년 11월 유럽연합과의 FTA협상을 중단하고 러시아와 관계를 강화하겠다고 발표하였다. 그러나 2014년 2월부터 반러시아 시위가 격화되고 대통령에 대한 탄핵을 실시하게 되자, 대통령은 러시아로 망명했다. 그리고 2014년 3월 러시아는 우크라이나의 동부지역을 무력으로 침공했다. 우크라이나 정부군이 공세를 취했으나, 러시아의 지원을 받는 반군이 반격을 하면서 점점 고착상태로 되고 있다.

우크라이나는 러시아의 침공에 대한 부당성을 호소하였으나, 미국과 영국은 조약이 아닌 각서일 뿐이라고 해석하면서 우크라이나를 지원하는 적극적인 군사적인 행동을 취하지 않았다(전문가들은 폴란드의 경우는 유럽에 매우 큰 영향을 줄 수 있으나, 우크라이나는 유럽에 큰 영향을 주지 못하기 때문에 우크라이나 사태에 유럽의 군사적 행동이 없었다고 판단하고 있다). 그러나 EU와 미국은 강력한 러시아 경제 제재 조치를 실시하였고 그 결과 러시아는 경제적 타격을 크게 받았다. 그래도 러시아는 점령 지역을 자치 공화국으로 독립시켜 실질적으로 러시아에 통합시키는 방향으로 나아가고 있다.

이러한 슬픈 배경에는 민족적인 요인도 있다. 우크라이나는 동서 간 민족이 다르다. 우크라이나 서부지역은 곡창 지대이며 우크라이나 민족이 다수이다. 한편 우크라이나 동부지역은 공업지대이며 슬라브 민족이 살고 있으며, 러시아어를 사용하고 있다. 우크라이나 인구(4,500만 명)의 78%는 우크라이나계, 17%는 러시아계이다. 그러나 동부지역은 58%가 러시아계이기 때문에, 따로 독립하여 공화국을 세운다면 친러 정권이 될 수밖에 없다.

(2) 제2차 세계대전 이후 분단된 국가: 오스트리아, 베트남, 독일, 예멘

‖ 오스트리아: 평화로운 영세중립국의 길을 선택한 위대한 민족

제2차 세계대전의 패전국인 오스트리아는 독일과 마찬가지로 4개 나라(미국, 영국, 프랑스, 소련)에 의해 4개의 지역으로 분할 점령당했다. 오스트리아는 국민 선거에서 좌파가 승리하였으나, 오스트리아의 번영을 위하여 연립정부를 수립하였다. 그리고 국민과의 합의를 도출하여 전 국민이 전쟁을 완전히 포기하고 평화를 선택하는 영세중립국의 길을 찾았다.

1955년 오스트리아는 미국, 영국, 프랑스, 소련과 오스트리아 국가 조약을 체결하였다. 영세중립국을 인정받으면서 외국 군대가 오스트리아에서 철수하였고, 오스트리아도 군대를 보유하지 않게 되었다.

‖ 베트남: 무력통일을 한 강인한 민족!

베트남은 중국 송나라 때인 938년 화산 이씨에 의해 독립국가가 되었다. 리 왕조 이후, 찐 왕조가 원나라의 침공을 자력으로 막아내면서 독립국가를 유지하였으며, 명·청 시대에는 레 왕조가 중국에 형식적인 조공을 바치면서 자주국가로 존속하였다. 그러나 청의 간섭이 심해지자 응우옌 왕조 때 프랑스의 도움으로 청에서 벗어나게 되었으나, 오히려 프랑스는 베트남을 보호국으로 만들어서 1854~1954년간 100년을 지배하였다.

1945년 호찌민은 베트남 공화국을 선포하면서 프랑스와의 독립전쟁을 시작하였다. 1946~54년까지의 제1차 인도차이나 전쟁(베트남-프랑스의 전쟁)에서 베트남이 승리를 하자, 프랑스는 공산주의 확산을 막아야 한다는 명목을 내세워서 미국에 지원을 요청하였다. 그 결과 1954년 베트남은 갑자기 남북으로 분열되었다. 강대국들의 합의로 북쪽은 러시아가, 남쪽은 미국이 관할하게 된 것이다. 북쪽의 호찌민 정부는 1959년부터 다시 통일을 위한 전쟁을 시작하였고, 1964년 미국은 인도차이나 반도의 공산주의 확산을 막기 위해 전쟁에 본격적으로 개입한다. 미군 개입 이후 계속되는 전쟁을 제2차 인도차이나 전쟁(1959~1972)이라고 부른다. 수많은 미국의 젊은 병사가 베트남에서 죽어가자, '의미도 없는 전쟁'에 대한 반전운동이 미국 내에서 강하게 일어났다. 마침내 1972년에 휴전을 하게 되고 1973년 1월에 인도차이나에서 미군이 철수하면서 베트남은 1975년 통일을 이룬다. 자신들의 힘으로 강대국들과 30년간의 독립 전쟁(만일의 전쟁)에서 승리한 베트남 민족은 '강인한 민족'이라고 평가할 수 있다.

그러나 30년간의 전쟁으로 전 국토가 황폐해진 베트남은 최빈국으로 전락하였고, 미국의 경제 제재로 경제가 매우 어려워졌다. 동구권 몰락 이후인 1990년대가 되어서 베트남은 시장경제 체제를 도입하지만, 2002년 대미외교가 정상화되기 전까지 매우 힘든 과정을 거치게 되었다.

한국은 1992년 베트남과 수교하면서, 적극적인 베트남 개발사업에 참여하게 되었다. 미국의 눈치를 보느라 서방국가들이 적극적으로 진출하지 않은 시기에 한국이 베트남에 적극적으로 진출할 기회를 잡았다. 지금은 삼성전자, 롯데 백화점 등의 적극적인 진출로 양국은 매우 좋은 관계를 유지하고 있다.

‖ 베트남에 대한 몇 가지 생각들

첫째, 한자와 유교와 불교를 받아들인 베트남은 한국과 비슷한 중국 문화권에 속한다고 볼 수 있다.

프랑스의 100년간 지배 속에서 한자는 없어지고, 프랑스 선교사가 만든 문자가 베트남어로 사용되었다. 그러나 베트남의 인명이나 지명을 자세히 보면 한자로 된 이름이라는 것을 느끼게 된다. 유명한 관광지인 하롱베이도 '용이 내려온 바다(下龍海)'로 보인다.

둘째, 필자가 상공회의소 유통물류진흥원장 재임 시 베트남 고위공무원과 유통·물류 분야 협의를 두세 번 가졌다. 한번은 내가 베트남이 자력으로 통일을 했고, 이제는 경제발전이 본격화되고 있어 참 부럽다고 말한 적이 있다(한국은 아직도 통일을 못 했는데).

그러자 그 공무원의 안색이 갑자기 어두워지면서 다음과 같이 말했다.

"절대 무력으로, 전쟁으로 통일하지 말라. 베트남이 장기간 전쟁을 하다 보니 어느 가정이나 항상 전사자가 1-2명은 꼭 있다. 그래서 전쟁 이야기만 나오면 모두 다 슬퍼진다. 전쟁을 안 하고 통일하는 것이 훨씬 좋다."

아직도 '전쟁을 하지 말라~'는 말이 귓가에서 맴돈다

셋째, 베트남 국민들은 자부심이 매우 크다. 원나라의 공격을 막아냈으며, 프랑스로부터 독립을 쟁취하였고, 미국과의 전쟁에서도 승리하였다. 잘 살지는 못해도 자주독립국가의 국민으로서 자부심이 매우 강하고, 어떤 강대국과도 싸워서 이길 수 있다는 자신감이 있는 것 같다.

넷째, 독립을 위한 30년 전쟁 기간에 여자들도 적극적으로 전쟁에 참여하였다. 중국과 섬에 대한 분쟁이 생기자, 베트남 여성들 사이에서 중국과 싸워야 한다는 목소리가 크게 나왔다. 평소에는 생활에 바쁘게 살아가지만, 국가가 위협을 받는다면 국가를 위해 적극적으로 전쟁에도 참여하겠다는 의식이 매우 강한 민족이다.

|| 독일: 평화통일을 이룩한 위대한 민족!

독일은 영국보다 뒤늦게 국가건설을 시작하면서 보호무역주의로 산업을 육성하였다. 식민지 확보를 위하여 아프리카에 진출하면서 영국과 프랑스와, 발칸반도에 진출하면서 러시아와 전쟁을 시작하게 된 것이 제1차 세계대전(1914~1918)이다. 제1차 세계대전 이후 체결된 베르사유 체제(1919~1936)에서 패전국인 독일은 전쟁배상금을 지급하게 된다. 1929년 전 세계 대공황이 일어나자, 영국은 파운드 블록, 프랑스는 프랑 블록, 미국은 달러 블록으로 자신의 식민지들을 묶는 전 세계의 블록화가 실시되었다. 식민지가 없어서 경제가 어려워진 후발국가인 독일, 이탈리아가 전쟁배상금의 지급을 거부하면서 제2차 세계대전(1939~1945)이 발발하게 되었다.

전쟁 후 패전국인 독일은 미국, 영국, 프랑스와 소련이 분할하여 통치한다. 독일의 수도인 베를린도 서베를린(미국, 영국, 프랑스 점령지역), 동베를린(소련 점령지역)으로 나누어졌다. 서독은 대외적으로 전쟁에 대한 적극적인 국가 차원의 반성을 하면서, 대내적으로 경제건설에 매진한 결과 경제는 다시 급속도로 발전하였다. 1980년 소련을 제치고 G3가 되었다.

1986년 4월부터 소련이 개혁 개방 정책을 실시하면서, 1989년 11월 베를린 장벽이 붕괴되었다. 1989년 11월 28일 서독의 콜 총리는 독일의 평화통일을 위해 '독일과 유럽 분단 극복을 위한 10개 항 계획'을 발표한다. 그리고 서독 주도의 통일을 위하여 '2+4 회담'(2=서독과 동독, 4=미국, 영국, 프랑스, 소련)을 1990년 5월부터 9월까지 네 차례 개최하여, 독일의 통일에 대한 국제적인 합의를 얻는다. 독일은 통일하기 위해 외교적으로 미국과 소련에 능동적으로 협조를 요청하였다. 막후에서 소련에 상당 부분의 경제 지원을 약속하면서 독일의 통일에 대한 동의를 구했다고 알려지고 있으며, 그 결과 1990년 10월 소련군의 동독 지역에서의 평화로운 철수 조약도 체결하였다.

한편 소련은 나토군이 구 동독지역에 주둔하지 않는 것을 조건으로 통일에 찬성하였기 때문에, 현재까지 구 동독지역은 독일 연방군만이 주둔하고 있다. 그러나 미국은 독일의 통일 이후에도 러시아를 견제하기 위하여 서독 지역에 계속 미군을 주둔시키고 있다.

1990년 3월 동독이 자유총선을 실시하고, 그해 5월에 양국 간 국가 조약을 체결하여 통합경제체제가 출범하였다. 그해 10월에는 동독이 서독의 기본법과 정치체제를 수용하면서 통일조약이 체결되어 드디어 평화통일이 되었다. 양국은 체제의 혼란으로 처음 5년은 힘들었으나 3년 뒤부터 문제를 해결해 나가면서, 2000년대에는 안정적인 통일국가로 성장하였다.

독일은 패전국이 되면서 국가도 둘로 나누어졌지만 자력으로 평화통일을 이룩한 위대한 민족으로 보인다. 전 세계에 제2차 세계대전에서의 유대인 학살에 대한 진심 어린 사과를 보여 주면서, 통일을 스스로 하겠다는 의지를 대외적으로 계속 표명해왔다. 특히 동독 주민의 신뢰를 얻어서 평화적으로 통일한 점은 매우 높게 평가할 점이다. 서독과 통일하겠다는 동독 주민들의 자발적 의지가 없었다면 평화통일이 쉬운 과정이 아니었을 것이다.

‖ 예멘: 대화와 협상에 의한 평화통일

예멘의 분단과 통일 과정은 독특하지만, 강대국의 개입이 없을 때의 통일 과정에 대한 교훈을 줄 수 있기에 살펴보기로 한다.

1873년 오스만 제국과 대영제국의 협약으로 예멘은 남북으로 분단되었다.

제1차 세계대전에서 오스만 제국이 패하게 되자, 1918년 북예멘이 독립하게 되었다. 북예멘은 왕조 체제를 유지하다가, 1962년 이후 군사 쿠데타로 군사 독재 국가가 되었다. 1950년대에 아랍국가들이 많이 독립하게 된다. 1952년 이집트가 공화국제로 바뀌면서 영국에서 독립하였고, 프랑스 식민지였던 알제리는 1954년 독립전쟁을 시작하여 1962년 독립하였다. 이런 국제환경의 변화로 남예멘은 1967년 영국에서 독립하였다.

남예멘이 독립하자 1970년부터 동일 민족의 통일에 대한 노력이 시작되었다. 국력이 거의 비슷한 남북 예멘의 통일은 쉽지 않았으나 아랍 연맹의 중재로 1990년에 드디어 협상에 의한 평화통일이 되었다. 통일 정부는 대통령은 북예멘 사람이, 부통령은 남예멘 사람이 되었고, 정부의 각료도 북예멘 19자리, 남예멘 15자리 등으로 서로 나누어 가지는 식으로 통일 정부를 운영하였다.

(3) 우리에게 주는 교훈

교훈 1 모든 나라는 자신의 지정학적 위치에서 최선의 방향을 선택해야 한다.

첫째, 강대국과 중소국의개념은 상대적이다. 주변에 자기 나라보다 작은 나라만 있으면 강대국이고, 주변에 강대국만 있으면 그 나라는 중소국이다. 독일은 미국에 비해서는 중소국이나, 핀란드에 대해서는 강대국이다.

강대국이라고 모든 나라를 자기가 원하는 대로 움직일 수 없으며, 상대국이 자신의 의견을 받아 주어야 가능하다. 태국이나 쿠바처럼 다른 강대국을 선택할 수 있다.

둘째, 강대국들 사이에서 갈등이 있을 경우 사이에 낀 중소국만 피해가 집중될 수 있다.

한 강대국을 선택하여 다른 강대국과의 대리전을 수행하게 되면, 해당 중소국가는 국민의 생명을 희생하고 경제도 피폐해진다. 어느 한 강대국이 쉽게 이기면 다행이지만, 강대국들끼리의 싸움이 지속된다면 대리전을 치르는 국가만 피해가 쌓이게 된다.

강대국들 사이에서 선택을 강요당할 때는 중소국가는 무기력한 나라가 된다. 그러나 타일랜드는 영국과 프랑스 중 어느 나라도 선택하지 않고, 적극적인 외교활동을 통하여 강대국들에서 영국과 프랑스의 영향권 사이에 있는 중립지역으로 인정받았다. 주변 강대국들의 입장을 고려하지 않고 자신만의 이익을 위해서 나아간다면 강대국과의 갈등만 커지게 된다. 현실을 무시한 대의명분을 쫓아가면 우크라이나처럼 국민의 생명과 재산이 희생될 수도 있다는 것을 알아야 한다. 강대국들의 이익을 어느 정도 만족시켜줄 수 있는 현실적인 안을 만든 뒤 주변 강대국들을 설득하는 것이 최선의 방안이다.

셋째, 강대국에 인접한 나라들의 경험에서 보았듯이, 중소국가는 주위의 강대국과 우호적으로 지내는 방향이 최고의 선택이다. 핀란드가 국가주권의 보호를 우선적으로 선택하여 러시아와 경제적으로 밀접하게 나아간 길이 핀란드 국민에게는 최선의 길로 보인다. 캐나다나 멕시코는 미국과 친하게 지내면서 미국과 성장을 같이 하였다. 쿠바는 가까운 미국보다 멀리 있는 소련(현 러시아)을 선택하면서 미국의 경제 성장에 따른 혜택을 하나도 받지 못했고, 오히려 경제적 제재만 받게 되어 국민의 생활이 매우 어려워졌다. 1990년대에 공산권이 몰락하면서 쿠바는 새로운 협력의 길을 미국에 요청하였으나 쉽게 이루어지지 않고 있다. 적대적 관계로 40년 이상을 지내면서 상호 신뢰가 형성되지 않았기 때문이다.

넷째, 주위의 강대국들을 설득할 수 있는 논리를 가져야 한다.

주위 강대국들의 이익을 어느 정도 만족시켜 주어야 강대국들을 설득할 수 있다. 중소국이니까 강대국이 너그럽게 받아 줄 것을 기대해서는 안 된다. 강대국들을 설득하기 위해서는 적절한 대의명분이 매우 중요하다. 거꾸로 중소국이니 강대국의 의견을 따라야 한다고 주장하면 어떻게 대응할 것인가?

중소국가가 주위의 강대국들 사이에서 가치관을 배제하고 경제적 이익만 챙기고 있다면, 오히려 비난을 받게 된다. 가치관을 배제하고 경제적 이익에 따라 행동하는 '중도실용주의 국가'는 상대국의 입장에서는 경제적 이익에 따라서 움직이는 '기회주의 국가'일 뿐이다.

다섯째, 강대국들끼리 의견이 너무 차이가 나고 해결 방안도 찾기 어렵다면 조금 더 기다리면서 적절한 시기가 올 때까지 기다리는 것도 좋은 방안이다.

국제 상황이 변하면 강대국들도 자신의 이익이 변하면서 새로운 입장을 선택할 수 있기 때문이다. 시기가 오지 않아도 중소국은 자신이 원하는 방향에 대한 뜻을 계속 말하면서, 지금 자신이 준비할 수 있는 행동을 하고 있어야 한다. 독일의 통일 과정을 보면 평소의 행동과 실천이 매우 중요하다는 것을 느끼게 해준다.

교훈 2 한반도가 통일되어도 미군은 계속 주둔할 수도 있다.

독일의 통일 이후에도 미국은 서독 지역에 계속 미군을 주둔시킬 수 있었고, 현재도 서독에 미군이 주둔하고 있다는 사실은 우리에게 많은 생각을 하게 만든다.

첫째, 한반도에 평화가 정착되거나 한반도가 통일이 되더라도 미군이 한반도에 계속 주둔하는 문제는 미국의 선택에 따라 결정된다. 미국은 한반도에 주둔하는 것이 미국의 국가이익에 유익하다고 판단되면 계속 주둔할 것이고, 국가 이익에 필요하지 않는다고 생각하면 철수할 것이다.

둘째, 한반도에 평화가 정착되거나 한반도가 통일되어 미군이 더 이상 한반도에 주둔할 필요가 없다고 우리가 판단하여도, 미국과 협의하여 한미상호방위조약을 개정해야 가능하게 된다. 집단방위 체제를 선택하고 있는 한국은 미국과 협의되지 않으면 어떤 조치도 취하기 어렵다.

셋째, 한반도에서의 미국 주둔 여부는 중국과 미국과의 관계가 가장 중요한 변수가 될 것이라고 필자는 생각한다.

한반도에 남북 간의 평화가 정착되어도 미국이 계속 중국을 견제할 필요성이 있으면 한반도에 미군을 주둔할 가능성이 크고, 미국이 중국과 친하게 지낸다면 한반도에서 미군이 철수할 것이다.

한반도에 미군이 계속 주둔하려고 한다면, 독일이 통일될 때 소련이 합의한 전례를 따라서 중국은 미국과 협상할 수 있다. 즉 한반도가 통일되어도, 미군은 현재의 남한지역에만 주둔하게 하는 협상을 할 수도 있다.

3. 미소 냉전시대

(1) 미국

‖ 세계에 새로운 질서를 만들기 위해 노력하는 진취적인 강대국

제2차 세계대전이 끝난 후 세계의 초강국이 된 미국은 전 세계의 평화와 안정을 유지하기 위하여 유엔을 설립하였다. 또한 IMF와 GATT를 설립하여 자유무역체제를 추진하여 세계의 경제적인 발전을 도모하였다. 전후 세계 경제의 빠른 회복을 위하여 IBRD와 세계은행(World Bank)도 설립하였다. 소련과의 체제 경쟁이 시작되자, 자본주의 진영의 경제발전을 위해 적극 노력하였다. 이렇게 미국이 세계를 이끈 것은 1920년대의 세계 대공황과 세계대전으로 미국이 배운 교훈 때문이라고 판단된다. 즉 경제 불황을 극복하기 위하여 각국이 블록화를 추구하게 되자, 식민지가 없는 나라들이 세계 전쟁을 일으킨 것이다. 이런 슬픈 역사를 되풀이하지 않기 위해서는 전 세계의 자유로운 무역이 최선이라고 믿은 것 같다. 패전국인 일본과 독일이 소련 진영에 들어가지 않도록, 미국이 군사적으로는 점령하면서도 경제는 회복시키려고 한 것도 그 전의 승전국 행태와 다른 획기적인 전환이었다.

미국의 노력으로 1950년대에서 1970년대는 '자본주의의 황금기'를 맞이한다.

첫째, '대량 생산 대량 소비시대'가 열리면서 소비재 산업의 발달로 사람들의 생활 수준이 향상되었다. 자동차, 냉장고, 세탁기, 텔레비전 등이 전 세계에 보급되었고, 의료 기술의 발달로 질병이 많이 퇴치되었고, 수명도 급격하게 연장되었다.

둘째, 수정 자본주의를 채택하여 시장의 실패에 대하여 정부가 적극 개입하였으며, 소득 격차를 완화하기 위하여 사회복지제도도 강하게 실시하였다.

이러한 자본주의의 황금기는 1970년대에 일어난 석유 위기로 종말을 맞이한다.

첫째, 석유 가격의 상승으로 서구 자본주의의 경쟁력이 급속하게 약화되었고, 선진국들의 경제가 활력을 잃기 시작한다. 값싸고 우수한 노동력을 가진 한국 등 신흥 공업국이 선진국 시장에 수출을 증가시키면서 경제가 도약하게 되었다.

둘째, 미국이 소련과의 군비 경쟁을 지속하면서 미국의 재정적자 규모가 확대되었다. 미국은 소련을 이기기 위한 군비 경쟁을 지속하면서, 군사비의 비중이 다시 높아지게 되었다.

1980년대 미국은 소련과의 군비 경쟁을 지속하면서 경제 정책의 방향을 '수정 자본주의'에서 '신자유주의'로 바꾸게 되었다. 즉 정부의 기능을 축소하는 '작은 정부'를 주장하면서 기업 규제를 완화하고 복지예산을 축소하기 시작하였다. 경제 활동에 대한 국가의 간섭을 최소화하고, 자유로운 기업의 활동을 보장하는 신자유주의를 주창한 것이다.

1990년대에 소련이 분할되자, 유일한 패권국가가 된 미국은 다시 새로운 국제질서를 만들기 시작하였다.

첫째, 미국은 전 세계의 관세 장벽을 제거하고 자유로운 무역을 보장하기 위하여 세계무역기구(WTO)의 설립을 주도하였다. 국가 간의 경제 장벽을 없애면서 전 세계의 무한 경쟁을 촉진하였다.

둘째, 미국의 권위에 대항하는 국가들을 용납하지 않았다. 1991년 중동 지역에서의 패권을 지향하는 이라크를 무력으로 진압하였다. 2001년 미국의 일방주의에 대항하여 9·11테러가 나자, 미국은 '테러와의 전쟁'을 선포하면서 이라크와 아프가니스탄을 침공하였다.

‖ 한반도와 미국

미군은 1945년 9월 8일 얄타 회담의 약속대로 남한에 도착하였다. 한반도에 대한 이해가 없었던 미군 총사령관인 맥아더는 남한에 새로운 정부가 수립될 때까지 치안을 유지하는 데 집중하였다. 현상 유지를 위하여 과거 친일파들이 계속 활동할 수 있게 용인하였고, 남한의 민족 지도자들을 인정하지 않았다. 1948년 남한에 나라가 세워지자, 미군은 1949년 6월에 남한에서 철수하였다. 그러나 일본에는 미군이 계속 주둔하고 있었다.

1950년 한국전쟁이 발발하자 미국은 한반도의 공산권화를 막기 위해 유엔군을 결성하여 한반도를 방어하게 되었다. 한반도를 민주국가로 만들기 위해 북한 지역까지 진격하였으나, 중국군의 개입으로 실패하였고 중국과 1953년 휴전 협정을 체결하였다. 정전 후 남한과 한미상호방위조약을 체결하여 미군이 남한에 계속 주둔하게 되었다. 이후 남한은 강경한 반공 국가로 전환되었다.

1968년 미군의 정보 수집선인 푸에블로호가 원산 앞바다에서 북한에 납치되자, 미군의 항공모함이 한반도에 진입하였고 북한은 함장과 선원들을 풀어주었다. 1970년 미국은 닉슨 독트린을 발표하여 주한 미군의 일부를 철수시키고 중국과의 대화를 시작하였고, 1972년 2월 중국과 평화 원칙에 합의하고 국교를 정상화하기로 하였다.

1990년 독일이 통일을 하고 공산권이 붕괴되자 한반도에도 변화가 생겼다. 남북한은 1991년 유엔에 동시 가입하였고, 1992년 한반도에 배치된 미군의 전술 핵무기도 철수하였고, 한미 팀스피리트 군사 훈련도 중단되었다.

1992년 제1차 북핵 위기 때 북한이 핵 사찰을 거부하자 미국의 강경파는 북한의 핵 의심 시설에 대한 선제공격 시나리오를 검토하였으나, 1994년 6월 미국의 지미 카터 전 대통령이 북한의 김일성 주석을 만나 핵활동 동결에 합의하였다. 김일성 주석의 사망 이후 1994년 10월 미국은 북한과 제네바 합의문을 발표하면서 북핵 위기가 지나갔다.

2002년 남북대화가 활발하게 이루어지고 있을 때, 미국이 북한을 테러 지원국으로 지정하면서 제2차 북핵 위기가 발생하였다. 제2차 위기는 중국주도의 6자 회담으로 합의를 도출하는 회담이 계속 이루어졌으나, 미국과 북한의 입장 차가 커서 쉽게 타결되지 않았다. 미국이 북한의 BDA 예금(2천5백만 달러로 추정)을 동결하자, 북한이 2006년 10월 제1차 핵실험을 하였다. 그 후 북한은 남북정상회담을 하여 한반도 핵 문제의 해결에 합의하였고, 중국의 중재로 미국이 북한과 협의하여 자금에 대한 동결을 해제하였다. 2007년 6자 회담에 의한 합의가 도출되면서 2008년 북한은 영변 핵시설을 파괴하였고, 미국은 북한을 테러 지원국 명단에서 삭제하게 되었다.

(2) 구소련(러시아)

‖ 독자적인 경제발전의 추진과 전 세계에 공산주의를 적극적으로 전파

소련은 중앙집권식 계획 경제를 추진하여 국가의 모든 자원을 정부가 관리하였다. 중앙 집권의 효율성이 높아지면서 1950년대의 사회주의 진영은 8%가 넘는 높은 경제성장을 달성하여, 1970년대 초에는 G2로 전성기를 맞이하였다. 냉전시대에 소련이 주도한 공산권의 발진은 미국의 정책과는 다른 특징이 있다.

첫째, 소련의 경제권은 미국의 경제권과 완전히 분리되어 성장하였다. 공산권 국가와의 경제 및 군사협력을 강화하였으며, 자본주의 진영과는 교류하지 않았다.

둘째, 풍부한 자원을 배경으로 군수 산업 등 중공업을 중심으로 경제를 독립적으로 발전시켰다. 그러나 자체의 기술 개발로만 성장하다 보니, 핵심 기술의 부족으로 효율적인 산업 발전이 지속되기 어려웠다.

셋째, 소련은 주변에 있는 동구권의 국가들을 공산주의 국가체제로 만들었다. 그리고 라틴아메리카에도 공산주의 정권의 수립을 지원하였다. 필요한 경우 소련은 아프가니스탄 등에 직접 군대를 보내 무력으로 제압하고 군대를 주둔하였다.

그러나 경제규모가 커지면서 중앙집권식 계획경제의 비효율성이 나타나게 되었고, 1960년대 중반부터 사회주의 국가들의 경제 성장률이 둔화되기 시작하였다. 미국과의 군비 경쟁을 지속하면서 1970년 이후 사회주의 국가에서 국민들의 생필품이 부족해지면서 민주화 운동이 일어나기 시작하였다. 1978년 일본의 경제력이 소련을 추월하고, 1980년에는 서독이 추월하면서 1978년까지 G2를 유지한 소련은 경제성장 한계에 도달하게 되었다. 1980년대 중반에 소련이 개혁 개방을 추구하면서 돌파구를 찾으려고 했으나, 사회주의의 비효율성을 극복하지 못하고 실패하자, 1989년 냉전의 종식을 선언하였다.

미국과 소련의 경쟁은 40여 년 만에 미국이 승리하면서, 소련은 해체되었다. 소비에트 연방은 무너지고 독립국가연합(CIS)이 1991년 결성되었다. 동구권의 민주화로 소련의 영향력은 급속히 약화되었고, 소수 민족들의 새로운 공화국 건립으로 소련은 인구(48% 감소)와 영토(24% 감소)가 대폭 줄어들면서, 러시아로 축소되어 태어나게 되었다. 1인당 국민소득이 1990년 9,300달러에서 1991년 6,000달러 수준으로 떨어졌으며, 이후 4,000달러 수준으로 하락하였다. 1998년 러시아 경제위기(모라토리엄 선언) 이후에는 1인당 국민소득이 1,000달러 아래로 급락하였다(GDP가 1992년 1조 달러에서 1999년 1,827억 달러로 축소되었다. 항공모함 함대도 5개에서 1개로 줄었다).

석유와 가스 등 자원 보유국인 러시아는 시장경제체제를 도입하여 경제를 발전시키려고 개혁을 실시하였으나 제조업의 생산 경험과 기술이 부족하여 새로운 산업이 발전하지 못했다. 미국의 조언에 따라 공기업을 민영화하였으나, 효율성이 높아지지 않았고 부패구조만 심화되었다. 러시아는 아직도 과거의 군사 강국의 위치는 유지하고 있으나, 미국과 경쟁할 수 있는 과거의 경제력 수준으로 복귀하지 못하고 있다. 2017년 러시아는 한국을 제치고 G11이 되었다.

‖ 한반도와 소련

러시아는 차르 황제 시대인 1891년 시베리아 횡단 열차를 착공하여 1903년 주요 구간을 개통시켰다. 아시아에서 만주와 조선에 관심이 큰 러시아는 청일전쟁에서 승리한 일본이 요동 반도와 타이완을 가지게 되자, 1895년 러시아는 프랑스와 독일과 힘을 합쳐서 요동 반도를 일본이 포기하게 만들었다. 삼국 간섭의 결과 러시아는 요동 반도의 뤼순에 진입하였고, 독일은 산둥 반도의 칭다오에 진출하였다. 그러나 일본이 러시아의 남하 정책에 대항하고 있던 영국과 미국의 지원을 받으면서 1904년 러일전쟁에서 승리하자, 러시아는 한반도에서 물러나게 되었다.

러일전쟁에서 패배한 러시아는 1905년부터 혁명이 일어나기 시작하였고, 마침내 1917년 사회주의 국가가 되었다. 러시아 혁명 이후 경제력이 향상된 러시아는 제2차 세계대전에 미국과 같이 연합하여 독일과 일본을 상대로 전쟁하게 되었다. 소련은 제2차 세계 대전 후 승전국으로, 1945년 8월 25일 북한에 도착했다. 북한을 점령한 소련은 사회주의 세력을 규합하여 인민전선을 만들고 인민정부를 수립하게 유도하였다. 1948년 북한에 나라가 세워지자, 소련군은 1948년 12월 철수하였다.

북한이 한반도를 무력 통일하려고 하자, 소련은 직접 전쟁에는 참여하지 않고 군사 지원만 했다. 한국전쟁이 미국 주도의 유엔군과 중국군의 대립으로 장기화하자, 소련은 미국과 중국에 휴전 협정을 중재하였다. 한국전쟁에 대해 공식적인 개입을 부정했던 소련은 휴전 협정문의 서명식에 참가하지 않았다. 전쟁 종료 후 북한은 소련의 적극적인 지원으로 경제를 급속도로 회복하게 되었다. 그러나 1958년 중국과 소련 간의 이념 논쟁이 시작되면서, 북한은 소련의 원조 없이 자체적으로 경제발전을 추진하게 되었다. 1990년대에 공산권이 붕괴되면서 북한은 심각한 경제 위기에 봉착하게 되었다.

남한은 1990년 9월 소련과 수교한 이후 지금까지 큰 문제 없이 지내고 있다.

제2차 북핵 위기가 발생하자 러시아는 6자 회담에 참여하면서, 한반도에 대한 자신의 관심을 보였다. 2000년대에 미국과 일본이 중국의 영향력을 억제하기 위한 합동 군사훈련을 실시하자, 러시아는 중국과 같이 합동군사 훈련을 하면서 대항하고 있다. 제3차 북핵 위기에서 러시아는 동 아시아의 평화와 안정을 주장하는 중국의 입장을 지지하고 있다.

(3) 중국과 일본

‖ 중국

일제시대에 한국의 독립운동 지도자들은 1919년 4월 중국의 상하이에서 대한민국 임시 정부를 세우고 활동을 시작하였다. 민족주의자들은 중국의 국민당과 손을 잡았으며, 공산주의자들은 중국의 공산당과 손을 잡고 항일 투쟁을 지속하였다. 해방 후 민족주의자들은 대부분 남한으로 귀국했고, 공산주의자들은 대부분 북한으로 들어갔다. 일본 패망 이후 중국의 국민당과 공산당은 다시 싸우기 시작하여, 1949년 공산당이 승리하면서 중화인민공화국을 건립하였다. 패배한 국민당은 타이완으로 가서 중화민국을 세우게 되었다.

한국전쟁이 일어나자, 공산화된 중국은 북한이 존재하고 있어야 중국이 안전하다고 판단하여 전쟁에 참여하게 되었다. 전쟁이 교착 상태에 빠지자 중국은 미국과 휴전협상을 하고 협정문에도 서명하였다. 1961년 중국은 북한과 조중우호협력상호조약을 체결하여 향후 한 나라에서 전쟁이 일어나면 다른 나라는 즉시 군사적 지원을 하기로 합의하였다.

1958년 중국은 폐쇄적 경제개발을 위해 대약진 운동을 실시하였으나 실패하였고, 중국과 소련 간의 갈등이 심해지면서 다시 폐쇄적인 문화대혁명을 1966년에서 1976년까지 지속되었다. 1971년 미국은 소련을 견제하기 위하여 타이완 대신에 중화인민공화국을 중국을 대표하는 나라로 받아들이면서, 중국은 유엔의 상임이사국으로 복귀하였다. 1978년 중국의 덩샤오핑은 중국의 개혁 개방을 선언하면서 폐쇄적인 경제발전 전략을 포기하고, 대외 개방적인 자본주의적 시장 발전 전략으로 전환하였다. 1979년 1월 미국은 중화인민공화국을 중국의 유일한 합법 정부로 인정하면서 외교관계를 정식으로 수립하였다.

중국과 소련의 이념 갈등이 심해지자, 1970년대에 북한은 자주적인 경제발전을 추진하였다. 1980년대에 중국이 개혁 개방을 추진하자, 북한은 중국과의 거리를 두기 시작하였다.

공산권이 몰락한 1991년 남북한이 동시에 유엔에 가입하였고, 1992년 남한은 중국과 한중선린우호협력 관계에 합의하면서 40여 년 만에 국교를 정상화하였다. 한중 국교정상화 이후 한중교류는 비약적으로 발전하면서, 2000년대에는 중국이 남한의 최대수출국이 되었다.

남한이 중국과 국교를 맺자, 북한은 세습체제를 완성하면서 고립 국가가 되었다. 1990년대 공산권이 몰락한 뒤 북한은 핵무기를 개발하는 고립주의 체제를 고수하면서, 경제는 최악의 상황이 되었다. 2000년대에는 다시 중국에 의지하면서 북한은 나라를 유지하게 되었고, 제2차 북핵 위기는 중국의 주도하에 6자 회담을 통해 해결되었다.

‖ 일본

한반도를 점령하고 있었던 일본은 제2차 세계대전에서 미국 등의 연합군에 패배하고 나서 한반도에서 물러났다. 한국전쟁이 일어나자 일본은 미군의 병참 기지로 활용되었으며, 일본은 천황제를 유지하면서 경제를 회복시키는 계기를 잡게 되었다.

남한은 경제 성장에 필요한 자본을 확보하고 선진기술을 획득하기 위하여 1964년 일본과의 회담을 개최하였고, 1965년 일본과 국교를 정상화하였다. 한국이 미국과 일본과의 협력을 통한 경제개발을 추진하면서 일본의 자본과 기술은 한국이 수출 경쟁력을 확보하는 데 큰 도움이 되었다. 그러나 당시 경제개발을 위해 일본과 전후 배상 문제와 독도에 대하여 애매하게 처리하면서, 아직도 양국 간에는 강제 노역자, 위안부와 독도에 대한 분쟁이 지속되고 있다.

제2차 북핵 위기가 발생하자 일본도 6자 회담에 참여하면서, 한반도에 대한 관심을 보였다. 제3차 북핵 위기에서 중국과 미국의 대응 방법이 대립하자, 일본은 '선 핵포기 후 대화'를 강조하는 미국의 입장을 지지하고 있다. 일본의 한반도에 대한 주된 관심은 북한의 핵무기 제거와 중국의 영향력 확대 억제에 있는 것으로 보인다.

(4) 우리에게 주는 교훈

교훈 1 한반도는 강대국들이 다 탐내는 땅이다.

한반도가 아프리카나 중남미에 있었다면, 분단도 안 되었지만 발전도 못했을 것이다. 만약 주변에 중소국가만 있는 지역에 한반도가 있었다면, 지금과는 전혀 다른 길을 걸어왔을 것이다. 강대국들이 있었기에 한반도가 힘들었지만, 강대국들 때문에 발전한 것도 사실이다.

역사를 살펴보면 중국 시대에서는 한반도와 친하게 지내면서 북방 민족들의 침공을 막고, 일본 왜구들도 공동으로 막을 수 있었기에 모든 중국의 왕조들은 한반도를 중요하게 생각하였다. 그래서 모든 왕조는 중국을 통일하기 위해서 한반도를 먼저 자기편으로 만들려고 하였다. 그 과정에서 한민족이 바른 선택을 하였을 때도 있었고, 잘못된 선택을 하기도 했다. 지도자가 잘못된 선택을 할 때마다, 국민은 힘든 고통의 시간을 가졌다.

첫째, 송과 요(금)가 대립하고 있을 때 고려는 중립정책을 취하여 평화를 유지하였다.

둘째, 원나라가 생기자 고려는 오랑캐 국가인 원을 반대하면서 송을 지지하였다. 이에 원나라는 중국을 통일하기 전에 한반도를 공격하였다. 고려는 원 나라의 침공을 받게 되어 굴복당한다.

셋째, 원이 망하고 명이 생기자 고려는 원을 선택하였다. 명나라를 공격하기 위하여 이성계를 보내나, 이성계는 명과 친하게 지내야 한다고 주장하면서 오히려 고려를 멸망시키고 조선을 건립하였다.

넷째, 청나라가 생기자 조선은 오랑캐 나라를 반대하고 명을 지지하였다. 청은 조선을 먼저 공격하여 굴복시킨 뒤 명을 멸망시킨다.

제국주의 시대에서도 한반도를 둘러싼 강대국들의 경쟁이 있었다.

첫째, 중국은 유일한 조공국인 조선을 끝까지 지키기를 원했다.

둘째, 러시아는 부동항을 얻고, 동방에 대한 영향력을 확대하기 위하여 한반도에 진출하려고 하였다.

셋째, 일본은 청나라와 러시아와의 전쟁에서 이긴 뒤 한반도를 병합하였다. 일본은 중국에 진출하기 위한 교두보인 한반도를 확보한 뒤에 만주지역과 중국을 침략할 수 있게 되었다.

미소 냉전시대에도 한반도를 강대국들이 서로 탐내고 있었다.

첫째, 소련은 한반도를 공산국가로 만들기 위해 북한의 침략을 지원하였다.

둘째, 미국은 1950년 초에 애치슨 라인을 선포하면서 한반도에서 철수하였으나, 1950년 6월 북한이 남한을 침공하자 미국은 다시 한반도를 지키기 위한 전쟁을 시작하였다. 한반도가 사회주의 국가로 된다면 일본도 안전하게 지킬 수 없다고 판단한 것이다.

셋째, 미군과 유엔군이 압록강까지 진격하자 중국군이 전쟁에 참여하게 된다. 북한 지역까지 미군의 영향력이 확대된다면 중국이 위험하다고 판단한 것이다.

미중 경쟁시대에도 미국과 중국은 모두 한반도를 중시하고 있다.

첫째, 중국은 북한 지역의 붕괴로 동북 3성이 불안해지는 것을 우려하고 있다. 한반도가 중국의 수도인 북경과 제일 가까운 위치에 있기 때문에, 중국은 한반도에서 미국의 영향력이 커지는 것에 강하게 반발하고 있다.

둘째, 미국은 북핵에 대한 제거를 우선적으로 생각하고 있는 것 같다. 한반도에서 중국의 영향력이 커지는 것을 경계하고 있으며, 한미일 3국이 협력을 강화하여 중국의 영향력 확대를 억제하려고 하는 것으로 보인다.

교훈 2 냉전시대의 미소 경쟁의 주요 특징

미국과 소련은 40여 년간 세계를 '공산주의와 자본주의의 대결'이라는 명분으로 냉전체제를 유지하였다. 이 체제는 1989년 12월 미국의 승리로 끝나게 되었다. 주요 특징을 살펴보면 다음과 같다.

첫째, 미국과 소련은 전 세계에서 자신의 영향력을 확대하기 위해 노력하였다.

제2차 세계 대전이 끝나자 새로운 강대국이 된 소련은 동구권을 공산화하면서 전 세계에 공산주의를 확산하려고 하였다. 세계대전 후 중국은 국민당과 공산당의 치열한 싸움에서 공산당이 승리하여 1949년 공산국가가 되었다.

미국은 서유럽의 공산화 확대를 막기 위해 마샬 정책을 시행하면서 유럽의 전후 경제 부흥을 적극 지원하였다. 소련이 한반도를 공산주의 진영으로 확대하려고 북한을 지지하면서 1950년 한국전쟁이 일어났고, 미국은 남한을 자유주의 진영으로 유지시키려고 참전하였다. 강대국들끼리의 세력이 균형되어 전쟁이 장기화되자 휴전하게 되었다.

둘째, 미국과 소련은 군사 분야에서 경쟁을 통하여 상대방에 대한 우위를 확보하려고 경쟁하였다.

미국은 핵무기를 개발하여 제2차 세계대전을 종식했으나, 1953년 소련이 수소폭탄까지 개발하면서 미국의 핵무기 독점은 사라지게 되었다.

1962년 쿠바 사태가 일어났다. 소련이 미국의 턱밑인 쿠바에 미사일 기지를 만들려고 하자, 미국은 소련과의 전쟁 위험성을 감수하면서 쿠바의 소련 미사일 기지에 대한 반대 의지를 선언하였다. 미국과 소련이 전면전을 하게 된다면 양국만 망할 것이라고 판단하면서, 미국과 소련이 협상하면서 무사히 넘어가게 되었다. 쿠바 사태를 겪은 뒤 양국은 전 세계에서 직접적인 전쟁을 피하면서 평화 공존의 방향으로 나아가게 되었다. 이후 미국과 소련의 핵무기 보유경쟁이 시작되어 미국과 소련은 각각 15,000개 전후의 핵무기를 보유하게 되었다.

셋째, 냉전시대에서 대규모의 전쟁은 없었지만 미국과 소련은 상대방의 체제에 대해 강력한 비난을 하면서 이념적으로 적대시 하였다.

전 세계는 공산주의 진영과 자본주의 진영으로 나뉘어졌으며, 양 진영은 서로 자신의 정치 시스템과 경제시스템을 찬양하면서 전 세계에 확산시키기 위해 노력하였다. 공산주의 진영과 자본주의 진영은 다른 경제 블록을 형성하고 서로 교류하지 않으며 각자 발전하였다.

넷째, 미국과 소련은 직접적인 전쟁은 피하면서 각자 영향력 확대를 위해 노력하였다. 미국은 라틴아메리카에 있는 공산주의 국가들의 쿠데타를 적극 지원하였고, 소련은 동구권과 중동 지역의 영향력을 확대하였다.

다섯째, 1978년 미국과 중국이 국교정상화를 선언하고, 중국이 미국 주도의 시장경제 체제를 도입하게 되었다. 중국이 소련의 공산권 블록에서 벗어나게 되면서, 1980년대에 소련은 경제 위기에 봉착하였고 마침내 1989년 미국과의 경쟁에서 패배하였음을 선언하였다.

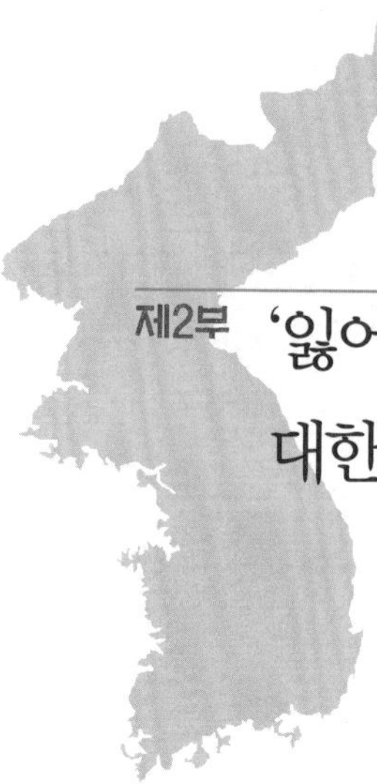

제2부 '잃어버린 110년!': 대한민국과 조선민주주의인민공화국

1. 잃어버린 110년!

제국주의 시대에 한민족의 나라가 없어졌다. 일제의 지배를 받으면서 한글 대신 일본어를 배워야 했고, 전통문화도 부정당하였다. 외교권을 빼앗긴 1905년을 기준으로 하면 40년간, 나라가 없어진 1910년을 기준으로 하면 35년간 일제에 의해서 점령당한 것이다. 일제가 미국과 소련에 의해 패망하게 되자, 1945년 한반도는 갑자기 남북으로 나누어졌다. 남과 북은 전혀 다른 길을 걷기 시작한 지 벌써 70년이 지났다. 남한은 민주화를 이룩하면서 선진국으로 성장하였고, 북한은 핵무기를 개발하고 있는 최빈국이 되었다.

한민족이 한반도에서 하나의 나라로 지냈던 적이 벌써 110년이나 지났다. 나라로 되찾기 위한 독립운동 지도자들의 염원이 아직도 이루어지지 않았다. 필자는 한민족의 역사를 볼 때 지난 110년은 매우 슬픈 기간이라고 느끼고 있다. 더욱이 많은 사람들이 '잃어버린 110년'을 의식하지 못하고 있는 것 같아서 매우 안타깝게 생각한다.

(1) 제국주의 국가들 사이에서 방황하다가 조선과 대한제국은 사라지게 되었다!

제국주의 국가들 사이에서 방황하다가 나라가 사라졌다.

청나라가 왕실의 사치 등으로 국력이 쇠락해지기 시작하자, 서구열강들이 경제적 이득을 얻기 위해 중국으로 진출하기 시작하였다. 영국이 1840년 청나라와 아편전쟁에서 쉽게 승리하였으며. 그 결과 난징 조약(1842년)으로 중국이 영국에 5개의 항구를 열게 되었다. 제2차 아편전쟁(1856년) 이후 톈진 조약과 베이징 조약으로 프랑스, 러시아 등도 중국을 침략하게 되었다.

일본은 청나라가 아편전쟁으로 항복하는 것을 보고, 흑선을 몰고 온 미국(페리 제독)의 개방요구를 받아들이고 1854년 미일화친조약, 1858년 미일통상장정을 수립하여 문호를 개방하였다. 1868년 일본은 메이지 유신을 실시하여 적극적인 서구화를 시작하였다. 20년간의 급속한 개혁정책으로 천황의 권한이 강화되었고 일본은 제국주의 국가로 성장하였다.

제국주의 국가가 된 일본의 요구에 굴복한 조선은 1876년 2월에 강화도 조약을 체결하였다. 동 조약의 체결로 조선은 일본에 항구를 개방하고 통상을 허용하게 되었다. 이후 조선은 청나라와 일본 사이에서 방황하면서 개화정책을 추진하고, 1882년에는 미국, 독일, 영국과도 통상 조약을 체결하게 된다.

청을 제압하지 못하면 조선을 확보할 수 없다고 느낀 일본은 10년간의 준비를 한 뒤 청일전쟁을 일으킨다. 조선을 끝까지 지키려고 했던 청나라는 1895년 청일전쟁에 패한 뒤에 유일한 조공국인 조선을 포기하였고, 중국의 타이완 섬도 일본에 양도하였다.

시베리아 횡단철도(1891~1901)를 건설하면서 동방 진출을 추진하고 있는 러시아가 청일전쟁 이후에 삼국 간섭을 통하여 랴오둥 반도에 대한 지배력을 가지게 되었다. 1886년 조선은 일본을 견제하기 위해 러시아에 의존하게 된다. 1897년 고종은 러시아와 일본의 세력이 대립 균형된 시기에 대한제국을 선포하였고, 1899년 광무개혁을 시작하면서 황제권을 강화하고 상공업을 진흥하기 시작한다.

조선을 지배하기 위해서는 러시아를 이겨야 하기에 일본은 다시 10년간 전쟁 준비를 한다. 1905년 일본은 미국과 가쓰라태프트 밀약을 체결하여, 미국의 필리핀에 대한 지배와 일본의 조선에 대한 지배를 상호 승인한다. 또한 영국과 제2차 영일동맹을 체결하여 영국의 인도에 대한 지배와 일본의 조선에 대한 지배를 상호 승인한다. 1904~1905의 러일전쟁에서 국제사회의 예상과 달리 일본이 승리하게 되었다. 그리고 러시아와 포츠머스 강화조약을 체결하면서 러시아가 조선에서 완전히 철수하게 되었다.

청일전쟁(1894)으로 청이 일본에 지게 되자, 조선은 청에서 독립하면서 대한제국으로 태어났으나, 10여 년 만에 러일전쟁(1905)에서 일본이 승리하면서 한반도는 일본에 합병되었고 대한제국도 사라지게 되었다. 1905년 을사조약이 체결되어 한국은 외교권이 박탈되었고, 마침내 1910년 주권이 박탈되어 일본의 식민지가 되었다.

자체 힘이 없는 상태에서 조선의 지도자들은 나라를 지키려고 강대국 사이를 방황하였으나, 결국 강대국들의 전쟁에서 승리한 일본이 한반도를 지배하게 되었다. 한반도를 지배한 일본은 중국의 만주 그리고 산둥성까지 점령 지역을 확대하였다.

‖ 한민족의 독립운동

–민족자결주의와 3·1 운동

한일 병합조약에 의해 나라가 없어지고 일제의 탄압이 강화되자, 나라를 되찾으려는 사람들은 간도와 연해주로 이동하여 독립운동을 시작하였다. 중국이 신해혁명(1911년)으로 공화국제를 채택(1912년)하자, 조선의 많은 독립지도자들도 공화국제를 국가의 기본 이념으로 생각하게 되었다.

1917년 사회주의 혁명이 성공한 러시아와 제1차 세계대전에서 승리한 미국이 민족자결 원칙을 선언하게 되자 한반도에서도 독립을 위한 3·1 운동이 1919년 일어났다. 그러나 일본의 가혹한 탄압으로 두 달 만에 3·1 운동은 진압되었다. 승전국의 식민지에는 민족자결주의*가 적용되지 않자, 독립을 위해서는 무장투쟁이 필요하다는 인식을 많은 사람들이 갖게 되었다. 또한 제국주의에 대해 실망한 사람들은 식민지 민족 해방 운동을 지원하겠다고 선언한 사회주의 국가인 소련에 대한 기대가 높아 지면서, 한민족에게도 사회주의 사상이 급속도로 확산되었다.

민족자결주의

1917년 러시아의 레닌은 '11월 혁명'으로 러시아의 황제(차르)를 폐위하고, 노동자와 농민의 정부인 소비에트 혁명 정부를 세우게 되었다. 레닌은 민족자결주의를 주장하면서, 1. 모든 민족의 해방을 선언하고, 2. 러시아가 정복한 17개 민족에 대한 자치권을 부여하였다. 그리고 제국주의 국가들의 식민지 민족 해방 운동을 지원하면서, 사회주의의 확산을 도모하기 위한 코민테른을 창설하였다.

1918년 1월 미국의 윌슨 대통령은 미국 의회에서 14개 조 평화 원칙을 발표하였다. 민족자결주의로 알려진 동 원칙은 1. 승전국이 패전국의 식민지를 접수하지 말고, 2. 오스트리아와 독일의 광대한 영토를 분할하는 것을 주된 내용으로 하고 있으며, 제1차 세계대전 후의 세계질서를 제시한 것이었다. 1919년 베르사유 강화조약 이후 패전국인 오스트리아나 오스만 제국의 지배를 받던 나라들이 민족자결의 원칙에 따라 독립하게 되었다. 그러나 승전국인 영국과 프랑스의 식민지 국가들은 계속 식민지 국가로 유지되었다.

–대한민국 임시 정부의 수립과 외교 활동의 전개

1919년 4월 상하이에 모인 독립 지도자들은 대한민국 임시 정부를 수립하고, 민주공화국제와 남녀평등의 보통 선거제를 내용으로 하는 임시 헌장을 공포하였다. 이승만을 임시 대통령으로, 이동휘를 부통령으로 선출하였다. 이동휘 등 사회주의자들은 소련과의 협력을 추구하였고, 이승만 등 미주 한인들은 미국과의 협력을 추진하였다. 그러나 대한민국 임시 정부가 추진한 외교 활동의 성과가 나타나지 않게 되자, 임시 정부의 활동은 1921년 이후로 약화되었다.

–무장독립운동의 전개

3·1 운동 이후 간도와 연해주의 독립지도자들은 무장투쟁을 통한 독립운동을 시행하였다. 당시 간도와 만주에 이주한 한인은 130만 명으로 추정하고 있다. 1921년 봉오동 전투와 청산리 전투에서 독립군 부대들은 큰 승리를 하면서 자신감을 가지게 되었다. 그러나 곧장 일본군이 간도의 한인들을 학살하고 독립군의 근거지를 파괴하면서 무장 독립군의 활동이 위축되었다. 일본군의 공격을 피해 연해주로 갔던 독립군이 소련 군대에 의

해 무장해제당하면서 다시 간도로 돌아오게 되었다. 1919년 11월 만주에서는 '정의로운 일을 열렬히 실행한다'는 뜻을 지닌 조선의열단이 구성되어, 1926년까지 국내외에서 무장투쟁을 전개하였다. 조선의열단은 외교나 문화보다는 민중의 직접 혁명을 통하여 독립을 이룩하려고 하였고, 일제에 대한 무장투쟁을 실행하였다. 이들은 민족주의를 내세우면서 사회주의 사상도 받아들였다.

일본은 1925년 만주의 군벌과 협정을 맺어 한인 독립군을 공동으로 진압하였고, 1931년 일제가 만주국을 세우면서 만주에서의 무장투쟁은 사실상 끝이 나게 되었다. 한편 당시 연해주의 한인들은 20만 명으로 추정되었다. 1937년 연해주의 한인들이 일본을 도울지 모른다고 우려한 소련이 한인 17만 명을 중앙아시아로 강제 이주시키면서 연해주에서의 독립운동은 사실상 해체되었다.

1940년 대한민국 임시정부는 임시 정부 산하에 무장 독립군인 한국광복군을 창설하고 1942년에 일본에 선전 포고를 하였다. 중국 국민당 정부와 협력하여 항일 투쟁을 실시하고, 일제가 망한 다음을 대비하여 김구를 중심으로 민족주의자가 주축이 되어 건국 강령도 발표하게 된다.

–일본의 병참기지로 변한 한반도

1929년 미국에서 시작된 세계의 경제대공황을 극복하기 위하여, 일본은 한반도, 만주를 하나의 경제공동체로 만들기 시작하였다. 1930년부터 한반도의 북부 지역에 발전소와 화학 및 금속 공장을 짓기 시작했으며, 1931년 만주사변 이후 시작된 중일전쟁 시기에 한반도는 일제의 군수 물자 생산기지로 바뀌게 된다. 또한 아시아와의 전쟁 확대로 한반도는 징병, 건설 노무 인력, 위안부 등 인력의 공급 기지가 되었다.

1940년대에 일제는 황국식민화를 추진하여 언어와 문화도 일본화하여 하나의 나라로 만들려고 했으며, 한반도에 있는 조선의 지도자들은 공산주의보다는 일본과 같이 나가는 것이 더 좋다고 생각하기 시작하였다.

|에피소드| 독립지도자들은 무엇을 준비했어야 했는가?

과거의 역사를 보다 보면 일제시대에 나라를 되찾기 위한 사람들의 뜨거운 마음들이 다시 느껴진다. 독립투사들은 한민족의 독립을 위하여 각자 자신이 믿는 방법을 통하여 일제와 싸우면서 수 많은 희생을 하였다. 어떤 분들은 무력투쟁으로, 어떤 분들은 외교를 통하여 독립의 길을 찾기 위해 평생을 바치신 것 같다.

그러나 역사는 그분들의 예상과 달리 전혀 다르게 흘러갔다. 새로운 강대국인 미국과 소련이 일본을 제압한 것이다. 당시의 일본은 항공모함을 자체 건조할 수 있었고, 전투기도 스스로 만들 수 있는 기술력도 보유하였기에, 우리의 힘으로 일제를 이기기는 불가능하였다. 일본의 연합군에 대한 결사항전으로 전쟁이 쉽게 끝나지 않고 희생이 계속되자, 미국은 원자폭탄의 투하라는 극단적인 방법을 선택하게 되었다. 또한 미국과 소련은 합동 작전을 시작하기 전에 일본을 제압한 이후 한반도를 남북으로 분할하여 점령하기로 미리 약속하였기에, 우리의 의지와 상관없이 한반도는 남북으로 분단되었다. 38도 선을 기준으로 이북은 소련이, 이남은 미국이 점령하게 된 것이다.

한민족은 해방을 위해 무엇을 준비했어야 했는가? 많은 역사 교과서에서 종종 이런 질문을 하며 과거에 묻는다. 필자는 미래가 전혀 다르게 전개되었기 때문에 일제시대의 독립투사들이 그분들이 하신 일 이외에는 어떤 준비도 할 수 없었다고 생각한다. 그러나 그분들은 '나라를 되찾겠다'는 대의를 위해 자신의 삶을 바치신 훌륭한 분들이시다. 그분들이 있었기에 한민족의 정신이 살아있다고 생각한다. 독립의 길이 보이지 않아도 나라를 위해 고생하신 그들이 있었기에 나라를 위해 걱정하고 있는 현재의 우리들도 있다고 생각한다.

필자가 독립지도자들에게 아쉬움을 느끼고 있는 것은 다음과 같다.

첫째, 나라의 독립에 대해서는 생각이 같았으나, 어떠한 나라를 만들어야 하느냐에 대한 의견이 나누어져 있었다. 남북이 각각 민족주의와 사회주의로 다르게 출발하게 된 것도, 독립 전부터 독립지도자들의 생각이 공산주의자와 공화주의자로 나누어졌기 때문에 가능한 일이었다. 독립지도자들이 먼저 민족끼리의 생각을 합의하려고 몇 번 시도하였으나 실패한 것이 매우 아쉽게 느껴진다.

둘째, 일본과 중국에 대해서만 잘 알고 있었고, 신흥 강대국인 미국과 소련에 대한 이해가 부족하였다. 미국과 소련에 의해 남북이 분단되자, 민족지도자들끼리 어떻게 새로운 강대국에 대처해야 하는지에 대한 정확한 인식을 가질 수가 없었다.

셋째, 서로 다른 이상을 추구하면서 남북의 현실적인 상황을 받아들이지 않았다. 남한에서 지도자들끼리 자신이 믿고 있는 이상을 최선이라고 서로 주장하면서, 현실적인 해결방안을 찾지 못하였다. 현실을 인정하고 최상의 방안을 찾으려고 노력해도 쉽지 않았을 것이었으나, 현실을 인정하지 않고 한민족의 통일이라는 이상을 추구하였기에 끝없는 논쟁과 소모전만 지속되었다.

(2) 제2차 세계대전 이후 한반도에서 제2차 남북국시대가 시작되었다.

‖ 제2차 세계대전 이후 미국과 소련에 의한 군정이 한반도에서 시작되었다.

제2차 세계대전을 종식하기 위해, 1945년 2월 미국과 소련은 얄타 회담에서 '북쪽에서는 소련군이, 남쪽에서는 미군이 일본을 공격하기로' 합의한다. 그리고 전쟁에서 이길 경우 미국과 소련이 한반도의 남북을 각각 점령하기로 한다. 미군의 진격이 일본군의 저항으로 더디게 되자, 원자폭탄을 투하하기로 결정한다. 1945년 8월 원자폭탄을 두 번 투하하자, 마침내 일본은 무조건 항복하였다. 얄타 회담의 약속대로 소련군은 1945년 8월 25일 북한에 도착했고, 미군은 1945년 9월 8일 남한에 도착하였다.

1945년 9월 9일 조선총독부 앞에 있던 국기 게양대의 일장기가 내려지고 미국의 성조기가 올라갔다. 미군 육군부대 총사령관인 맥아더는 일본과의 항복문서에 따라 북위 38도선 이남의 영토를 점령한다고 선언하였다. 미군은 대한민국 임시정부도 인정하지 않았고, 일본을 패망시킨 미 군정이 유일한 합법적인 통치 권한을 가졌다고 생각한 것으로 보인다.

한편 북한을 점령한 소련은 건국준비위원회의 활동을 인정하면서, 북한의 대표자와 협의하여 통치하는 간접통치방식을 채택하였다. 이것은 사회주의를 전 세계로 확산시키기 위한 식민지 민족 해방을 공언한 코민테른의 기본 원칙과 밀접한 관련이 있는 것 같다. 1945년 10월 조선공산당 북조선 분구 책임 비서가 된 김일성은 1946년 2월에 북조선 임시 인민위원회 위원장(책임 비서)으로 취임한다. 소련과 북한의 지도부는 이북 지역의 경제와 군사력을 바탕으로 이남 지역까지 혁명을 확산시키는 민주 기지 노선을 수립하여 상호 긴밀히 협조하면서 나아갔다. 북조선인민위원회를

1946년 지주의 토지를 '무상 몰수, 무상 분배'하는 토지개혁을 실시하고, 주요 산업을 국가가 소유하는 국유화 조치 등의 개혁 조치를 하면서 경제를 재건시키기 시작하였다.

1945년 12월 미국과 소련, 영국의 외무 장관이 모스크바에서 한반도 문제를 의논했다. 소련은 조선 임시정부의 수립을, 미국은 5년간의 한반도 신탁통치안을 제안하였고, 조속한 시일 안에 미국과 소련이 만나서 한반도에 통일 정부를 수립하기로 결정하였다. 모스크바 3상회의 이후 남한은 좌파와 우파가 대립하였으나, 미 군정은 한반도에 사회주의가 수립되는 것을 경계하면서 우파를 지원하였다. 1946년 3월 제1차 미소공동위원회가 개최되었으나 아무런 성과가 없었고, 1947년 5월의 제2차 회의에서도 미국과 소련은 합의를 보지 못했다. 1947년 9월 미국은 한반도 문제를 국제연합을 통해 해결하자고 주장하였으나, 소련은 두 나라 군대가 동시에 철수하고 한민족이 스스로 결정하게 하자고 제안하였다. 당시의 분위기로는 한반도에 사회주의 정부가 설립될 수 있었기 때문에, 사회주의의 확산을 우려한 미국은 소련의 제안에 반대하였다. 결국 1947년 11월 유엔 총회는 미국이 제안한 '유엔 감시하 남북 총선거를 통한 통일 정부 수립 방안'을 다수결로 결정하였다. 이에 따라 유엔 한국 임시위원단이 한국에 파견되었으나, 소련은 이북 방문을 거부하게 되고 미국은 1948년 5월에 38도 이남 지역에서 단독 선거를 하겠다고 결정하였다.

‖ 해방 후 남한에서 대부분의 사람들은 평화와 협상을 통한 한반도 통일을 지지한 것으로 보인다.

1945년 12월의 모스크바 3상회의에서 결정한 남북한의 신탁통치안에 대해서 중도파와 좌파가 반대하였고, 한편으로는 중도파는 남북대화 협상을 통한 통일을 시도하였으나 실패하였다. 1948년 제헌 국회 선거에서 200개의 의석에서 중도파인 무소속이 85석, 이승만계가 55석, 한국민주당이 29석을 차지하였다.

38도선 이남만의 선거를 반대한 중도파와 좌파가 선거에 불참하면서, 우파인 이승만이 국회에서 대통령으로 선출되었다. 이승만 정권은 한국민주당과 일부 무소속 의원을 끌어들여 정국을 주도하면서, 공산주의와의 싸움을 최우선으로 내세우면서 친일파를 포용하는 정책을 채택하였다. 그러나 대부분의 국민들은 대화와 협상을 통한 남북한의 통일을 지지하고 있었다. 이것은 2년 뒤에 실시한 1950년 2월의 국회의원 선거 결과에서 나타난다. 단독정부 수립에 반대하여 1948년 선거에 불참한 남북통일을 지지하는 중도파가 제2회 국회의원 선거에 대거 참여하면서, 이승만계가 몰락하고 총 의석 210개 중 무소속이 126석을 차지하였다.

‖ 대한민국과 조선민주주의인민공화국: 제2차 남북국시대의 시작

1948년 5월 10일 38도선 이남에서 국회의원 선거가 실시되었고, 1948년 7월 17일 헌법을 공포하였고, 마침내 8월 15일 민주공화국인 대한민국의 수립을 선포하였다.

남한에 대한민국이 수립되자, 1948년 8월 25일 이북에서도 최고인민회의 대의원 선거를 실시하였고, 9월 9일 김일성을 수상으로 하는 조선민주주의인민공화국이 수립되었다.

남한과 북한에 각자의 나라가 세워지자, 한반도에 주둔하고 있는 외국군이 철수하게 된다. 소련군은 1948년 12월에, 미군은 1949년 6월에 한반도에서 철수하였다.

일제에 나라를 빼앗긴 지 40년 만에 새로운 국가가 탄생하였으나, 한반도에는 38도선을 기준으로 두 개의 나라가 동시에 수립되면서 고려가 후삼국을 통일한 지 천 년 만에 다시 나라가 두개로 나누어진 것이다. 한반도에서 통일 신라와 발해로 나누어진 시대(698년~938년)를 한반도의 제1차 남북국시대라고 본다면, 대한민국과 조선민주주의인민공화국은 한반도에서 제2차 남북국시대의 시작(1948년 이후)을 의미한다.

|에피소드| 친일파에 대한 몇 가지 생각들!

친일파에 대한 많은 논쟁이 있으나, 필자는 다음의 몇 가지 관점만 살펴보기로 한다.

첫째, 대부분의 국민은 먹고살기에 바빴다. 일제시대에 대부분의 국민들은 교육도 받은 적이 없었고 최소한의 생활 수준만 영위하였다. 따라서 나라가 없어져도 어떻게 무엇을 할 수 있는 위치도 아니었고, 당장 먹고 살기에도 힘들었다.

둘째, 친일파가 된 사람들은 사회의 지도층들이 대부분이었다. 당시에 지주였거나, 회사를 경영하였거나, 사회 활동을 한 사람들이 친일파로 활동하게 되었다. 일제시대에 자기가 가지고 있었던 것들을 지키기 위하여 일제에 자발적으로 또는 어쩔 수 없이 친일파가 되었다.

셋째, 일부 사람은 자신의 성공과 부를 위하여 자발적으로 친일파가 되었다. 일제시대에 경찰이나 군대에 지원한 사람들도 있었고, 일제의 끄나풀로 활동한 사람들도 있었다. 한민족을 제일 괴롭힌 친일파는 자발적인 친일파들이었다고 생각한다.

친일파에 대한 청산에 대한 주요 논점

첫째, 자발적이지 않은 친일파는 죄가 없는가?

해방 후 친일파에 대한 처벌을 주장하자, 그 당시 어쩔 수 없는 선택이었다고 말하면서 죄가 없다고 주장하는 친일파가 있었다. 그러나 필자는 어쩔 수 없는 선택이었어도 그 당시 그 선택을 한 것에 대해서는 책임을 져야 한다고 생각한다. 친일파로 활동하면서 많은 한민족을 괴롭힌 것에 대한 책임은 져야 한다. 어쩔 수 없었다고 다 죄가 없다면 무엇을 하여도 다 용서받을 수 있다는 것을 의미하기에 받아들일 수 없다.

둘째, 능력이 있는 친일파는 살려주어야 한다? 일부에서는 능력이 있는 친일파는 용서하고 나라를 위하여 일하게 해야 한다고 주장하기도 한다. 맞는 말인가? 능력이 있으면 무엇을 해도 다 용서해주어야 하나? 국가와 국민에는 관심 없는 능력 있는 사람들은 오히려 나라에 큰 피해를 줄 수 있으니 더욱 경계해야 한다고 생각한다. 조금 서툴러도 나라와 국민을 위하여 일하는 좋은 사람이 필요하다.

‖ 한국전쟁과 남북국시대의 고착화

국민당이 이끈 중화민국 정부는 타이완으로 쫓겨났고, 마오쩌둥의 공산당이 1949년 10월 톈안먼에서 중화인민공화국 건립을 선포하였다. 1948년 9월 9일 조선민주주의인민공화국을 설립한 북한은 1949년 10월 1일 중화인민공화국을 설립한 중국과 10월 6일 정식으로 국교를 맺었다. 항일투쟁에 대한 공동 경험과 이념적 동질성을 앞세워 외교관계를 맺으면서, 곧이어 발발한 한국전쟁에 중국이 참여할 수 있는 명분이 생겼다.

1949년 6월 한반도에서 철수한 미군은 1950년 태평양 지역 방위선을 '알래스카-일본-오키나와-필리핀'으로 연결하는 애치슨 라인을 발표하게 된다. 이 선언으로 한반도는 미국의 직접적인 방위 구역에서 벗어나게 되었다. 1950년 북한은 한반도를 사회주의 체제로 만들기 위해 통일 전쟁을 시작하였다. 6월 25일 북한은 38도 선에서 공격을 개시하여, 압도적인 군사력을 바탕으로 사흘 만에 서울을 함락하고 한 달 만에 낙동강을 사이에 둔 전선을 형성하였다. 미국은 7월 15일 일본 도쿄에 유엔군 사령부를 설치한 뒤 15개국이 군대를 보내서 UN군은 9월 15일 인천상륙작전을 실시하면서 9월 28일 서울을 되찾게 된다. 10월 1일 UN군이 38선을 넘어서 평양을 함락시키고 압록강까지 진격하자, 10월 13일 중국 공산당이 '미국에 대항하여 조선을 돕자'는 명분하에 전쟁에 참여하기로 결정하였다. 중국군의 공세로 UN군은 12월 5일 평양에서 철수하고 1951년 1월 4일 서울도 다시 빼기게 된다. UN군은 다시 반격하여 1951년 3월 5일 다시 서울을 찾게 된다. 이후 38도선을 중심으로 치열한 전투가 계속되면서 교착 상태가 되자, 1951년 6월 23일 소련이 휴전협상을 제안하였다. 강대국들이 개입한 전쟁에서 어느 한쪽이 힘으로 상대를 이길 수 없었고, 미국과 소련이 다 핵무기를 보유하고 있어 핵무기를 사용하기도 어려웠기 때문이었다. 중국과의 전쟁을 원하지 않았던 미국은 만주 폭격을 계획하였던 맥아더 장군을 해임하고 2년간의 협상 후 1953년 7월 27일 마지막까지 싸우던 곳을 기준으로 새로운 국경선인 휴전선이 정해지며 휴전하였다.

1954년에 스위스 제네바에서 한반도의 평화통일을 위한 제네바 회담이 열렸다. 남한과 유엔군 측 16개 나라와 북한과 소련, 중국의 3개 나라, 총 19개국이 모여서 전쟁 재발 방지를 위한 논의가 있었다. 그러나 회의에서 전쟁의 책임이 누구에게 있느냐의 문제에 각자의 입장만 주장하였고, 한반도 통일에 대한 방안도 각자의 입장만 말하다가 끝났다.

|에피소드| 한국전쟁의 영향과 한국을 도와준 고마운 나라들!

한국전쟁의 피해

전쟁으로 당시 총인구 3천만 명 중 15%가 피해를 보았고, 이산가족도 1,000만 명이 넘었다.

첫째, 한민족은 전쟁으로 사상자가 400~500만 명이 생겼다.

남한의 인명 피해(남한 발표): 군인 100만 명, 민간인 90만 명

북한의 인명 피해(북한 발표): 군인 100만 명, 민간인 270만 명

둘째, 외국군 사상자.

유엔군 16만 명

중국군 90만 명

전쟁의 영향

첫째, 통일을 하고 싶었지만 전쟁을 통한 통일이 불가능하다는 것을 알게 되었다.

강대국들이 한반도에 대한 자신들의 이익을 지키려고 하는 한, 한쪽에 의한 무력통일은 불가능한 국제질서를 알게 되었다.

둘째, 전쟁의 참혹함을 직접 겪고 나서, 다시는 전쟁을 겪고 싶지 않게 되었다.

많은 사람들은 통일이 안 되어도 좋으니, 전쟁이 없는 평화로운 삶을 원하게 되었다. 그러나 이북에서 내려온 실향민들은 갈수 없는 고향을 죽기 전에 한 번이라도 가서 보고 싶은 염원을 가지게 되었다.

셋째, 전쟁으로 거의 모든 사회의 기득권층이 무너지자, 모든 사람이 처음부터 다시 시작하였다. 열심히 노력하여 잘살아야겠다는 꿈을 가지고 다시 일하기 시작하였다.

전통적인 지주 계층이 계속 유지된 동남아시아와 달리 전쟁으로 인하여 대부분의 지배 계층이 없어진 남한은 사실상 평등한 사회가 된 것이다. 따라서 먼저 노력하는 자가 새로운 사회의 중상류층이 될 수 있는 여건이 조성되었다.

한국을 도와준 고마운 나라들!

유엔군은 미군 179만명으로 최다이며, 영국 5.6만 명, 캐나다 2.6만 명, 터키 1.5만 명 등이다. 대한민국을 지켜 주기 위해 도와준 세계의 국가들에게 감사의 마음을 다시 한번 보낸다.

참전국(16개국): 미국, 영국, 캐나다, 터키, 호주, 필리핀, 타이, 네덜란드, 콜롬비아, 그리스, 뉴질랜드, 에티오피아, 벨기에, 프랑스, 남아공, 룩셈부르크

의료지원국(5개국): 스웨덴, 인도, 덴마크, 노르웨이, 이탈리아,

물자지원국(42개국)

[에피소드] 중국이 한국전쟁에 참가한 이유는?

첫째, 1949년 10월에 중화인민공화국이 수립되어 북한이 1950년 6월에 전쟁을 시작할 때 중국은 참여할 여력이 없었다고 알려지고 있다.

1921년 중국 공산당이 설립된 이후 중국 국민당과 연합하면서 일제에 대항하였다. 1945년 이후 일본군이 중국에서 철수한 뒤 공산당과 국민당의 싸움은 1949년 10월에 중국 공산당의 승리로 끝났다. 중국 공산당은 새로운 중국을 만드는 데에 모든 힘을 소진하였기에 한국전쟁의 시작부터 참여할 수 있는 여력이 거의 없었다. 미국이 1950년에 애치슨 선언을 한 배경 중의 하나로 중국은 여력이 없어서 남한에 위협이 되지 않는다고 판단했기 때문인 것으로 알려지고 있다.

둘째, 1950년 9월 유엔군이 반격을 시작하여 평양을 차지하고 압록강까지 진격하려고 하자, 1950년 10월 중국 공산당은 전쟁에 참여하기로 결정하였다.

새로운 나라를 만들기에도 바쁜 중국이었지만, 미군과 압록강에서 국경선을 대치한다는 것은 받아들일 수 없었다. 그래도 미군과 전쟁을 시작한다는 것은 쉬운 결정이 아닌 것으로 알려지고 있다. 모택동 주석이 자신의 아들을 북한에 보내서 도와주겠다고 말하자, 중국 공산당은 정식 군대가 아닌 의용군의 형식으로 한국전쟁 참여를 결정하였다고 한다. 이웃 나라인 북한이 무너지면 중국이 더 힘들어진다고 판단한 것이다(순망치한의 관계: 입술이 없어지면 이가 시리다).

셋째, 소련의 정전협상 제안을 미국이 받아들이면서, 1953년 7월의 정전협정에 중국도 서명하였다.

서면 당사자는 미 합참의장, 중국인민의용군사령관 그리고 조선인민군사령관(김일성)의 3인이었고, 부서한 사람은 인민군대표와 유엔군대표의 2명이었다. 남한은 정전협정에 반대하였기에 아무도 서명에 참여하지 않았다.

모택동 주석의 아들(장남)은 미군의 평양공습 때 사망하였고, 평양 묘지에 지금도 묻혀 있다. 그래서 중국의 고위 인사가 평양에 방문할 기회가 생기면, 그 묘지에 가서 참배하는 것이 하나의 관례가 되었다. 중국과 북한이 특수한 관계라고 말할 때 항상 6·25를 염두에 두고 말하는 것 같이 느껴진다. 전쟁 후 1961년 북한은 중국과 우호협력상호원조조약을 체결하여 향후 전쟁 발발 시 즉시 군사적 지원을 하기로 합의하였다. 또한 북한과 중국은 국경선 협상을 하여, 백두산을 경계로 양국의 국경선을 정하고, 압록강의 섬들은 중국이 모두 북한에 양보했다고 전해진다. 압록강에 있는 수풍 발전소는 북한과 중국이 5:5로 소유하되, 관리는 북한이 한다. 지금도 생산된 발전량의 반 이상을 중국의 동북 3성에 제공하고 있는 것으로 보인다.

|에피소드| 한국전쟁의 최대수혜국은 일본이었다.

첫째, 한국전쟁 중 일본은 전쟁에 필요한 각종 물자를 생산하여 한국에 공급하는 역할을 담당하면서 경제 특수가 생겼다. 이를 계기로 일본경제가 본격적으로 회복되기 시작하였다.

둘째, 한국전쟁 중 일본에 UN군 사령부를 둔 미국은 1951년 9월 일본과 연합군 사이의 샌프란시스코 강화조약을 맺었다. 동 조약으로 일본의 천왕 제도는 계속 유지되면서 일본 정부가 수립되었으며, 제2차 세계대전의 책임과 보상에 대한 문제도 일제에 가장 큰 피해를 받았던 남한과 북한, 그리고 중국 등이 배제된 상태에서 형식적으로 처리되었다. 또한 일본은 1956년 UN에 가입하게 되었다.

셋째, 미국은 일본의 국방력을 강화하기 시작하였다. 오키나와에 태평양의 미군 전초 기지를 세우고, 일본을 '친미 반공 기지'로 만들기 위해 1952년 보안대를 편성했고, 1954년에는 실질적인 군대 조직인 자위대도 출범시켰다. 그러나 미국은 일본을 스스로 전쟁할 수 없는 나라로 만들었고, 일본은 미국에 안보를 의지해야 하는 불완전한 자주독립국가가 되었다.

넷째, 일본은 한국전쟁으로 인하여 미국과의 긴밀한 관계 속에서 다시 국가체제를 구축하고, 미국 핵우산의 보호 아래에서 경제발전에만 집중할 수 있게 되었다. 독일도 경제적으로 비슷한 혜택을 받았으나, 전후 책임은 가혹하게 처리되었다. 영국과 프랑스의 주장으로 독일은 전후 사죄와 전범자에 대한 처벌이 엄격하게 진행되었다. 독일은 계속 전쟁 때의 행동에 대하여 사죄를 해왔기에 지금은 국제사회에서 당당하게 행동할 수 있으나, 일본은 미국하고만 협의하여 전쟁 책임을 형식적으로 정리하였기에 아직도 아시아 국가에 대해서 당당하게 말하기 어렵다. (일본은 한국에 대해서는 1965년의 한일협정으로 상당한 보상을 하였다고 생각하고 있는 것 같다. 그러나 중국과 북한은 제2차 세계대전에서 일본으로 받은 피해에 대하여 어떠한 협의도 일본과 하지 않은 것으로 알려지고 있다.)

2. 제2차 남북국시대에서 서로 다른 길을 걸어간 남과 북

미국과 소련의 이념 대결에 의한 냉전체제가 시작되면서, 한반도에서 대한민국과 조선민주주의인민공화국은 전혀 다른 길을 걷게 되었다.

(1) 남한의 발전: 개방형 국가체제(경제 성장과 민주화의 달성)

‖ 개요

첫째, 1950년 6·25 전쟁으로 많은 사람들이 고통을 받게 되면서 북한과의 대화와 협상을 통한 통일보다는 반공을 앞세운 상호 대립의 길로 나아갔다.

1953년 10월 한미방위조약이 체결되면서 전쟁 후에 미군이 남한에 계속 주둔하게 되었다. 이승만 정권은 북한의 전쟁 위협을 강조하고 더욱더 강력한 반공 정책을 추진하면서 독재권력을 강화하였다. 전쟁의 무서움을 직접 체험한 국민들은 전쟁의 피해를 극복해 나가면서 남북한이 서로 싸우지 않고 대립하면서 지내는 평화 공존의 길을 선호하게 되었다.

둘째, 1960년대에 민주화 운동으로 정권이 교체되면서 국민들이 잠시 통일에 대한 공허한 꿈을 가졌으나, 1961년 5·16 군사 쿠데타로 '반공과 경제건설'을 최우선과제로 주창한 제3공화국이 출범하였다.

미국과 소련의 냉전체제가 더욱더 강화된 1960년대에 국민들이 공산주의 국가와 대화와 협력을 시도하는 것은 사실상 불가능하였다. 아직 6·25 전쟁의 기억이 생생하게 남아 있고, 1인당 GDP가 1,000달러도 안 된 당시의 남한에서는 먹고 사는 문제가 더 중요하였다. 그래서 반공을 주창하면서 경제발전을 먼저 추진하는 정책에 국민이 지지하게 되었다. 1968년의 북한의 무장 게릴라 남파(1·21사태)로 반공 의식이 더욱더 강화되었다.

셋째, 1970년대에 미국과 중국의 화해 분위기로 주한 미군도 일부 남한에서 철수하고, 중국은 유엔에 가입하였다. 이런 분위기에서 남한과 북한도 1972년 남북이 평화통일을 위한 대화와 협력에 합의한 7·4 남북공동성명을 발표하였다. 그러나 1972년 12월 남한은 유신체제로, 북한은 김일성 유일 체제로 나가면서 남북대화는 중단되었다.

남한은 북한의 위협이 있는 한 서구의 민주주의를 실행하기 어렵다고 한국식 민주주의를 위한 독재를 강화하는 '유신체제'를 선언하였다. 그리고 북한은 중국의 미국에 대한 화해 정책에 맞서, 다른 사회주의 나라에 의존하지 않고 북한 스스로의 힘으로 사회주의를 완성하겠다는 '유일 체제'를 구축한 것이다.

넷째, 1980년대에 중국이 본격적으로 개혁 개방 정책을 추진하고, 이어서 소련도 개혁 개방 정책을 추진하면서 냉전체제가 붕괴되기 시작하였다. 전 세계의 3저 호황에 힘입어 남한의 경제는 급격하게 성장하면서, 1988년 서울 올림픽도 개최하였다.

공산주의와 경제발전을 명분으로 독재 체제를 강화하려는 시도를 더 이상 국민들이 받아들이지 않게 되면서 40년간의 독재 체제가 청산되었고, 국민이 자유로운 선거를 통해서 대통령을 직접 선출하면서 5년 주기의 대통령 교체가 제도화되어 민주화를 달성하였다.

다섯째, 경제개발을 본격적으로 시작한 뒤 30년만인 1990년대에 한국은 선진국이 되었다. 또한 반공을 구실로 정치적인 인사를 탄압하는 행태가 거의 다 사라졌고 지방자치제도 시행하면서 민주주의도 확고하게 구축되었다. 1990년대에 남한은 비약적으로 발전하면서 선진국으로 진입하여 북한과의 경제력 격차가 더욱 커지게 되었고, 또한 민주화의 달성으로 주기적으로 대통령이 바뀌게 되었다. 한 명의 지도자에 의해 움직이는 북한과 달리, 남한은 체제로 움직이는 민주국가로 성장한 것이다.

1991년 서독과 동독이 평화통일을 하게 되자, 한민족의 통일에 대한 열망이 더욱더 강하게 나타났다. 그러나 남북한은 '통일의 길'보다는, 남북이 동시에 유엔에 가입하는 '평화 공존의 길'을 선택하게 되었다. 북한은 핵무기를 개발하기 시작하면서 국민의 통일에 대한 열기는 다시 식게 되었고, 북한 김일성 주석의 사망으로 남북대화는 시도되지 못했다. 1998년 정주영 회장의 '소떼 방북'을 계기로 북한과 금강산 관광 사업을 시작하면서 남북관계는 조금씩 열리기 시작했다.

여섯째, 2000년대에는 '햇볕 정책'이라고 불리는 대북 포용정책을 시행하면서 역사적인 첫 번째 남북정상회담이 이루어졌고, 남북이 교류와 협력을 적극적으로 실시하였다. 그 결과 민족끼리 자주적으로 힘을 합쳐 한반도의 통일을 이룩하자는 공감대가 형성되었고, 국민들은 통일의 꿈이 곧 달성될 것처럼 생각하였다. 그러나 북한의 제2차 핵실험으로 한반도에서의 긴장이 높아지면서 남북대화는 서서히 중단되었다. 한편으로 대화하면서 한편으로 핵무기를 개발하는 북한의 행태를 보면서 높아진 통일에 대한 꿈은 급격한 실망과 체념으로 바뀌기 시작한 것이다.

‖ 남한은 경제적으로 선진국이 되었다.

첫째, 경제개발을 시작하면서 1970년대에 한국은 중진국 수준으로 성장하였다.

6·25 직후 1960년대까지 1인당 국민소득이 몇백 달러 수준이었으나, 1970년대 중반에 1천 달러 수준으로 높아졌다. 수출 규모도 1961년 4천만 달러에서, 1964년 1억 달러, 1971년 10억 달러, 1977년 100억 달러로 높아졌다.

1970년대 한국의 성공적인 경제 성장을 외국에서 '한강의 기적'이라고 칭찬하였다. 아시아에서 홍콩, 싱가포르, 대만과 어깨를 나란히 하면서, 아시아에서의 '네 마리 호랑이'가 된 것이다.

둘째, 1980년대 초 중화학공업 과잉 투자의 위기를 극복한 뒤, 3저 호황으로 한국의 경제는 다시 한번 도약을 하게 되었다.

1인당 국민소득이 1980년 2천 달러에서 1990년 6천 달러로 높아졌다. 자동차가 급속히 보급되면서 '마이 카' 시대가 열렸고, 가정마다 컬러텔레비전을 볼 수 있게 되었다.

셋째, 경제개발을 시작한 지 30여 년만인 1996년 한국은 OECD에 가입하면서 선진국이 되었다.

가정마다 컴퓨터가 보급되었고, 개인들도 휴대폰을 가지게 되었다. 전 세계에 여행을 다녀보아도 선진국의 생활과 큰 차이 없는 생활을 한국에서 누리고 있게 되었다. 드디어 '한국인은 마음만 먹으면 무엇이든지 할 수 있다'는 자신감과 한국인으로서 긍지도 느꼈다.

‖ 남한이 비약적으로 경제가 발전한 주요 원인은?

한국이 경제적으로 성장한 제일 큰 요인은 미국, 유럽 등 자본주의 국가의 발전에 한국이 적절한 시기에 적극적으로 동참한 결과라고 생각된다.

첫째, 전 국민이 단결하여 희망찬 미래를 위하여 열심히 일했다. '수출만이 살길이다!', '우리는 할 수 있다!' 경제발전을 위하여 전 국민이 힘을 모았다. 그리고 교육의 중요성을 느끼고 교육에 대한 투자를 과감하게 한 것도 적절한 전략이었다.

둘째, 6·25로 인하여 모든 기득권층이 무너진 것도 중요한 요인이었다. 전쟁 이후 경제개발을 위해 모든 국민이 새로 시작하였기에 가능한 것이었다. 동남아시아처럼 각 지방 세력이 존재하였다면 새로운 국가정책을 추진하기 매우 어려웠을 것이다. 기존 이익들의 충돌이 적었기 때문에 새로 출발하기에 좋은 환경이었고, 새로운 기업가들이 새로운 한국의 주체들로 성장할 수 있었다.

셋째, 미국과 소련의 냉전체제에서 자유무역을 강조하는 우호적인 경제 환경이 형성되었다. 60~70년대 일본과 독일이 전쟁 전의 수준으로 경제가 회복되었고, 70~80년대에 한국, 대만, 홍콩, 싱가포르가 비슷한 경로로 성장하게 되었다. 1970년대에 일어난 두 번의 석유위기로 선진국들의 경쟁력이 약화되면서, 값싸고 우수한 노동자를 가진 신흥공업국가들이 1970년대 후반부터 고도성장을 하게 된 것이다. 1980년대에는 3저 호황으로 한국은 비약적인 성장을 하게 되었다. 1985년 플라자 협정으로 독일과 일본의 환율이 50% 이상 절상되면서 한국의 가격경쟁력이 크게 향상되었다. 어느 정도 품질 경쟁력을 확보한 한국 제품이 가격경쟁력까지 가지면서 수출이 급속히 증가하였다.

넷째, 중국이 본격적인 경제 성장을 하기 전에 한국이 성장의 기회를 잡았다. 1978년 중국이 개혁·개방을 외치고 자본주의적 발전요소를 도입하면서 80년부터 값싼 상품을 전 세계에 수출하게 되었다. 1980년대에 태국, 인도네시아, 말레이시아 등도 무역을 통한 경제 성장을 추진하였으나 그 성과가 크지 않았다. 중국이 전 세계에 상품을 공급하기 시작하면서, 다른 개도국이 중국보다 더 좋은 가격 경쟁력을 확보하기 어려웠다.

다섯째, 한국은 서구의 고도성장 시기에 적절하게 동참하였다. 한국은 경제개발보다 민주화를 우선하여 추진하였다면 한국에는 서구국가의 고도발전기에 동참할 기회가 없었을 것이다. 1980년 이후 중국이 국제사회에서 등장한 이후 중국과 대항하여 가격경쟁력을 갖춘다는 것은 거의 불가능한 것이 현실이다. 그만큼 시기가 중요한 것인데, 한국은 그 시기를 잘 잡았다고 필자는 생각한다.

‖ 민주화가 1980년대 후반에 달성된 이유는 무엇인가?

대한민국 건국 이후 한국이 민주화를 이룩한 주요 요인으로 다음과 같은 것을 들 수 있다.

첫째, 민주화를 이끌어 가는 국민적 지도자가 있었다. 20년 이상 YS, DJ가 민주화의 리더로서 활동하였고, 수많은 국민들이 그들을 지원해주었기에 가능한 것이다.

20여 년간의 경제발전으로 국민들의 의식 수준이 높아진 것도 주요한 요인 중의 하나이다. 수출 증대를 위한 재벌과 기업에 대한 우대 정책을 실시하면서, 근로자와 농민의 이익은 상대적으로 무시되었다. 경제가 발전하면서 근로자 등 사회에서 소외당한 사람들의 권익 향상을 위한 노동 운동이 민주화 운동과 결합하면서 국민의 지지를 받게 되었다.

둘째, 1980년대에 중국과 소련이 개혁 개방을 추진하면서 민주화를 추진할 수 있었다.

1978년 이후 중국의 개혁·개방 정책의 추진으로 중국이 자본주의 경제발전을 채택하면서 안보에 대한 위협이 약화되었다. 또한 1985년 소련의 페레스트로이카 채택으로 공산권이 크게 변하기 시작하였다. 그 전까지는 공산권과의 대결을 이유로 민주화를 억제하고 독재를 합리화시킬 수 있었으나 80년대 중반 이후부터는 그 명분이 사라지게 된 것도 민주화 달성에 매우 큰 요인으로 평가된다.

셋째, 80년 때부터 경제개발 이후 국민의 생활수준이 높아지고 국민의식도 높아지면서, 과거처럼 경제발전을 위해 독재가 필요하다는 논리도 약화되었다. 어느 정도 경제발전이 되자 더 이상 국민이 경제개발을 이유로 독재를 계속할 명분을 받아주지 않게 된 것이다, 시민들의 의식이 향상되면서 독재 체제를 유지하기 위한 국민에 대한 생활 통제도 폐지되기 시작하였다.

넷째, 비교적 안정적인 남북관계가 유지되어서 민주적인 정권교체가 가능하였다. 1980년대에 자본주의 국가들이 최고의 경제발전을 이룩한 것과 대조적으로 공산주의 국가들은 최악의 경제침체를 경험하였다. 1970년대 중반부터 남한이 본격적으로 북한의 경제력을 추월하였고, 북한은 경제가 침체되면서 1987년 대한항공 여객기 폭파사건 이외에는 90년대에는 큰 사건이 없었다. 북한과의 안보문제에서 상대적인 안정이 유지될 수 있어서 민주화를 달성할 수 있게 되었다고 평가된다.

(2) 북한의 발전: 폐쇄형 국가 체제(세습제의 정착과 핵무기 개발)

‖ 미소 냉전시대: 북한의 대남 무력통일 의지

조선민주주의인민공화국이 건국된 이후 북한은 계속 남한 주민을 미 제국주의에서 구출해야 한다고 주장하였다. 남한 주민을 미제에서 구출하기 위해서 먼저 무력으로 미군을 남한에서 쫓아내야 하고, 미군을 남한에서 쫓아내면 북한이 남한을 통일할 수 있다고 생각한 거 같다.

첫째, 1950년대 북한은 남한을 무력으로 통일하기 위하여 전쟁을 일으켰으나 실패하였다. 해방 직후의 남북한 경제를 살펴보면 소총이나 탄약도 자체적으로 생산할 수 있었던 북한의 경제력이 남한을 앞선 것으로 보인다. 남한은 3일 만에 한강 철교를 폭파하고 서울을 북한에 내주었다. 그리고 전쟁이 시작된 지 두 달 만에 대구와 부산을 포함한 동남쪽에서 전선이 형성되었다. 당시의 이승만 정권은 언제든지 북한과 싸우면 통일을 이루겠다고 큰소리를 쳤지만, 경제력과 군사력에서 열세인 남한은 미군과 유엔군의 도움을 받아 겨우 다시 전쟁 전의 영토를 회복하게 되었다.

둘째, 1960년대에 남한이 경제발전을 시작하면서 월남전에 참가하여 군사력을 강화하자, 북한은 특수부대를 남한에 보내어 다시 무력통일의 가능성을 시험하였다. 1968년 남한에 침투한 북한의 특수부대는 군사력이 강화된 한국 국군에 의해 대부분 사살되었다. 이후 향토예비군 제도와 특수부대도 창설되면서 남한의 대비책이 더욱 강화되었다.

셋째, 1970년대에 북한은 다시 무력통일의 가능성을 시험하였다. 1974년 남한의 대통령을 저격하려고 시도하였으나 실패하였으며, 대남 기습용 땅굴을 파다가 남한에 발각되었다. 미국과 중국이 화해 분위기로 나가기 시작하자, 북한은 한편으로는 대화하고 한편으로는 대남 기습용 군사용 땅굴을 파기 시작한 것으로 추정되었다. 1970년대에 남한은 북한을 경제적으로 추월하게 되었고, 중화학공업에 대한 집중 투자로 자주국방 능력이 대폭 향상되었다. 이후 북한은 남한에 대한 직접적인 도발을 자제하였다.

넷째, 1980년대에는 남한이 지속적인 경제개발로 북한의 경제력을 훨씬 넘어서게 되자 북한은 다시 한 번 무력통일의 의지를 보인다. 1983년 10월 미얀마(당시 버마)를 방문하던 전 대통령을 암살하기 위해 폭탄 테러가 일어났다. 북한의 특수공작원이 해외에서 남한의 대통령을 암살하려는 이 사건은 실패하였고, 이 사건으로 북한의 외교적 고립이 시작되었다. 그 전의 방식과 다르게 외국에서 사건이 발생한 것은 1970년대 후반 남한이 중화학공업을 육성하면서 자주국방능력이 강화된 것이 주요한 요인으로 생각된다.

‖ 사회주의 몰락과 북한의 경기 침체

북한은 사회주의 국가들은 초창기에는 8% 수준의 높은 성장을 보였으나, 1960년 중반부터 성장률이 저하되기 시작하였고, 계획경제의 한계로 인하여 1980년대부터는 경제가 침체되기 시작하였다. 북한은 1990년대

초반에 사회주의가 몰락하면서 경제가 마이너스 성장을 기록하게 된다.

공산권이 붕괴된 1990년대에 남한은 선진국으로 진입하였고, 북한은 '고난의 행군'을 거치면서 극빈국으로 전락하였다. 1990년대에 남한은 비약적으로 발전하면서 선진국으로 진입하여 북한과의 경제력 격차가 더욱 커지게 되었고, 또한 민주화의 달성으로 한 명의 지도자에 의해 움직이는 북한과 달리, 남한은 체제로 움직이는 민주국가로 성장하였다. 한편 북한은 공산권이 몰락하면서 유일한 폐쇄국가로서 체제 붕괴를 걱정하게 되었다.

‖ 공산권 몰락 이후: 세습제의 정착과 핵무기 개발

남한 사람들과 북한 사람들이 교류하면서 북한이 더 못살고 있는 현실을 북한 사람이 느끼면서 북한 체제가 다소 동요한 것으로 보인다. 항상 북한이 더 잘살고 있다고 믿으면서 살았던 북한주민들이 현실을 깨닫게 된 것이다. 그래서 북한은 북한주민에 대한 통제를 더 강화하면서, 핵무기의 개발을 본격적으로 추진한 것으로 보인다.

-제1차 북핵 위기(1993~1994)와 '고난의 행군'

미국은 쿠웨이트를 침공한 이라크를 1991년 1월에 공격하여 2월에는 쿠웨이트로부터 이라크를 축출하였다. 1991년 12월 미군의 핵무기가 남한에서 철수하게 되자, 북한은 북한의 정권 보장과 미군 철수를 주장하면서 핵무기를 개발하기 시작하였다. 즉 김일성 주석은 대외적으로 남한과의 평화 공존을 표명하면서, 대내적으로 핵무기를 개발하기 시작한 것이다.

1994년 6월 미국의 지미 카터 전 대통령이 북한의 김일성 주석과 면담을 하여 핵 활동 동결에 합의하였으나, 7월 8일 김일성이 갑자기 사망하게 된다. 이후 집권한 김정일 국방위원장이 경수로 건설 지원을 조건으로 핵무기 개발의 중단을 미국과 합의하였다. 핵무기 개발을 중단한 김정일 국방위원장은 북한을 폐쇄국가로 만들면서 체제를 유지하려고 하였으나, 마이너스 성장을 기록하면서 최악의 경제 상황을 맞이하게 되었다. 북한 경제가 힘들어 지면서 중앙배급제도가 중단되었기 때문에, 북한주민들은 스스로 먹고살아야 하는 '고난의 행군'이 시작된 것이다.

–제2차 북핵 위기(2002~2007)

북한은 경제문제를 해결하기 위하여 2000년 남한과의 경제 교류를 시작하였다. 2001년 9·11테러를 당하자 미국은 테러와의 전쟁을 선포하였다. 2001년 10월부터 테러의 배후 세력인 알카에다를 해체하고, 탈레반 정권을 붕괴시키는 아프가니스탄 전쟁을 시작하였다(이 전쟁은 2014년까지 지속되었다).

2002년 5월 미국이 북한을 테러 지원국으로 지정하자, 북한은 정권 유지를 위해 핵무기를 다시 개발하기 시작한 것으로 보인다. 2006년 10월 북한은 제1차 핵실험을 실시하였고, 중국 주도의 6자 회담으로 2007년 북한은 영변 원자로를 폭파하면서 제2차 핵위기는 지나간다. 2008년 미국은 북한을 테러지원국 명단에서 삭제하였다.

(3) 남한과 북한의 비교

‖ 남한은 개방체제로, 북한은 폐쇄체제로 경제발전을 추구하기 시작하였다.

남한은 1960년대부터 개방체제의 경제발전전략을 추진하였다.

첫째, '수출 증대를 통한 개방형 성장 전략'을 채택하였다.

국내에는 원자재나 부존자원이 거의 없어서 수출 상품을 만들기 위한 원료를 수입하고, 국내에서 상품을 만들어 외국에 수출한다. 수출하여 받은 돈으로 생산에 필요한 원료를 사오고, 좋은 기계도 사 오면서 더 좋은 상품을 만든다. 더 좋은 상품을 만들어서 수출하면 더 많은 돈을 벌게 된다.

생산에 필요한 기술 중 우리가 스스로 습득할 수 있는 것은 습득하고, 우리가 혼자서 습득하기 어려운 기술은 외국에서 배운다. 따라서 개방형 경제발전을 추구하면서, 모든 나라와 사이좋게 지내면서 간다.

둘째, 지금 할 수 있는 것부터 먼저 시작하는 '불균형 성장전략'을 채택하였다.

농산품보다 공산품을 만들어서 팔아야 더 많은 돈을 벌 수 있다. 지금 만들 수 있는 낮은 기술의 상품부터 시작하고, 기술과 경험이 쌓이면 더 높은 기술이 요구되는 상품을 만들어 수출한다. 따라서 경공업 제품부터 시작하여, 중화학공업으로 나아간다. 자본과 기술이 부족한 경우에는 먼저 발전이 가능한 분야에서의 성장을 우선 촉진하고 어느 정도 발전하면 관련되는 산업을 다시 집중 투자하여 성장시키는 불균형 성장 전략이 효과적이다.

경제가 성장하면 국민들의 소득도 증가하는 '먼저 파이를 키우는 전략'을 채택하였다. 분배보다는 성장 위주의 전략을 따라서 빈부 격차가 생기는 현상은 막을 수 없었다. 그러나 경제 성장률이 5% 이상 달성되면서 모든 사람의 소득이 증가하기 때문에, 분배 문제가 크게 부각되지는 않았다.

셋째, 민간 기업들이 '시장경제의 원리'에 따라 수출을 하면서, 정부는 기업들의 수출이 잘 될 수 있는 환경을 만들어 주기 위해 노력하였다. 수출과 수입이 원활하게 될 수 있도록 도로와 항만시설을 먼저 건설하였다. 공장을 지을 수 있는 공업 단지를 건설하고, 생산에 필요한 전기와 물의 공급을 위한 설비 투자도 확충하였다. 수출 기업에 대한 금융과 세제 분야에서의 각종 우대조치를 실시하였다.

한편 북한은 폐쇄체제의 경제발전전략을 추진하였다.

첫째, '내수 증가를 통한 성장전략'을 추진하였다.

북한이 가지고 있는 자원을 잘 개발하여 북한에 필요한 것들을 생산하여, 주민들에게 필요한 것을 국가가 제공하는 자급자족식 경제 체제를 추구하였다.

내수 주도의 성장전략을 채택하였기 때문에 북한은 '폐쇄형 체제'를 유지했다. 소련이나 중국에 의지하지 않고, 북한 스스로의 노력을 중시하였다.

둘째, 부족한 것들도 동시에 발전시키는 '균형 성장 전략'을 채택하였다.

농업도 발전시키고, 공업도 발전시켰다. 경공업도 발전시키고, 중화학공업도 동시에 발전시켰다.

셋째, 정부는 국가를 발전시키고, 국민들의 생활을 보장해 주기 위하여 '계획 경제 체제'를 실시하였다.

국가발전 계획을 수립하여 국가가 산업 생산 및 소비(분배) 계획을 수립하였다. 정부는 교육, 의료, 고용 등 국민의 생활도 보장하였다.

‖ 사회주의의 이념은 이상적이지만, 실제는 많은 문제점이 나타나게 되었다.

첫째, 사회주의는 발전 단계 초기에는 높은 성장을 달성할 수 있었으나, 어느 정도 시간이 지나면서 성장의 한계를 보였다. 정부가 주도하여 '계획생산, 계획소비'를 하기 때문에 경제규모가 작을 때는 효율성이 높아질 수 있으나, 경제규모가 커지게 되면 계획경제의 비효율성이 더 커지고 만다. 즉 관료의 비대화로 인한 비효율성이 증대되고, 경제가 어느 정도 발전하자 새로운 기득권층이 된 공산당 조직이 자신의 이익을 더 높이기 위해 권력을 이용하기 때문이다.

둘째, 국민의 교육과 의료를 정부가 보장해 주고 일할 직장까지 정해주니, 사회주의 체제에서는 개인이 더 열심히 일을 할 동기가 부족하다. 또한 열심히 일을 해도 성과가 개인에게 주어지는 것이 아니기 때문에 최소한도의 일만 하면서 지내는 것이 최선의 생활 태도가 된다.

개인의 동기 부여가 약해지고, 국가의 비효율성이 나타나게 되면 경제가 활력을 잃게 된다. 새로운 상품도 적극적으로 개발하지 않게 되면서 기술의 진보 속도가 매우 약해진다. 기술이 계속 발전해야 새로운 산업도 생기면서 취업도 증가하는데, 경제의 활력이 떨어지면 소수의 특권층만 편하게 살고 국민 대부분은 힘들게 살게 된다.

셋째, 국가의 재정이 충분할 때에는 모든 국민들의 생활보장이 어느 정도는 가능하였으나, 경제 성장이 한계를 보이면서 국가 재정이 약해지니 소수의 특권층만 혜택을 계속 받게 되었다. 그 결과 국민들의 불만이 폭발하여 사회주의 국가 정책의 전환을 요구하게 되면서, 사회주의 국가들이 개혁 개방을 할 수밖에 없었다.

‖ 자본주의 체제가 사회주의 체제보다는 경제 발전에 더 효율적인 체제이다.

첫째, 시장경제에 의한 가격의 결정방식이 자원 배분에 대한 효율을 상승시켰다. 가격을 정부가 아닌 시장의 결정에 맡기다 보니, 오히려 비효율적인 상품에 대한 생산이 줄게 되었다.

둘째, 대량 생산 방식으로 제품의 단가가 낮아지게 되자, 일반인들의 소비가 폭발하면서 새로운 산업이 형성되었다. 새로운 산업의 발전으로 고용이 늘면서 개인의 소득이 증가하자 다시 시장 규모가 확대되면서 산업의 규모가 더 커지면서 경제가 발전하게 되었다.

자동차를 대량생산하게 되면서 가격이 낮아지자, 보통 사람들의 수요가 다시 폭발적으로 증가하면서 자동차 산업이 발전하게 되었다. 냉장고, 세탁기, 텔레비전 등의 가정용 가전제품도 일반인의 수요가 늘면서 가전 산업이 급성장하게 되었다.

셋째, 새로운 상품을 만들면 큰돈을 벌 수 있기에 개인이나 기업들은 새로운 제품의 개발을 위한 기술개발을 계속 추진하면서 수많은 새로운 산업들이 발전하였다. 경제가 잠시 주춤하여도 새로운 기술 진보가 일어나면서 경제가 계속 발전하였다.

넷째, 전 세계의 자유로운 무역이 촉진되면서 시장규모가 더욱더 커졌고, 경쟁도 더 심화되었다. 시장에서 살아남기 위해 기술 진보가 계속 이루어지면서, 새로운 상품과 산업이 계속 확대되었고 경제는 계속 발전하였다.

3. 그동안의 남북대화에 대한 평가

(1) 그동안의 주요 남북대화

‖ 남북한의 첫 번째 대화: 7·4 남북공동성명(1972년)

미국과 중국이 국교를 수립하면서 동아시아의 대결 구도도 대화와 협력을 통한 화해 분위기로 전환되는 상황이 전개되었다. 1972년 7월 4일 서울과 평양에서 동시에 남북 정상이 합의한 7·4 남북공동성명을 갑자기 발표하였다. 서로 상대방을 비방하거나 침략하지 않으며, 평화적으로 교류하고, 자주적 평화적인 통일을 하기로 하였다. 전쟁 후 거의 20년 만에 처음으로 남북이 만나서, '자주적인 통일, 평화적인 통일, 그리고 민족 대단결'에 합의한 것이다. 1972년 11월 남북조절위원회를 발족하여 1973년 6월까지 세 차례의 남북 정부 대표단 회담을 통하여 자주 평화통일의 방안에 대한 토의를 하였다. 또한 남북적십자회담도 7차에 걸쳐 진행되었다.

한국전쟁 후 서로를 비방만 하던 남한과 북한이 같이 만나서 처음으로 대화를 한 역사적 사건이었으나, 남북한이 자신의 체제를 강하게 구축하면서 남북대화는 중단되었다.

첫째, 공동성명이 발표되고 석 달 뒤에 박정희 정권은 10월 유신을 단행하였다. 유신체제가 시작되면서 남북대화도 사실상 끝났고, 그 전보다 더 강력한 반공 국가로 전환되었다. 미국과 중국의 화해 분위기에서 남한은 강력한 반공 독재국가의 길을 선택한 것이다. 그러나 중화학공업의 육성을 내세운 유신체제에서 남한의 경제는 다시 발전하게 되었다.

둘째, 북한도 남한과의 대화를 추진하면서 김일성 유일체제를 구축하였다. 1972년 12월 김일성에게 모든 권력을 집중시킨 사회주의 헌법을 제정하여, '주체 사상'을 모든 국가 활동의 지도 이념으로 규정하였다. 1974년에는 김일성의 아들인 김정일이 '당 중앙'이라는 칭호로 불리면서 후계자로서의 입지를 구축하기 시작했다.

셋째, 1973년 박정희 대통령은 6·23 평화통일 선언을 발표하여, '남북한의 상호 내정불간섭, 남북한 유엔 동시 가입, 북한과 수교한 나라에도 문호개방'의 의지를 밝힌다. 그러나 북한은 한반도에 두 개의 정부를 인정하는 것은 분단을 고착시키는 행위라고 비난하면서 모든 남북대화가 중단되었다.

|에피소드| 왜 1970년대에 제1차 남북대화를 한 뒤 남북이 모두 독재로 나갔나?

제1차 남북대화를 통하여 7·4 남북 공동성명을 하게 된 배경과 그 후의 과정은 어떠했는가?

첫째, 미국이 중국과 평화 공존을 선언하는 분위기에서 남한과 북한도 화해의 모습을 보여 주어야 했다.

1970년 2월 미국은 아시아에 대한 개입을 축소하겠다는 닉슨 독트린을 발표한 뒤, 1972년 3월 주한미군을 일부 철수시켰다. 그리고 중국과의 화해 정책을 실시하면서, 1971년 10월 중국이 유엔에 가입하고 1972년 2월 미국의 닉슨 대통령이 중국을 방문하여 평화원칙에 합의하였다.

둘째, 당시의 박정희 대통령이 힘들게 다시 대통령에 당선되었기에 새로운 돌파구를 찾아야 했다.

1971년 대통령 선거에서 근소한 차이로 당선된 박 대통령은 북한과의 비밀협상을 통하여 1972년 7월에 남북의 평화통일을 약속한 7·4 남북공동성명을 발표하였다. 그리고 나서 석 달 뒤인 10월에 통일을 하기 위해서는 강력한 대통령이 필요하다고 주장하면서, 국회를 해산하고 헌법을 개정하는 10월 유신을 단행하였다. 유신체제의 목표는 '100억 불 수출, 1,000불 국민소득'이었다. 친여권 인사로 구성된 통일주체국민회의(2,359명)에서 대통령을 간접적으로 선출하면서 죽을 때까지 대통령을 할 수 있는 체제가 구축되었다. 12월 다시 대통령으로 선출되면서 경제성장을 최고의 목표로 선언하고, 더욱더 강한 반공 정책을 시행하였다. 북한이 있는 한 한국에서는 서구식 민주주의가 불가능하다는 것을 선언하면서 영구 독재의 길로 나아간 것이었다.

셋째, 북한의 김일성 주석도 미국과 중국의 화해 분위기 속에서 길을 찾아야 했다.

남한이 10년간의 경제 성장 후에 어느 정도 발전하였는지를 점검한 뒤, 아직도 북한의 경제력이 앞서 있다는 것을 확인한 김일성은 먼저 남한과 평화통일을 합의하였다. 그리고 곧장 땅굴을 파면서 무력통일의 기회를 모색했으며, 1974년 남한 대통령의 암살을 시도하였다. 이런 형태는 1949년 4월 김구와의 남북협상에서 내전 반대에 합의한 뒤, 무력통일을 준비하여 1950년 6월에 남침한 것과 거의 똑같은 것이었다.

북한도 1972년 헌법을 개정하여 김일성 한사람에게 모든 권력을 집중시킨 사회주의 헌법을 제정하였다. 중국의 변절에 실망한 북한은 주체적인 북한식 사회주의 국가를 만드는 길로 나아간 것이다.

|에피소드| 1970년대 중반에 남한은 자주국방능력을 갖추고, 북한을 추월하기 시작하였다.

북한의 계속적인 무력통일 시도에 남한은 자주국방능력을 향상시켰다.

국민들이 통일에 대한 기대가 계속되었으나, 1974년의 대통령 저격사건을 계기로 급속히 북한에 대한 기대를 버리게 되었다.

첫째, 남북이 서로 사이좋게 지내자고 말만 하고, 실제로는 남한에 대한 무력통일을 위하여 대통령을 저격하는 시도를 하고 남침용 땅굴을 파는 행동을 하고 있었다. 어떻게 북한을 믿을 수 있겠는가?

둘째, 중국이 바뀌어 미국과 친구가 되는 상황에서 북한은 민족의 평화통일보다는 아직도 무력통일을 시도하고 있었다. 세계가 바뀌어도 북한이 바뀌지 않으면, 한반도의 평화통일은 영원히 달성되지 않는다는 것을 깨닫게 된 것이다.

셋째, 북한이 미국에 대항하여 자신의 힘과 의지를 보일 때마다 한반도에서는 전쟁이 다시 일어날지도 모른다는 공포심이 커지게 되었다. 미군만 없으면 언제든지 통일할 수 있다는 북한의 생각이 보일 때마다, 남한은 더욱더 미국과 긴밀해졌다.

넷째, 경공업의 개발이 어느 정도 궤도에 오르자, 중화학공업이 발전하면서 남한은 군사 무기를 스스로 만드는 자주국방 능력을 강화하기 시작하였다. 경제개발 20년 만에 남한은 스스로의 힘으로 무기를 만들 수 있는 국가로 성장하게 된 것이다.

다섯째, 국민에 대한 반공 교육을 더욱더 강화하면서 자주국방을 위한 길로 나아가면서 민주주의는 뒷걸음질 치게 되었다. 국민들은 북한과의 통일보다는, 전쟁이 일어나지 않고 평화롭게 살아가는 현상 유지가 최선이라는 생각을 하게 되었다.

남한은 급속하게 경제가 성장하면서 1970년대 중반에 북한 경제를 추월하였다.

남한은 극심한 세계시장에서 살아남기 위해 열심히 일하면서, 1970년대에는 상품이 경쟁력을 보유하자 1970년대 중반 이후 경제가 급신장하면서 북한 경제를 추월하였다. 북한에 대한 정보가 너무 부족하여 필자는 언제부터 남한의 경제가 북한을 추월하였는지를 추정하기는 매우 힘들었다. 지금까지 발표된 자료들에 의하면 1974년에 추월했다고 하는 자료도 있고, 1980년부터 추월했다고 주장하는 자료도 있다.

남한은 1964년 1억 달러, 1971년 10억 달러의 수출을 달성하였다. 중화학공업을 중점적으로 육성하면서 수출이 급증하게 되어, 6년만인 1977년 100억 불 수출 목표가 달성되었다. 아마도 중화학공업을 중점 육성하면서 남한이 북한의 경제력을 추월한 것으로 판단된다.

‖ 남북한의 두 번째 대화: 남북 기본 합의서(1991년)

1990년 독일이 통일되자, 한반도에도 남북대화가 시작되었다.

첫째, 1990년 6월부터 5차례에 걸친 남북 고위급 회담 이후 1991년 12월 13일 '남북 사이의 화해와 불가침 및 교류 협력에 관한 합의서'(약칭 남북기본합의서)에 남북한 총리들이 서명하였다.

남북기본합의서는 '상호 체제 인정, 남북 상호 불가침, 남북교류 및 협력 확대'의 기본 원칙에 합의하였으며, 세부적인 사항을 정하기 위하여 4개의 분과위원회 협상은 남북이 유엔에 동시에 가입한 다음 해 3~12월 진행되었다. 그러나 남한이 1992년 11월 한미연합의 '독수리훈련'을 예정대로 하려고 하자, 북한은 1992년 12월 개최하기로 합의한 제9차 고위급 회담을 취소한다고 발표하면서 남북대화가 중단되었다.

남북기본합의서는 기본 방향만 정해졌고 구체적인 사항이 타결되지 않은 상태로 끝났다. 기본합의서에 의한 후속 관련법의 개정도 할 수 없었기 때문에, 북한을 반국가 단체로 규정한 국가보안법은 여전히 유효하다. 따라서 정부 차원에서는 북한과 화해 협력을 추진해도 되지만, 민간 차원의 통일 관련 활동 등은 국내법 위반으로 처벌할 수 있는 애매한 상황이 되었다.

둘째, 1991년 8월 8일 유엔 안전보장이사회는 대한민국과 조선민주주의 인민공화국이 UN에 함께 가입할 것을 승인하였고, 9월 15일 UN 총회에서 남북한의 동시 가입이 승인되었다. 남북한이 동시에 유엔에 가입하였기에, 국제사회에서는 한반도에 두 개의 나라를 다 합법적인 나라로 인정하게 되었다.

그러나 지금까지 남북한은 서로를 인정하는 내용으로 국내법을 개정하지 않고 있어서, 냉전이 종식되었지만 한반도에서 적대적인 남북관계는 해소되지 못하고 있다.

셋째, 남북회담이 진행되고 있던 1991년 남북은 3번의 협의를 거친 뒤 1991년 12월 31일 '한반도의 비핵화 공동 선언'을 발표하였다. 동 선언으로 1. 핵무기의 시험, 제조, 보유 등을 하지 않으며, 2. 핵에너지는 오직 평화적 목적에만 사용하고, 3. 한반도의 비핵화를 검증하기 위하여 국제 사찰을 받아들인다 등의 합의를 하였다.

1992년 1월 북한은 국제원자력기구(IAEA)의 사찰을 수용하였고, 남북기본합의서의 합의 및 발효를 위해 남한은 1991년 12월 미군 핵무기 완전 철수를, 1992년 1월 '팀스피리트'* 한미합동군사훈련의 중단을 발표했다. 이에 미국은 9월에 해외 전술핵무기 폐기를 선언하고, 12월 남한에 핵무기가 없다고 선언하였다. 1992년 7월 미 국방부는 한국 내 핵무기 철수 완료를 발표하였다.

그러나, 북한이 1993년 2월 국제원자력기구의 사찰을 거부하면서 제1차 핵위기가 시작되었다. 북한과 미국은 협상을 하여 1994년 10월 북미 제네바 합의를 이루었다. 즉 북한이 핵동결을 하는 조건으로 미국이 2003년까지 경수로를 건설해 주기로 합의한 것이다.

팀스피리트 훈련(1976~1994)

1975년 베트남이 공산화되자 한미안보협력체제를 강화하기 위하여 1976년 6월부터 1993년 4월까지 총 17회 실시되었다. 훈련 기간은 처음에는 10일이었으나, 나중에 79~80일로 연장되었고, 참가 병력도 1976년 46,000명에서 1984년 이후에는 20만 명이 참여하는 대규모 야외 기동훈련으로 발전하였다.

북한은 1982년부터 팀스피리트 훈련이 정전협정을 위반하는 북침을 위한 공격용 훈련이라고 비난하면서 동 훈련의 중단을 강하게 요구하였다. 한미는 동 훈련이 정전협정을 준수하면서 북한의 도발에 대응하기 위한 방어적 훈련이라고 일축하면서, 북한군 당국자의 참관을 요청하였으나 북한은 거절하였다. 1994년 3월 제1차 북핵에 대한 북미의 합의와 남북관계의 개선을 위하여 팀스피리트 훈련을 중단하였다.

‖ 남북한의 세 번째 대화: 제1차 남북정상회담과 6·15 남북공동선언(2000년)

1998년 김대중 대통령은 대북 포용 정책(햇볕 정책)을 추진하여 남북의 대결보다는 화해와 협력을 추진하였다. 그리고 외환 위기 이후 민간 차원의 합의를 통해 남북한의 상호 교류가 활발해지면서 상호 이해가 높아지고 신뢰가 쌓였다.

2000년 6월 13일 김대중 대통령이 북한의 평양을 방문하였고, 남북 분단 이후 55년 만에 처음으로 남북의 지도자들이 만나면서 6월 15일 남북공동 선언을 발표하게 되었다. 동 선언으로 '1. 민족끼리 힘을 합쳐 자주적으로 통일을 하자 2. 이산가족을 만나게 하고, 향후 여러 분야에서 남북교류를 시작하자' 등을 서로 합의하면서 남북교류가 본격적으로 시작되었다.

‖ 남북한의 네 번째 대화: 제2차 남북정상회담과 10·4 남북공동선언(2007년)

2002년 5월 미국이 북한을 테러지원국으로 지정하면서 북미 관계가 악화되었고, 남북관계도 변하게 된다. 2002년 11월 미국이 북한의 핵개발 중단을 촉구하자, 북한은 2002년 12월 핵 동결 해제 조치를 시행하고, 2003년 1월 NPT 탈퇴를 선언하였다.

2003년 8월부터 중국 주도로 6자 회담(남한, 북한, 미국, 중국, 러시아, 일본)이 시작되었고, 2007년 9월까지 모두 중국에서 6차례 회담을 열었다. 마침내 2005년 9월 제4차 6자 회담에서 '베이징 공동성명'이라고도 불리는 9·19 공동성명을 채택하게 되었고, 9·19 성명의 구체적인 이행계획은 2년이 지난 2007년 '2·13 합의'와 '10·3 합의'에서 결정되었다

제2차 북핵 위기로 한반도에서의 돌파구를 찾지 못하자 남북의 최고 지도자들이 다시 한번 만나게 되었다. 2007년 10월 4일 남한의 노무현 대통령과 북한의 김정일 국방위원장은 평양에서 공동선언을 하면서, 남북의 평화 유지와 교류 확대 등을 위한 다양한 사업들의 추진을 합의하였다. 한반도 핵 문제 해결을 위하여 양국 정상이 합의하면서 분위기가 전환되었고, 그해 10월 3일 6자회담에서 북핵에 대한 합의가 이루어졌다. 2008년 6월 북한이 중국 정부에 핵 시설과 물질 신고서를 제출하였고, 7월 IAEA는 영변 원자로 폐쇄를 확인하였다. 2008년 10월 미국은 북한을 테러 지원국 명단에서 삭제한다. 그러나 2009년 3월 남한에서 키리졸브 한미합동 군사연습이 실시되자, 북한은 2009년 5월에 제2차 핵실험을 실시하면서 남북관계가 급속히 냉각되기 시작했다. 2010년 5월 남한은 국민의 방북도 불허하면서 10여 년 만의 남북교류는 사실상 중단되었다.

(2) 지금까지의 남북대화에 대한 평가

‖ 2000년대의 남북 교류 현황

첫째, 1998년 11월부터 2008년 7월까지 200만 명의 남한사람들이 북한의 금강산을 방문하였다.

둘째, 2000년 8월부터 2007년 11월까지 7차례 남북이산가족 상봉을 추진하여 557가족 3,748명이 만났다. 2015년 10월까지 총 20차에 걸쳐서 남북이산가족이 상봉하였다.

셋째, 2003년 개성공단을 개발하면서, 2005년 3월부터 2016년 2월까지 개성공단을 운영하였다. 그리고 개성까지 철도도 연결되었다.

넷째, 남북 합동음악회, 남북 축구 및 농구 시합도 같이 열었고, 같이 참가하면서 즐겁게 지냈다.

다섯째, 2000년 시드니 올림픽에서 남북 선수단이 한반도 지도가 그려진 단일기를 들고 입장했다. 2002년 부산 아시안 게임에 북한 선수단(139명)과 북한 응원단(약 600명)이 참가하였다.

‖ 합의한 사항

남과 북은 남북 정상회담을 통하여 적어도 다음의 몇 가지 사항에 대해서는 의견이 모인 것으로 보인다.

첫째, 전쟁이 일어나면 한민족이 공멸한다. 통일이 되기 전까지는 평화롭게 지내야 한다.

둘째, 한반도가 통일되어야 한민족이 제대로 발전할 수 있다.

셋째, 남한과 북한의 경제력 차이에 대해서도 서로 인정하였다(남한이 북한을 도와주어야 한다는 점에 대해서는 어느 정도 의견의 일치를 본 것 같다).

‖ 합의하였으나 지켜지지 않은 사항

첫째, 한반도의 비핵화에 대하여 합의하였으나, 북한은 핵무기 개발을 계속 추진하였다.

둘째, 남북한이 상호 체제를 인정하기로 했으나, 사실상 서로를 인정하지 않고 있다. 남한은 국내법으로 북한을 적대국으로 규정하고 있으며, 북한은 남한 주민을 미국에서 해방시켜야 한다고 주장하고 있다.

셋째, 군사 긴장을 완화시키는 노력이 부족하였다. 북한이 핵무기를 개발하자, 남한은 한미군사훈련으로 대응하였다.

‖ 토의도 하지 못한 사항

한반도의 통일에 대해서는 '민족끼리, 자주적이고, 평화적으로' 통일하자는 기본 원칙에만 합의하였고, 통일국가의 성격과 추진 방법에 대해서는 토의도 하지 못했다.

첫째, 통일 후 연방공화국의 기본 성격에 대한 대화가 시작되지 않았다.

민주 공화정인지? 독재를 인정하지 않는지? 세습제를 인정하지 않는지?

둘째, 추진 방법과 절차에 대해서도 협의한 적이 없다.

서로 협의만 하자고 했지, 어떤 내용을 어떤 절차로 어떻게 합의한다는 것인가?

‖ 종합 평가: 통일보다는 평화 공존에 대한 논의만 있었다.

첫째, 그동안의 남북대화는 한반도에서 체제 안정 내지 평화 유지를 위한 방안에 대한 협의만 있었다.

무력통일도 불가능하고 흡수통일도 어려우니 남한과 북한은 장기적인 평화통일보다는 단기적인 평화 유지를 위한 단기적인 목표에만 집중하고 있다. 북한은 핵무기 개발을 통한 정권의 유지에 최우선 목표를 두는 것 같고, 남한은 전쟁 방지와 평화 공존을 우선적으로 선호하고 있는 것 같다.

둘째, 서로 내정을 간섭하지 않고, 싸우지 말자는 기본적인 합의도 제대로 지켜지지 않자 남북한의 신뢰가 형성되기 어려웠다. 북한과 사이가 좋아지면 북한의 인권 문제와 세습체제에 대하여 작은 소리로 말하고, 북한과의 사이가 나빠지면 큰 소리로 비판하였다. 북한이 핵무기를 개발을 지속할 때마다 남한은 한미군사훈련을 강화하였다.

셋째, 남북이 통일에 대해서는 말만 하고 구체적인 협의는 시작도 하지 않았다. 베트남식 무력통일은 한반도의 통일을 위해 많은 한민족의 생명이 희생될 수 있다는 것에는 모두 다 인식을 같이하는 것 같다. 연방제 통일이라는 말만 하였고, 구체적인 내용의 대화는 시작하지도 못했다.

(3) 남북대화의 시작과 중단에서 배운 교훈

‖ 남북대화를 하고 교류를 하면서, 남한과 북한 사람은 같은 한민족이라는 것을 다시 확인하였다.

첫째, 같이 한글을 쓰고 한국말을 하기에 서로 대화가 가능하다.

물론 말의 어감이나 뜻은 조금씩 달라서 다시 한 번 확인하는 과정이 필요한 때도 있었지만 대화가 안 될 정도는 아니었다. 대부분은 무리 없이 무슨 말을 하는지, 왜 그 말을 하는지는 이해할 수 있었다.

둘째, 기본적인 정서는 비슷하였다, 남북한의 정치체제나 경제력 등 민감한 사항에서는 이해하기 어려운 부분도 있었지만, 가족에 대한 생각이나 인간으로서 어떻게 살아야 하는 것에 대한 부분은 쉽게 이해하였다. 남녀 간의 사랑에 대한 북한 노래를 들으면서, 우리와는 다르게 표현하지만 그렇게 표현할 수도 있다는 생각이 들었다.

셋째, 한반도에 대한 인식도 비교적 비슷한 관점을 가지고 있는 것을 알게 되었다. 강대국에 둘러싸인 중소국가로서 어떻게 살고 행동해야 하는가에 대한 고민도 비슷하게 하고 있었다. 또한, 한민족이 하나의 나라가 되어야 제대로 한민족이 발전할 것이라는 데에도 의견은 같았다. 다만 어떻게 통일해야 최선인가는 서로 생각이 달랐다.

넷째, 남과 북이 다시 전쟁을 한다면 남과 북만 망하는 것이라는 생각을 남북이 다 가지고 있었다. 다시 전쟁이 일어나면 주변 나라만 이익을 볼 것이라는 데에도 의견이 일치하였다.

‖ 남북대화를 하면서 남한과 북한 사람은 서로 생각이 차이 나는 한민족이라는 것을 알게 되었다.

첫째, 북한의 체제는 전 세계에서 찾아볼 수 없는 독특한 체제라는 것을 실감했다. 즉 독재 정권을 유지하고 있는 나라 중에서도 정권의 세습제를 유지하는 유일한 나라이다. 남한 사람들이 남한 정부에 대하여 자유롭게 비판하는 것을 북한 사람은 잘 이해하지 못하는 것 같았다. [예) 북한 사람들은 김일성 주석에 대한 어떤 비판도 받아들이지 않았고, 남한 사람이 조금이라도 존중을 하지 않는 말이나 행동을 보이면 즉시 강하게 항의하고 모든 활동을 중단하였다. 자유롭게 전직 대통령을 비판하면서 살아온 남한 사람들에게는 충격이었다.]

둘째, 70년 이상을 외부와 차단되어 살았기 때문에 북한주민은 북한을 객관적으로 보지 못하고, 그동안 교육받은 것만을 옳다고 믿고 있었다. 최면에 걸린 집단처럼 똑같은 말만 되풀이하는 것을 여러 번 보면서 남한 사람은 어떻게 대응하고 어떻게 말해야 할지 몰라 당황하였다. [예) 남북한 행사는 대부분 남한이 부담하였다. 남한이 모든 경비를 부담하여 진행한 남북교류 행사장에서 북한 사람들이 북한 체제를 찬양하는 발언과 행동을 할 때마다, 남한 사람들은 당황하면서 바라보기만 했다.]

셋째, 만나면 만날수록 남북한의 경제력 차이가 크다는 것을 느끼게 되었다. 의복이나 외모에서도 느낄 수 있었고, 대화 중에도 나타났다. 당시 남한은 1만 불의 개인 소득이었지만, 북한은 1천 불의 수준이었으니 아무리 감추려고 해도 차이가 보이게 된 것이다. 서로 비슷한 수준으로 살아야 남북이 어울리면서 자연스럽게 발전할 수 있지, 서로의 격차가 크면 서로 어울리면서 살기가 어렵다는 것도 느꼈다.

넷째, 남북이 만나면서 통일의 열망이 커졌지만, 통일의 방향에 대한 차이도 크다는 것을 알게 되었다. 남북한이 통일은 우리의 소원이라고 말을 하면서, 이렇게 교류를 계속한다면 곧 통일이 될 수 있다는 희망이 생기기 시작했다. 그러나 서로를 이해할수록 통일의 방향에 대한 생각이 다르다는 것을 느끼게 되었다. 남한 사람들은 남한체제로의 통일을 바랐고, 북한 사람들은 북한식 체제로서의 통일을 말하고 있었다. [예) 북한은 남한에 평화공존을 말하면서 핵무기를 개발하였다. 그리고 핵무기를 개발하여 미군을 한반도에서 철수시키면 통일을 할 수 있다고 믿는 것처럼 행동했다.]

(4) 2000년대의 남한과 북한 비교

‖ 경제 분야

첫째, 남한은 1인당 국민소득이 2000년 초에 1만 달러 수준인 선진국이다. 북한은 1인당 국민소득이 2000년 초에 1천 달러 수준인 극빈국이다.

둘째, 남한은 1970년대 후반에 북한의 경제력을 추월하면서, 경제가 계속 성장하고 있다. 북한은 1970년대가 최전성기이었고, 1980년대부터 경제가 쇠퇴하였다.

셋째, 남한의 인구는 5천만 명이고, 북한의 인구는 2천5백만 명 정도이다. 남북한의 국력은 2000년 초에 20배 이상으로 추정된다(인구 2배, 1인당 소득 10배).

넷째, 남한은 세계경제에서 경쟁력을 보유하고 있으며, 시장경제 체제이다. 북한은 폐쇄형 국가이고, 세계경제에서 경쟁력을 갖추고 있는 기업이 없다.

다섯째, 남한은 토지나 주택에 대한 개인소유제도를 기본으로 하고 있다. 북한은 토지나 주택은 국가 소유이며, 개인은 토지나 주택의 사용권만 보유한다.

‖ 정치체제

첫째, 남한의 대통령은 국민이 직접 선출하며, 5년마다 교체되는 민주국가이다. 북한의 지도자는 세습제이며 독재국가이다.

둘째, 남한의 사람들은 모든 정권에 대해 자유롭게 비판도 할 수 있고, 국가의 정책방향에 대해서도 개인들이 의견을 제시할 수 있다. 북한에서는 과거의 지도자에 대한 비판은 상상할 수도 없고, 국가의 정책 방향은 한 명이 정한다.

셋째, 남한은 경제력이 커지면서, 사회의 취약 계층에 대한 지원 수준을 계속 증가시키고 있다. 북한은 경제가 쇠퇴하면서, 주민의 기본적인 생활 수준도 보호하지 못하고 있다.

넷째, 남한은 전 세계 대부분의 나라와 국교를 맺어서 서로 우호적으로 지내고 있다. 북한은 국교를 맺고 있는 나라가 몇 개 안 된다.

‖ 생활 수준

첫째, 남한은 세계 최고 수준의 교육 체제를 구축하고 있어서, 시민들의 의식 수준이 매우 높다. 북한은 소수의 사람들만 교육을 받고 있으며, 체제 보호를 위한 집단의식이 강하다.

둘째, 남한은 인터넷을 통하여 전 세계의 동향을 자유롭게 파악할 수 있다. 북한은 대외 정보가 통제되기 때문에, 북한의 현황도 잘 모른다.

셋째, 남한 남성의 평균 신장은 175cm이나, 북한 남성의 평균 신장은 158cm로 추정된다.

넷째, 남한은 국내에서 거주이전의 자유가 보장되고, 해외여행도 자유롭게 할 수 있다. 북한은 국내에서 거주이전의 자유도 제한되고, 해외여행은 허가받아야 한다.

PART 3

평화로운 한반도, 번영하는 한민족

제1부 자주독립국가, 대한민국

1. 자주독립국가가 되기 위한 각성(깨달음)

(1) '회색국가'에서 벗어나 '자주독립국가'가 되자.

제1) 이제는 '회색국가'의 행태에서 벗어나자.

이제는 다음과 같은 '회색국가'의 사고와 행태에서 벗어나자

첫째, 우리는 선진국으로 성장하였지만, 힘이 없는 중소국가이다. 먹고 살기에도 힘들다. 경제 이외의 안보나 핵 문제 등은 우리가 생각할 여력도 없고 처리할 능력도 없다.

둘째, 힘이 없는 중소국인 우리를 지켜주고, 우리에게 길을 찾아 주는 강대국과 같이 가야 한다.

강대국이 길을 찾아 주면 한없이 기쁘고, 고마움을 표시하면 된다. 그러나 우리에게 비용을 부담하라고 요구하면 난처해지지만, 어쩔 수 없이 최소한의 비용을 부담해야 한다. 강대국이 길을 찾아 주지 못하면 우리는 한 없이 슬프다. 중소국가의 한계를 느끼면서 무기력해진다.

강대국들끼리 서로 의견이 충돌하면 우리는 어떻게 할 수 없다. 어쩔 수 없이 선택해야 한다면 우리는 제일 강한 강대국을 선택하여야 한다. 그러면 그 강대국이 우리를 지켜주고, 우리의 길을 찾아 줄 것이다.

셋째, 우리는 북핵을 처리할 힘이 없다. 우리가 북한을 설득할 수 없다.

북한과는 대화하기도 어렵고, 대화를 하면 할수록 우리와의 차이점만 부각된다. 북한이 믿을 수 없는 나라가 된 지 오래되었다. 우리가 설득할 수도 없다.

넷째, 우리의 힘으로 통일하면 좋고, 남의 힘으로 통일하면 더 좋다.

북한이 너무 못살기 때문에 우리가 통일하려면 돈이 너무 많이 든다. 북한이 망할 때까지 기다리고, 북한이 망하게 되면 그때 우리가 흡수통일하면 된다.

다섯째, 강대국들이 북한과 대화와 협력을 해도 된다고 하면 북한과 대화와 협력을 한다. 강대국들이 북한과 대화와 협력을 협력해서는 안 된다고 말하면 북한과 대화와 협력을 안 한다.

힘이 있어야 자주독립국가가 되는 것은 아니다.

첫째, 힘이 있어야 자주독립국가가 되는 것은 아니다.

힘이 있으면 강대국이 되고, 패권국이 될 수 있다. 그러나 힘이 없어도 자주독립국가는 될 수 있다. 국민이 모여서 국가의 방향을 스스로 선택하여 나아가는 것이 자주독립국가이다. 외세에 굴복하거나 어쩔 수 없는 선택을 강요받는 것이 아니라, 국민 스스로 최선의 방안을 선택하여 주변국을 설득하면서 나아가는 나라가 자주독립국가이다.

둘째, 하고 싶은 대로 하는 나라는 패권 국가이다.

전 세계의 어떤 강대국도 세계를 자기 생각대로 강요할 수 없는 것이 현실이며, 전 세계를 바꾸려고 한다면 그 국가는 패권 국가일 뿐이다. 자주독립국가는 자기 국민의 길을 스스로 선택하는 나라이지, 다른 나라를 자신이 원하는 방향으로 바꾸려는 국가는 아니다.

모든 민족, 모든 국가는 각각 그 나라 국민이 자기의 길을 선택하고 나아간다. 다른 국가에 하나의 대안을 제시하면 상대방 국민이 자국의 이익에 도움이 되면 그 안을 받아들이고 자신의 이익에 도움이 되지 않으면 받아들이지 않는다. 그들의 선택을 존중하고 받아들이면서, 우리는 우리의 선택을 하면 된다.

셋째, 전 세계와 고립되어 나아가는 나라는 자주독립국가가 아니다.

역사상 전 세계는 서로 연결되어 있으며, 상호 교류를 통해 발전해 왔다. 중세 시대에도 동양과 서양은 실크로드(비단 길)를 통하여 무역이 활발히 이루어졌으며, 교역을 통해 자기가 부족한 것을 조달하면서 나아가야 국가의 지속된 성장이 가능하다는 사실은 세계의 역사를 통해 증명되었다. 외부세계와 단절되면서 성장하였던 마야나 잉카문명은 자체 성장의 동력이 고갈되자 결국은 외부의 세력에 의하여 멸망되었다.

자주독립국가는 전 세계의 흐름 속에서 다른 민족과 다른 국가와 같이 살아가는 나라이지, 배타적으로 혼자 살아가는 나라가 아니다.

자주독립국가가 되어 우리의 운명을 스스로 선택하자.

첫째, 자주독립국가는 그 나라의 운명을 스스로 선택한다.

국민의 생명인가? 국민의 생활인가?

민족의 자존심이 우선인가? 대의명분이 우선인가? 경제적 번영이 우선인가?

같은 민족끼리 전쟁인가? 평화공존인가? 평화통일인가?

둘째, 그 나라 국민은 자신들이 스스로 선택했기 때문에 그에 따른 기회비용도 감수하면서 나아갈 수 있게 된다. 즉, 자신의 선택에 따른 희생을 기꺼이 감수하는 것이다.

대의나 명분을 선택하게 되면, 그에 따른 국민들의 희생이 생긴다.

국민의 생활을 중시하면, 민족의 자존심이나 국가의 자부심이 희생될 수 있다.

국민의 생명을 우선적으로 선택하게 되면, 안보에 대한 경제적 부담이 높아진다.

셋째, 국민이 합의하지 못하여 아무것도 선택하지 않는 나라는 자주독립국가가 아니다.

모든 것을 다 만족시키는 최적의 길은 없으며, 현실적으로 하나를 얻으면 하나를 잃게 된다. 어느 길을 선택해야 하는지가 어려워서 아무것도 선택하지 않는다면, 그 나라는 주변 국가들의 결정에 따라 그 나라의 운명이 결정된다.

어떤 것도 선택하지 않을 것을 스스로 선택하였기 때문에 그에 따른 결과도 받아들이면서 살아야 한다. 우리가 선택하지 않으면 강대국들이 정해주는 길을 따라가겠다는 길을 선택하는 것이다. 그 길이 좋든 나쁘든 그것을 받아들이면서 살아가는 것을 선택하는 것이다.

제일 나쁜 것은 모든 것을 다 가지려고만 하고, 현실적으로 다 가질 수 없기에 아예 선택을 안 하면서 주변국가에 요구하면서 사는 것이다. 그러다 어느 하나를 갖지 못하게 되면 그 국가를 비난하고, 다른 것을 갖지 못하게 되면 또 다른 국가를 비난만 하면서 사는 나라는 전형적인 '회색국가'라고 말할 수 있다.

제(2) 불완전한 자주독립국가라서 힘들게 살고 있다.

불완전한 자주독립국가, 대한민국.

자주독립국가라면 경제적으로 그리고 정치적으로 스스로 우리의 길과 방향을 선택해야 하는데, 한국이 자유롭게 선택하지 못하니 불완전한 자주독립국가이다.

첫째, 경제적으로 자주독립국가가 아니다. 한 나라가 독자적인 경제체가 되려면 인구가 적어도 8천만 명 이상이 되어야 한다고 경제학자들은 말한다. 인구가 1억 명이 넘으면 해외시장이 급변하여도 내수에 의해 경제가 버틸 수 있게 된다.

한국은 경제적으로 세계 12위의 국가로 성장하였지만, 인구가 5천만이고 국토에 자원이 부족하여 성장을 유지하기 위해서는 수출을 계속 증가시켜야 한다. 어느 한 나라에서 수출이 어려움을 겪으면 경제가 타격을 받으니 모든 수출국에 잘 해야 한다. 따라서 강대국들이 수출의 대가로 경제나 경제 이외의 것을 한국에 요청할 경우, 그것을 우리가 받아들이기 어려운 사정이라도 쉽게 'No'라고 말하기 어렵다. 우리의 입장을 제대로 말하지도 못하고, 먹고 살기 위하여 강대국들의 눈치를 보면서 살아야 하는 현실이다. 통일이 되지 않으면 1인당 국민소득이 5만 달러가 되어도 다른 나라들의 눈치를 보면서 살아야 하는 불완전한 자주독립국가일 뿐이다.

전 세계 불황기에도 버틸 수 있는 체력을 만들기 위해서는 남북통일이 되는 길 이외에는 없는 것 같다. 남북통일이 되면 인구가 거의 8천만 명이 되기 때문에 어느 정도의 경제적 규모를 가진 자주독립국가가 되는 것이다.

둘째, 외교적으로도 자주독립국가가 아니다.

통일이 안 되어 있는 지금 한국은 국제사회에서 자유로울 수 없다. 우선 남북한이 대치되어 있는 상황에서 항상 북한을 고려해야 하기 때문에 독자적인 국가의 정책 선택이 많이 제한되고 있다. 북핵 해결 방안에 대하여 북한과 미국이 의견 차이로 대립하고 있어도 한국은 어느 한쪽을 전적으로 지지하기도 어렵다. 미국과 중국이 패권 전쟁을 하고 있어서, 한국은 중간에서 어려움을 겪고 있다. 한국은 중국의 부상으로 경제적으로는 매우 덕을 보고 있지만 여전히 미국에 의존할 수밖에 없다. 따라서 미국과 같이 나아가면서도 중국의 눈치를 보아야 한다. 한반도가 남과 북으로 나누어져 있는 한, 강대국들의 정책 변화에 따라 우리는 계속 큰 영향을 받을 수밖에 없다.

셋째, 군사적으로도 자주독립국가가 아니다. 한국은 6·25 전쟁 이후 1953년 미국과 한미상호방위조약을 체결하였다. 동 조약에 의거해 한국은 집단자위권만 보유하고 있는 것처럼 보이며, 아직도 전시작전권은 한미연합사령부에 있다. 국군이 평시 작전권만 가지고 있어, 북한의 소규모 도발에 대해서도 미국과 협의한 뒤에 대응하고 있다. 북한의 핵을 막을 힘이 없어서, 북핵에서 안전해지기 위해 미국의 군사력에 더욱더 의존하려고 하는 불완전한 자주독립국가이다.

한국은 강대국이 아니고 강한 중소국가이다.

한국은 지난 70년간 경제발전을 성공적으로 이룩하였고 자유민주주의도 실현하였다. 1인당 GDP가 3만 달러가 되면서 전 세계 12위의 국가로 성장하여 명실상부한 선진국으로 진입하였다. 그러나 한국이 '선진 중소국'이 된 것이지, 강대국이 된 것은 아니다. 한국이 중소국인 이유는 한반도 주변에 세계의 강대국들만 있기 때문이다. 만약 아프리카나 중남미에 있다면 한국은 강대국이다. 유럽에 있어도 한국은 이탈리아나 스페인 수준으로는 활동할 수 있다.

한국의 주위에는 중국, 일본이 있고 미국과 같이 가고 있다. 미국의 경제가 세계 최강이고, 일본이 세계 2위인 시대에서는 미국, 일본을 중심으로 모든 경제 정치체제가 유지되는 것이 한국에 제일 좋은 선택이었다. 그러나 공산권이 붕괴된 1990년대 이후 중국은 급속도로 성장하여 2010년 G2가 되었다. 이제 중국은 한국의 최대 교역국이 되었으며, G1이 되기 위하여 미국과 경쟁하고 있다. 북핵 문제가 쉽게 해결되지 못하자, 한반도에 사드를 배치하는 과정에서 한국은 미국과 중국의 사이에 낀 처지가 되었다. 과거와 달리 이제 군사 안보에서도 중국을 배제할 수 없는 상황이 된 것이다. 미국과 중국의 경쟁이 심해질수록 주변국들과 계속 사이좋게 지내야 하는 중소국가의 위치가 확연하게 나타난 것이다. 한국은 강대국들을 설득하면서 훈수할 수 있는 나라가 아니라, 강대국 사이에서 어떻게 행동해야 최선인가를 걱정해야 하는 국가라는 현실을 다시 한번 느끼게 된 것이다.

⟨ 참고 | 북핵 문제의 해결 방안에 대한 미국과 중국의 대립 ⟩

(1) 북핵에 대한 미국의 기본 입장

–미국은 북한을 신뢰하지 않고 있다.

북한은 이미 세 번이나 미국과 합의한 사항을 파기하면서 핵개발을 시도하니, 미국은 북한을 신뢰할 수 없는 나라로 보는 것 같다.

첫 번째는 1994년 북미 제네바 합의이다. 북한이 핵 시설을 동결하는 조건으로 경수로를 북한에 건설해 주고, 경수로가 완공되면 핵 시설을 해체하겠다고 합의하였으나 이것은 지켜지지 않았다.

두 번째는 2005년 6자회담에서 합의한 9·19 공동성명과 2007년 미국과 북한 간의 합의이다. 북한이 핵무기 개발을 포기하는 조건으로, 미국이 중유 100만 톤을 지원하고 2008년 10월 북한을 테러 지원국 명단에서 삭제하였다. 북미 간의 합의에도 불구하고, 북한은 2009년 5월 제2차 핵실험을 실시하였다.

세 번째는 2012년에 북미 간 합의한 2·29 합의이다. 북한이 핵과 장거리 미사일 실험을 하지 않는 조건으로, 미국은 식량 24만 톤을 지원하기로 합의하였다. 그러나 두 달 후인 4월에 북한은 장거리 미사일(광명성 3호)을 발사하였다.

–북핵에 대한 미국의 기본 입장

첫째, 미국은 북한의 핵무기 보유를 절대로 인정할 수 없다. 핵무기의 개발은 제2차 세계대전 이후 구축된 국제질서에 정면으로 도전하기 때문에, 현재의 국제사회나 유엔에서 북한의 핵개발을 인정할 수 없다.

이란의 핵무기 개발에 대하여 2002년 8월부터 협상을 개시하여 마침내

2015년 7월에 협상을 타결하였다. 즉 향후 10년 이상 이란의 핵무기 개발을 동결하고, 이란의 핵시설에 대한 IAEA 사찰을 허용하는 조건으로 국제사회의 경제 제재를 해제하기로 한 것이다. 그러나 미국은 2018년 6월 이란이 핵무기를 계속 개발할 것으로 판단하면서 동 조약에서 탈퇴하였다. 이런 미국이 북한에만 예외적으로 핵무기를 허용할 이유가 없다.

둘째, 북한을 테러지원국가라고 지정한 것은 현재의 핵무기를 개발하고 있는 정권을 인정하지 않겠다라는 의미로 해석된다. 미국은 '테러와의 전쟁'을 선포한 이후 테러 국가의 정권을 인정해 주는 어떠한 협상도 하지 않고 있다.

미국은 군사력에서 세계 최강이며, 핵무기도 3천~1만5천 기 정도 보유한 것으로 추정된다. 북한이 핵무기를 보유해 봐야 현실적으로 북한이 미국 본토를 타격할 수 있는 확률은 매우 낮다. 북한이 핵무기를 보유하고 있다고 해도 미국이 자신의 입장을 양보할 가능성은 거의 없다고 판단된다.

셋째, 미국은 북한과 '선핵포기 후대화'의 원칙을 지키고 있다.

북한이 미국과 대화를 하고 싶으면 먼저 핵무기 개발을 포기해야 한다는 입장을 견지하고 있다. 과거 몇 차례의 합의를 파기하고 핵개발을 지속해 왔기 때문에, 이제는 북한이 핵무기를 먼저 포기하지 않으면 미국은 어떤 약속도 하지 않겠다는 원칙을 지키는 것 같다. 또다시 속지 않겠다는 의미로 해석할 수 있다.

북핵에 대한 미국의 입장은 강경파와 온건파로 나누어진다. 온건파는 경제 제재에 의한 압박과 외교적 대화에 의한 해결을 주장하고, 강경파는 정권붕괴를 위하여 군사적 해결을 선호한다. 그러나 어느 입장이든 북한의 핵무기 보유를 인정하지 않으며, 핵무기 개발의 포기를 목표로 하고 있다.

북한이 핵개발을 포기한 다음에서야 미국은 북한에 대한 경제 제재를 완화할 것으로 보인다. 중국의 반대로 미국의 군사적 선택이 제한을 받을수록, 미국은 북한에 대한 경제 제재의 수위를 높여서 북한이 핵개발을 포기하도록 압박할 것으로 보인다.

(2) 북핵에 대한 중국의 입장

-중국은 한반도의 안정을 바라며, 북핵 문제는 대화를 통해 해결해야 한다고 주장한다

첫째, 중국은 한반도의 안정, 즉 전쟁 반대와 평화유지를 최우선의 원칙으로 내세우며 삼불(三不)을 내세운다.

삼불: 부전不戰(전쟁 반대), 불란不亂(체제 동요 반대), 불핵不核(비핵화)

중국과 국경선을 마주하고 있기에, 북한 지역이 불안정해지면 동북 3성이 곧장 영향을 받게 된다. 따라서 전쟁 반대, 체제 안정, 그리고 비핵화의 추진으로 한반도의 안정을 최우선시하는 것으로 보인다.

둘째, 북핵 문제에 대해서는 대화와 협상을 통하여, 미국과 북한이 서로 합의하여야 한다고 주장한다.

1. 쌍중단(雙中斷): 미국의 남한에서의 한미연합훈련의 중지와 북한의 핵무기 개발을 동시에 중단해야 한다.

2. 쌍궤병행(雙軌竝行): 북한의 핵무기 포기와 미국과 북한의 평화협정 체결을 동시에 진행해야 한다.

-중국은 한반도에서 미군의 영향력이 커지는 것을 경계한다

한반도에서 미군의 영향력이 현재의 수준보다 더 커지는 것을 중국은 매우 경계하고 있으며, 사드의 배치를 중국의 안보에 대한 중대한 이익

침해로 보고 있다. 즉 미군의 첨단전략자산인 사드가 남한에 배치되면, 북한 지역은 물론이고 중국 지역까지 레이다로 정밀 분석할 수 있다고 생각하여 강하게 반발하는 것이다.

2017년 5월 남한은 중국과의 관계를 회복하기 위한 협의를 시작하였고, 2017년 10월 한중은 관계개선 협의 결과를 발표하였다. 동 협의에서 중국은 양국의 관계 회복을 합의하면서 다음 세 가지를 요청하였다.

1. 한미군사동맹이 한미일 군사동맹으로 가는 것에 대해 반대한다.
2. 사드의 추가 배치에 반대한다.
3. 한국이 미국의 미사일 방어체계(MD)에 참여하는 것을 반대한다.

–중국은 한반도의 문제가 단계적이고 점진적인 방법으로 해결되기를 바란다.

첫째, 한반도의 긴장 완화를 위하여 종전 선언을 먼저 체결해야 한다고 주장하고 있다.

둘째, 종전 선언 후에, 핵 문제가 타결되면 평화협정의 체결을 희망하는 것으로 보인다.

셋째, 북핵 문제에 대해서 같은 민족끼리 먼저 대화를 통하여 길을 찾아보라고 주장한다.

한반도의 통일은 한민족 내부의 문제로 생각하고 있다. 즉 남과 북이 합의한다면, 어렵게 보이지만 통일도 할 수 있을 것으로 생각하는 것 같다.

(3) 미국과 중국 사이에서 한반도가 방황하고 있다

북핵에 대한 미국과 중국의 생각이 달라서 북핵 문제가 쉽게 해결되지 않고 있다.

미국은 북한의 핵무기 개발 중단 및 기존 핵 관련 설비의 폐기를 강하게 요구하고 있다. 북한에 대한 강경한 입장을 견지하면서 한반도에 미국의 영향력을 확대하여 중국을 견제하는 효과도 얻으려고 하는 것으로 보인다.

중국은 한반도의 안정을 최우선으로 바라고 한반도에서 전쟁이 일어나는 것을 극도로 경계하고 있는 것 같다. 또한 한반도에서 북한이 존재하여야 미국의 영향력이 더 강화되는 것을 막을 수 있으며, 중국의 안보를 위해서 북한이 필요하다고 생각하는 것으로 보인다. 북핵은 무력 사용보다는 평화적인 방법으로 해결되기를 희망하고 있다.

러시아는 아직도 과거의 군사 강국의 위치는 유지하고 있으나, 미국과 경쟁할 수 있는 과거의 경제력 수준으로 복귀하지 못하고 있다. 미국이 일본과 군사 협력을 강화하면서 중국을 견제하기 시작하자, 중국은 러시아와 손을 잡고 공동 대응 체제를 구축하고 있다.

강대국들 사이에서 어느 나라를 선택할 수 없으니 무기력하게 느껴진다. 북한이 핵무기 개발을 계속 고수하기 때문에 남한 사람들의 불안감이 계속 커지고 있다. 북한의 핵개발 문제는 우리가 해결할 수 없는 문제라고 생각하여 미국과 중국 등 강대국들이 해결해 주기만 바라고 있다. 그러나 강대국인 미국과 중국이 한반도에서 서로 경쟁하고 있으니, 우리가 힘들게 살고 있다. 고래 싸움에 새우등이 터진다.

이쪽의 의견을 들어주면, 저쪽에서 터지고…, 반대쪽을 수습하기 위해 하나를 들어주고 나면, 다시 이쪽에서 터지고….

(2) 핵무기와 전쟁에 대한 공포감을 버리자

제1) 핵무기에 대한 공포감을 버리자.

북한은 핵무기를 개발하여도 체제와 정권 보호를 할 수 없다.

첫째, 북한이 핵무기를 개발하여도 핵보유국으로 인정받을 수 없다

북한의 핵무기 보유를 인정하는 것은 현재의 국제질서에 위반된다. 북한을 핵보유국으로 인정하는 것은 핵무기의 확산을 막고 있는 현재의 세계질서를 깨는 것이어서 강대국들이 용납할 수 없는 사항이다.

둘째, 핵무기는 사실상 사용할 수 없는 무기이다

핵무기를 사용하려고 한다면 그 나라는 강대국들의 합의하에 전 세계의 공격을 받아 정권과 체제가 붕괴될 것이다. 상황에 따라서 핵무기를 사용한 나라는 강대국들의 합의에 의해 분할 통치될 수도 있다.

셋째, 북한이 핵무기를 보유하여도 한반도에서 미군을 철수시킬 수 없다.

미국에 핵무기를 쏘겠다고 주장하고 있는 북한이 무서워서 철수한다는 것은 미국의 관점에서 생각할 수도 없는 사고이다. 북한이 미국을 공격할 수도 있다고 말할수록 미국은 더욱더 북한을 압박할 것이다. 북한의 모든 행동을 감시하면서 어떤 기회도 주지 않을 것이다. 세계 최강의 군사력을 보유한 미국이 북한을 무서워할 이유가 없다. 하나의 도시는 전폭기 1대로 초토화시킬 수 있고, 하나의 중소국가는 미국의 항공모함 1대 정도로 제압할 수 있다.

중국이 강대국이 되면서 영향력을 행사하기 시작하자, 미국은 중국을 견제하기 위해 2010년 '아시아로의 복귀'(Pivot to Asia)를 선언하였다. 그리고 남중국해 분쟁에도 개입하고, 동중국해 분쟁에도 적극 개입하고 있다. 이런 상황에서 미국이 한반도를 포기할 수 있는가? 오히려 북한의 핵

무기를 핑계로 삼아 한반도에서의 영향력을 더 확대하여 중국을 압박하려고 할 것이다. 미군은 당분간은 남한을 떠날 수 없는 것으로 판단된다.

넷째, 미국의 경우 자국의 권위에 대항하는 국가는 반드시 응징하는 기본 원칙을 지키고 있다.

제1차 세계대전에서 미국의 상선이 독일의 잠수함 공격을 받자, 독일에 전쟁 선포를 하였다. 제2차 세계대전에서 일본의 진주만 공격을 당한 뒤에 미드웨이 해전에서 일본 해군을 무력화시켰다. 2001년 9·11테러로 미국 국민이 다치게 되자, 테러와의 전쟁을 시작하여 아프가니스탄과 이라크를 공격하였다.

북한의 핵무기가 무서워 북한과 평화협정을 체결하는 미국은 상상하기 어렵다. 북한이 핵무기를 개발하면서 미국과 대등하게 가려는 시도를 미국이 끝까지 보고만 있을 것으로는 생각되지 않는다.

핵무기에 대한 공포감을 버리자.

첫째, 핵무기를 북한이 가진다면, 우리는 북한이 하자는 대로 해야 하다는 공포감을 버리자.

핵무기는 그 가공할 파괴력으로 인하여 북한이 핵을 가지고 우리를 위협할 경우에는 우리는 끌려 다닐 수밖에 없다는 생각은 틀렸다. 핵무기를 가지고 있으니 우리가 북한이 요구하는 대로 해주어야 한다는 것은, 테러 집단이 위협하면 사람이 다칠 우려가 있으니 모든 조건을 받아주어야 한다는 생각처럼 명백히 틀린 사고이다. 북한이 핵무기를 보유하더라도, 우리가 할 수 있는 것은 받아주지만 일방적인 억지를 부리는 것은 받아주지 않으면 된다. 지금까지의 기존 입장을 유지하면서 나아가면 된다.

둘째, 북한의 핵무기에 대처하는 제일 좋은 방법은 무시하는 것이다.

아무리 핵무기로 우리를 위협해도 그 위협이 협박용이라는 것을 알고 협박을 안 받아들이면, 북한이 무엇을 할 수 있겠는가? 테러리스트의 슬픔은 상대방이 협박에 항복하지 않고 맞서 싸움으로써 테러리스트가 항복해야 하거나 죽게 되는 것이다.

더 중요한 것은 북한이 핵무기로 협박할 상황이 오지 않게 막아야 한다. 북한이 최후의 수단으로 '자폭용'으로 핵을 사용해야 할 정도의 심각한 상황이 오지 않도록, 항상 북한에 최후의 탈출구를 만들어 주는 것이 보다 안전한 길이다.

셋째, 북한이 핵을 보유하면 우리가 끌려다닐 수 있으니, 우리가 핵을 보유하면 끌려가지 않을 것으로 생각하면서 우리도 핵을 가져야 한다고 주장하는 것도 이상한 논리이다.

북한이 핵을 사용한다면 우리도 사용할 수 있다는 전제를 하고 있다. 이런 전제는 최악의 경우 남한과 북한 모두 공멸하는 길을 선택하자는 것과 크게 다르지 않다. 한반도가 핵무기로 핵 오염지역이 된다면 어떻게 할 것인가? 우리의 자손들은 계속 한반도에서 태어나고 살아야 하는데 우리 민족이 계속 살아야 할 땅을 핵무기로 오염시키자는 이야기인가? 이해할 수 없는 사고이다.

제2) 전쟁에 대한 공포감을 버리자.

중국이 미국과 전쟁할 수 있다는 공포를 버리자.

첫째, 중국이 북한을 도와준다면 북한이 무력으로 한반도를 통일할 수도 있다는 사고도 과장된 공포이다. 중국이 미국과 직접 전쟁을 할 수도 있다는 것을 가정하는 것은 터무니없는 사고이다. 중국이 경제발전 등 모든 것을 갑자기 포기하고 남한을 얻기 위해 미국과 전쟁을 할 이유가 없다. 한반도의 안정이 최우선이고, 한반도에서 미국의 영향력이 커지는 것을 막는 것이 중국의 최대 관심 사항일 뿐이다.

둘째, 미국은 중국의 경제발전을 저지시키면서 세계 최강국의 지위를 계속 유지하려고 할 것이다. 중국의 군사력 강화에 대응하여 무력시위도 계속할 것이다. 그렇다고 미국이 중국과 직접 전쟁을 할 수 있을까? 미국과 소련의 냉전시대에도 미국은 소련과 직접적인 전쟁은 하지 않았다. 서로 제3국에서 영향력 확장을 위한 간접적인 전쟁만 하였다.

미국이 중국과 직접적인 전쟁을 한다면, 누가 이기더라도 두 나라는 막대한 피해를 받게 된다. 그렇게 되면 영국이나 러시아, 또는 일본이나 독일이 세계의 최강국으로 다시 부상할 수 있다. 과연 미국과 중국이 둘 다 망하게 되는 전쟁을 하면서, 제3국에게 세계의 최강대국 자리를 내주려고 할까?

일본이 중국과 전쟁을 할 수 있다는 공포를 버리자.

일본은 중국의 위협을 강조하면서 미국과 일본이 중국과 러시아를 상대로 전쟁할 수 있다는 가능성을 전제하면서 군사력을 강화하고 있다. 과연 일본이 중국과 전쟁을 할까?

제2차 세계대전에서 일본이 미국에 패한 뒤, 미국은 '다시는 전쟁을 할 수 없는 나라'로 일본을 만들었다. 즉 평화헌법을 만들면서 무력적인 방법을 사용하지 못하는 불완전한 자주독립국가가 되었다. 미군의 보호 아래 경제적으로는 한때 G2가 되었지만, 안보적으로는 여전히 미군에 의존해야 하는 국가가 된 것이다.

2010년 중국이 G2가 되면서 군사력을 강화하고, 센카쿠열도(중국명 釣魚島)에 대한 분쟁이 생기자, 중국의 군사력 확대 위협을 과장하면서 중국과의 결사항전 의지를 보이고 있다. 필자는 일본이 중국과의 분쟁을 내세워 '평화헌법'을 개정하여, 다시 스스로 전쟁을 선택할 수 있는 정상국가가 되기 위한 것으로 판단된다. 정식으로 군대를 보유하여 더 이상 미국의 눈치를 보지 않고 당당하게 살 수 있는 자주국가가 되기 위하여 중국을 활용하는 것 같다.

제3) 북한에 대한 공포에서 벗어나자

북한의 공격에 완벽하게 대비하지 못하는 현실을 받아들이자. 완벽한 방어는 불가능하다.

첫째, 남한이 북한의 공격을 완벽히 방어하기에는 너무 거리가 가깝고, 휴전선도 길다. 서울은 휴전선에서 50km 이내에 있으며, 휴전선의 길이는 거의 300km이다. 북한의 공격을 완전히 방어하기 위한 우리의 노력은 30년이 지나도 성공하지 못하고 있다. 이제는 완벽한 방어는 불가능하다는 것을 받아들이자.

둘째, 최선을 다해서 기습공격을 사전에 탐지하기 위해 노력을 하는 것도 중요하지만, 기습공격을 두 번은 하지 못하게 하는 대책을 마련하고 준비하는 것이 더 중요하다. 북한의 기습공격을 완벽하게 막을 수는 없어도, 북한이 두 번은 공격하지 못하게 하는 방법을 찾아서 대응하면 된다.

기습공격에 즉시 필요한 최소한도의 대응을 할 수 있는 체제를 구축해야 더 안전하다. 우리가 북한의 소규모 도발에 대한 대응 의지가 확고하다면, 북한도 더 이상 우리의 방어 태세를 확인하는 불필요한 행동을 못 하게 될 것이다.

현재 남한은 북한에 대한 전쟁 억제력을 가지고 있다

세계국가의 군사력 순위는 기준에 따라 달라지지만 대체로 한국의 군사력 순위는 세계 8위 정도로 평가되고 있다. 한국보다 군사력이 강한 나라는 미국, 러시아, 중국, 인도, 프랑스, 일본, 영국이다(최근 일본의 아베 정권이 해군을 급속히 강화하여 영국을 제치고 세계 6위로 부상하고 있다는 관점을 필자는 따르고 있다).

매년 발표되는 남북한 군사력 비교 자료를 보면 군별 병력과 주요 군사무기의 총보유 대수만 형식적으로 비교하고 있다. 동 자료를 아무리 보아도 남북한 전력을 일반인은 전혀 판단할 수 없다. 판단할 수 없는 자료만 제공하면서, 정보를 제공하였다고 말할 수 있는가?

현대전은 무기의 기술력 싸움이다. 현대의 군사 무기는 성능이 중요하지, 보유 대수가 중요한 것은 아니다. 최신 무기일수록 성능이 현저하게 개선되었기 때문에 비용이 고가이다. 성능을 고려하지 않고 보유 대수만 말하는 것은 현대전의 기본 성격을 무시하는 것이다. 북한의 경우 백만 명 규모의 병력과 많은 노후 잠수함을 보유하지만 세계 20위 전후로 평가되고 있다.

화살병 100만 명이 소총수 50만 명을 이길 수 없다.
1960년대의 탱크 3,000대로 1990년대의 탱크 1,000대를 이길 수 없다.
1960년대의 전투기 800대로 1990년대의 전투기 400대를 이길 수 없다.
1960년대의 함정 700척으로 1990년대의 함정 200척을 이길 수 없다.

미군이 철수하여도 북한이 남한을 무력통일할 수 없다.

전쟁은 경제력이 뒷받침되어야 한다. 특히 현대에서의 전쟁은 경제력이 우월한 나라가 이길 수밖에 없다. 남한의 경제력이 북한의 40배가 넘으며, 해마다 그 폭이 커지고 있다. 현재 남한의 국방비 예산 규모가 북한의 전체

예산 규모보다 더 크다. 남한과 북한이 싸운다면 남한이 이길 수밖에 없다.

미군이 남한에 주둔하기 때문에 북한의 기습 도발에 대한 남한의 피해를 최소화할 수 있다. 미국이 없으면 북한이 기습 도발할 경우 남한의 피해가 더 커지는 것이지, 북한이 남한을 이길 수 있는 것은 아니다. 이미 1990년부터는 남한의 군사력과 경제력이 북한을 압도하고 있다. 북한도 이것을 알기 때문에 핵무기를 개발하기 시작한 것이다. 재래식 무기로는 이기기 어려우니 핵무기를 개발하면서 비대칭 전력을 구축하고 있다.

북한의 무력통일시도에 대하여 단호하게 대응하자.

첫째, 북한이 어떤 방법이든 핵무기를 언급한다면, 우리는 북한이 핵무기를 사용할 경우의 위험을 적극적으로 북한에 말해야 한다. 북한이 멸망하지 않고, 강대국에 의해 분할되지 않아야 한민족이 통일할 기회를 잡을 수 있다.

둘째, 남한의 특정 지역에 핵무기를 사용하여 많은 사람들을 죽게 하겠다고 협박하면서 북한이 원하는 것을 얻으려고는 할 때는 무시하면 된다. 실행 불가능한 협박을 실행 가능한 협박으로 착각하면서 우리가 대비해야 하는가?

셋째, 북한이 무력통일을 하기 위해 명백하고 실질적인 협박을 한다면 우리는 단호하게 대응해야 한다.

남한 사람의 생명을 해치겠다고 협박한다면 우리에 대한 선전 포고로 받아들이고, 강경하게 대응해야 한다. 협박에 굴복해서는 안 된다. 우리는 1950년대의 남한이 아니고, 세계 12위의 경제력과 세계 8위의 군사력을 보유하고 있다. 최빈국이 된 북한의 무엇이 무서워서, 남한 국민의 생명을 요구하는 데 우리가 받아주어야 하는가?

<사례> 한중 사드 갈등에 대한 평가

경과

2012년 12월 북한이 장거리 로켓을 발사하고, 2013년 2월 제2차 핵실험을 하자 사드의 한반도 배치가 검토된 것으로 보인다. 2014년 6월 당시 한미연합군사령관이 "사드, 한국 전개 요청했다"라고 밝히자, 중국 측에서 2015년 2월 사드의 한반도 배치에 대한 우려를 표명하였다.

2016년 1월 북한이 제4차 핵실험을 하자, 한국 정부는 사드 배치를 검토할 수 있다고 말했다. 2016년 2월 북한이 장거리 미사일을 발사하자, 사드 배치에 대한 미국과의 공식 협의를 선언하고 개성공단의 가동도 전면 중단하였다. 이후 중국은 사드의 한반도 배치에 강하게 반대하였으나, 2016년 7월 한미는 사드 배치를 공식적으로 발표하였다.

사드 배치 절차가 진행되면서 중국은 계속 한반도 사드 배치는 중국의 중요이익을 침해한다고 반발하면서, 남한에 비공식적 경제 보복을 시작하였다. 2017년 4월 중국이 사드 반대 입장을 다시 밝히자, 한미일 3자 안보회의에서 "사드 배치는 북핵에 대한 방어 조치이므로 중국은 경제 보복을 중단하라"고 맞대응하였다. 2017년 9월에는 사드의 임시 배치가 완료되었다. 사드 배치로 중국과의 관계가 긴장 상태로 급변하게 되었다.

사드 갈등에 대한 몇 가지 생각!

첫째, 안보 딜레마의 전형적인 사례이다.

북한이 장거리 미사일 실험을 하자, 장거리 미사일에 대한 최첨단 방어

체계인 사드(10억 달러 규모로 추정)를 남한에 배치한 것이다. 사드를 배치하는 과정에서 안보에 대한 불안감이 더 커지고 긴장도 더 높아졌다. 안보를 강화할수록 안보가 더 불안해지는 것을 안보 딜레마라고 한다.

둘째, 한반도의 안보를 위하여 필요한 조치였기에 배치되었다고 믿고 있지만, 사드의 배치 필요성에 대한 토의와 결정은 비공개적으로 진행되었다. 안보상의 이유로 밀실 속에서 결정되었고, 결정 후에도 정보를 완전히 공개하지 않기 때문에 많은 국민의 이해가 안 되는 부분이 아직도 남아있다. [예) 사드는 수도권 방어가 아닌 후방 방어용으로 판단된다. 서울이 다 파괴되어도 후방만 지키면 큰 문제는 없는가?]

셋째, 사드의 한반도 배치에 대한 미국과 중국의 시각이 너무나 다르게 나타났다.

미국과 남한은 북핵에 대한 방어 조치라고 판단하여 사드를 배치하였다. 그러나 중국은 한반도에 대한 미국의 중국 견제 조치로 판단하면서, 중국의 중요이익을 침해한다고 강력히 반발하였다.

넷째, 미국과 중국의 입장이 충돌하면서 남한은 중국으로부터 비공식적인 경재제재 조치를 받게 되었다. 고래 싸움에 새우등 터진 것이다. 중국과 가장 가까이 있는 한반도를 미국의 영향력 하에 두려는 것이 미국으로서는 최선의 방법이다. 중국의 경우에도 미중 경쟁이 심화되어도 한반도가 자국의 영향력 아래에 있어야 안전하다고 생각하고 있다. 중소국가인 한국으로서는 미국과 중국의 패권 경쟁에서 자유로울 수 없으나, 적어도 미·중 패권전쟁에서 한국이 큰 영향을 받지 않는 길을 찾아야 편하게 살 수 있다.

2. 자주독립국가가 되기 위한 새로운 선택

(1) 전쟁 개시 결정권

관점 1 미국에 양도

첫째, 전시작전권이 한국에 없으니 한국은 북한에 대한 전쟁 개시를 스스로 결정할 수 없으며, 미국은 자체적인 판단으로 전쟁을 개시할 수 있는 권한이 있다.

둘째, 우리가 반대하여도 미국이 강하게 주장하면 한반도에서 전쟁이 일어날 수 있다.

관점 2 국가의 고유 주권

첫째, 유엔은 모든 나라가 자신의 국토와 국민의 생명을 지키기 위한 개별자위권이나 집단자위권을 인정하고 있다. 한 국가의 생명을 보호하는 것은 모든 국가의 기본적인 의무이고 권리(국가 주권)이다.

둘째, 전시작전권이 우리에게 없다고 전쟁 개시 결정권도 없다고 해석하는 것은 잘못된 것이다.

우리는 국민의 생명을 보호해야 하는 자위권(국가 주권)을 보유하고 있다. 따라서 전시작전권이 없어도 한반도에서의 전쟁 개시권은 우리에게 있다.

평가 전시작전권이 없어도 전쟁 개시 결정권은 우리에게 있다.

첫째, 자주독립국가는 자국 국민의 생명과 재산을 보호하기 위하여 스스로 전쟁과 평화를 선택할 수 있다. 전쟁 개시를 결정하는 권한은 모든 국가의 기본 권리이다.

둘째, 우리는 북한의 핵무기를 강제적으로 제거하기 위한 전쟁을 막을 수 있다. 미국이 무력 사용을 강하게 주장하여도, 우리가 반대하면 한반도에서 전쟁은 일어날 수 없다. 국민의 생명을 보호하기 위하여 전쟁을 선택하지 않는 것도 주권 국가의 기본적인 권리이다.

셋째, 전쟁 개시 결정권이 우리에게 있다고 해도 자주국방능력이 갖추어지지 않으면 집단 안보체제를 통하여 국민의 생명을 지킬 수밖에 없다. 따라서 자주국방능력을 유지하는 것이 자주독립국가의 기본적인 의무이다.

(2) 강대국들에 대한 대응

고래 싸움에 새우등이 터질 것인가? 아니면 고래 싸움에 돌고래처럼 현명하게 대처할 것인가?

관점 1 새우 전략

–장점

첫째, 중소국가인 우리는 강대국의 요구대로 행동하면 된다.

우리가 고민하면서 길을 찾을 필요가 없다. 강대국들끼리 서로 타협하면 그 결정을 따르면 된다.

둘째, 강대국들의 의견이 대립하면 우리가 힘든 선택을 하지 않아도 된다.

한 강대국이 우리에게 선택하라고 말하면, 다른 강대국의 입장을 설명하면서 우리가 스스로 선택할 수 없는 중소국이라고 회피하면 된다. 한 강대국이 강하게 요구하여 어쩔 수 없이 따라야 할 때, 다른 강대국이 비난한다면 우리의 뜻이 아니라고 변명하면 된다.

–단점

첫째, 강대국들의 의견이 계속 대립한다면 계속 눈치 보면서 살아야 한다. 한 강대국이 이길 때까지 이런 상황은 계속 될 수밖에 없다.

둘째, 한 강대국의 선택을 따를 때, 다른 강대국이 보복한다면 고래 싸움에 새우등이 터지게 된다.

셋째, 강대국들이 우리의 의지와 다른 방향으로 합의하여도 그것을 받아들일 수밖에 없다.

관점 2 돌고래 전략

–장점

첫째, 강대국들의 의견이 달라도 우리가 스스로 최선의 방안을 스스로 찾을 수 있다.

둘째, 강대국들의 무리한 요구는 거절하고, 우호적인 요구는 받아들인다.

한 강대국이 자신의 이익을 위해서 우리의 생명을 요구한다면 단호하게 거절할 수 있다. 우리가 생명을 지키기 위하여 경제 희생을 감수해야 한다면 우리가 그 결과를 받아들이면서 살면 된다.

셋째, 특정 강대국과 적이 되지 않는다. 그러나 진정한 친구라면 우리의 결정을 이해해 줄 것이다.

–단점

첫째, 돌고래처럼 행동하기 위해서는 우리가 강대국들을 설득할 수 있는 방안을 찾아야 한다. 설득할 수 있는 논리가 없으면 강대국이 우리의 입장을 검토하지도 않을 것이다.

둘째, 한 강대국이 자신의 입장을 강요할 경우, 우리가 우리의 입장을 유지한다면 보복을 받을 수 있다. 경제적 보복을 받게 된다면 국민 생활이 어려워질 수 있으나, 그것은 견디면서 받아들여야 한다. 경제적인 희생이 싫다고, 국민의 생명을 희생해야 하나?

셋째, 특정 강대국과 완전한 친구가 되기 어렵다. 서로의 관점도 다르고, 이해관계도 다르다.

평가 이제는 돌고래처럼 행동하자!

경제가 사실상 붕괴된 조선 말기의 한반도는 새우처럼 행동하였다. 현재의 한국은 경제규모에서 세계 12위의 국가로 성장하였다. 고래는 아니지만, 돌고래 수준은 된 것이다.

우리가 힘이 없다고 생각하면서 새우처럼 행동한다면, 강대국들의 싸움에서 새우 등만 터지게 된다. 그러나 우리가 힘이 있다고 생각하면 돌고래처럼 현명하게 행동할 수 있다. 돌고래가 고래를 이길 수는 없지만, 고래들끼리 싸워도 돌고래는 자기 몸을 지킬 수 있다.

자주독립국가인 대한민국은 돌고래처럼 행동해야 한다.

첫째, 우리의 생명은 우리가 지켜야 한다. 강대국들의 싸움에서 우리가 희생되는 상황을 막아야 한다.

미국과 중국의 경쟁이 해소되지 않고 군사적 대결까지 간다면 한반도에서 제2의 냉전이 다시 시작될 수 있다. 냉전시대에 미소 대립의 최첨단 지역이 되어 전쟁을 경험했던 한반도가 새로 시작된 미중 경쟁시대에서 또다시 강대국들의 최첨단 대립 지역이 되어서는 안 된다.

둘째, 모든 강대국과 친하게 지내야 한다. 친하게 지낸다고 해서 강대국이 우리에게 말하는 것을 다 들어주어야 하는 것은 아니다. 우리가 받아

줄 수 있는 것은 받아주고, 받아주기 어려운 것은 받아주지 않으면 된다.

셋째, 강대국들끼리 한반도의 운명을 결정한 다음에 우리에게 받아들이라고 한다면 결사적으로 반대해야 한다. 평소에 우리가 우리의 입장을 명백하게 가지고 강대국들과 좋은 관계를 유지하고 있어야, 긴급 상황에서도 강대국들을 설득할 수 있다. 미국이 중국과 우리가 배제된 상태에서 한반도의 운명을 다시 결정하는 결정에 합의한다면, 우리는 그 결과를 다시 또 받아들여야 하는가? 우리가 원하지 않는 방향으로 결정된다면 우리는 받아들일 수 없다. [예) 미국이 중국과 군사적 행동에 의한 핵무기 제거에 합의하면서, 핵무기가 제거된 북한을 양국이 분할하는 것.]

(3) 집단자위권과 개별자위권

한국은 6·25 전쟁 이후 집단자위권만 보유하는 것처럼 보이며, 아직도 전시작전권은 한미연합사령부에 있다. 즉 평시 작전권은 국군이 가지고 있지만, 아직 전시작전권은 미국이 보유하고 있다.

관점 1 집단자위권 유지

첫째, 한국은 아직도 북한의 무력통일 시도를 막을 수 있는 자주국방능력이 없다. 따라서 미국과의 협력을 더욱더 공고히 하여야 한반도의 평화가 유지될 수 있다.

둘째, 한국은 개별자위권이 필요 없다. 안보는 미국에 의존하면서 나아가면서, 우리는 경제에만 집중하면서 가는 것이 최선의 길이다.

셋째, 다소의 문제는 있어도 개별자위권을 확보하려고 하면 미군과의 집단안보체제가 깨질 수 있다. 한국은 미군과 긴밀하게 협조하면서 나아가는 것이 더 좋은 선택이다.

관점 2 집단자위권을 유지하되, 필요한 개별자위권의 확보

첫째, 한국이 집단자위권만 유지할 경우 북한의 소규모 도발에 대한 즉각적인 대응이 어렵다.

연평도 실탄 사격 시 국군은 즉시 취할 수 있는 최소한도의 방어 조치를 취하지 못했다. 미국과 협의하다 보니 전면전으로 확대될 우려가 있어서 즉각적인 대응 조치를 취하지 않았다고 한다. 인명 피해가 발생하였는데도 즉각적인 반격이 없다면 나중에도 다시 비슷한 도발을 시도할 수 있다. 이런 위험성을 막기 위해서 소규모 도발에 대해서 즉시 필요한 최소한도의 대응을 즉시 현장에서 할 수 있어야 한다.

둘째, 북한의 전면적인 도발이 있을 때도 지금의 집단 방위체제로서는 국군이 즉각적으로 필요한 대책을 취할 수 없다.

현대전은 시간 싸움이다. 최대한 신속하게 상대방을 장악하여야 유리하다. 과거처럼 낙동강 전선까지 밀려간다면 다시 반격할 기회를 얻을 확률은 매우 낮다. 만약 서울을 몇 시간 안에 무력화시킨다면 북한이 유리하지만, 하루가 지나도 무력화시키지 못하면 경제력과 군사력이 우월한 남한이 이길 가능성이 매우 높다. 북한도 이것을 알고 있기에 전면전 초창기에 모든 화력을 집중할 것이다. 전시작전권이 미국에 있어서 미군이 결정할 때까지는 최소한 몇 시간은 걸릴 것이다. 이 시간 동안 국군은 기다리고만 있을 것인가? 그 몇 시간 안에 수많은 사람이 죽고 각종 군사 시설이 파괴되어도, 국군은 기다리고만 있을 것인가? 이런 상황에서는 국군이 개별적 자위권을 보유하고 있어야, 즉각적인 대응을 할 수 있다. 이런 사태가 오면 국군은 미리 보유하고 있는 미사일로 즉시 북한의 주요 군사시설에 대한 반격을 시작해야 한다. 장사정포로 공격하면, 발사한 장사정포를 30분 이

내에 무력화시켜야 한다. 생화학 무기를 발사할 수 있는 지역도 30분 이내에 무력화시켜야 큰 피해를 미리 막을 수 있다.

검토의견 최소한도의 개별적 자위권을 확보해야 자주독립국가이다.

만일에 생길 수 있는 북한의 도발에 대하여 국민의 생명을 보호하기 위하여, 국군은 제한된 조건에서는 최소한도의 개별적 자위권을 확보해야 한다. 적어도 다음의 두 가지 상황에서는 국군이 개별적 자위권을 가져야 한다.

1. 소규모 도발에 대한 현장에서 필요한 최소한도의 조치를 즉시 취할 수 있는 개별적 자위권
2. 전면전이 발발하면서 미군이 전쟁 개시를 결정하고 필요한 조치를 시행되기 전까지 국군이 북한의 주요 무기와 군사 시설을 즉시 무력화시키는 개별적 자위권

유엔에서 개별 국가의 개별자위권과 집단자위권을 인정하고 있다.

유엔 헌장 제51조에 의하면 모든 나라가 자신의 국토와 국민의 생명을 지키기 위한 개별자위권이나 집단자위권을 가질 수 있다.

일본의 경우 제2차 세계대전에서 패한 이후 전시작전권은 미군이 보유하고 있다, 이에 일본은 개별자위권을 확보하기 위하여 지난 70년간 끊임없이 노력해 왔으며, 이제는 마지막 단계인 평화헌법을 개정하려고 하고 있다.

우리에게 필요한 개별적 자위권을 확보하기 위하여 미국과 즉시 협의하여야 한다. 미국과의 동맹 관계를 깨려고 하는 것이 아니라. 현재 우리가 취약한 상황에 대처하기 위하여 개별자위권을 확보하기 위한 것이기 때문이다.

(4) 안보 및 국방의 목표

나라를 지키기 위한 군사력을 보유하기 위해서는 '주적', 즉 어떤 나라의 무력도발에 대비하여야 하는 개념으로 '주된 적'을 가정해야 한다. 한국의 주적을 어느 나라로 보느냐에 따라, 방어 전략의 범위와 내용이 달라지게 된다.

안보에 대한 TV 토론을 보고 있으면, 가끔은 토론자들이 주적을 다르게 가정하면서 토론하는 것을 느낀다. 한 명은 북한만을 고려하며 우리의 대응 태세를 말하는 데 다른 사람은 중국까지 고려하여 준비해야 한다고 말하니 대화가 매우 어색하게 이어진다. 의외로 많은 사람들이 무의식적으로 북한은 당연하고 중국이나 러시아까지 고려하여 준비해야 한다고 말하니 제대로 된 토론이 이루어지지 않는다.

관점 1 미국과 중국의 군사적 대립에 대한 대응

우리의 목표는 북한에 대한 대응 능력은 당연히 갖추어야 하고, 아울러 중국과 러시아의 잠재적인 위협에 대해서도 대응할 수 있어야 한다. 그러나 한국의 국방비는 50조원(약 500억 달러 규모)이고 병력은 50만 명 정도이니, 주위의 강대국에 비하여 국방에 대한 준비가 소홀하다고 주장하는 관점이다.

<참고>

주변 국가 중 미국은 병력 140만여 명에 6,000억 달러, 일본은 병력 20만여 명에 5,000억 달러 규모를 국방예산으로 사용하고 있다. 중국은 병력 230만 명에 1,000억 달러, 러시아는 병력 100만여 명에 530억 달러의 국방예산을 사용하는 것으로 추정된다.

관점 2 북한의 무력통일 시도에 대한 대응

우리의 목표는 북한의 무력통일에 대한 대항력을 갖추는 것이다. 북한이 무력으로 공격하여도, 버티면서 오히려 우리가 무력통일을 할 수 있는 국방력을 가지고 있으면 된다.

첫째, 재래식 무기로 북한을 압도할 수 있어야 평화가 유지된다.

우리가 북한을 압도할 수 있는 국방력을 가지고 있어야 북한이 다른 생각을 갖지 못한다. 북한이 핵무기를 보유하여도, 우리도 재래식 무기 대응체제를 유지하고 있으면 만일의 사태에 즉시 대응할 수 있다.

둘째, 북한이 핵무기를 보유하여도 그것을 사용할 명분을 주어서는 안 된다.

어느 국가이든 명분 없이 일방적으로 핵무기를 사용하기는 불가능하니, 북한이 사용할 수 있는 명분을 주지 않는 것이 매우 중요하다. 작은 도발을 일으키면서 점점 큰 도발로 확대하면서 핵무기를 사용할 수 있는 명분을 만들려는 행동에도 매우 적절하게 대처해야 한다. 작은 도발에 대해서는 정확한 응징을 명백하게 해야 한다.

검토의견 국방이나 안보에 대한 대응은 북한만을 염두에 두고 세워야 한다.

첫째, 제1 관점은 아직도 우리 국방의 목표를 미소 냉전시대의 관점으로 보고 있다. 언제든지 미국과 중국이 전쟁할 수 있다는 가정하에서, 우리도 국방력을 그에 맞추어 준비해야 한다고 주장하고 있다.

북한을 막을 수 있으나, 중국이 걱정된다는 식의 견해는 한반도를 남북의 관점에서 푸는 것이 아니라, 우리가 강대국인 것으로 생각하거나 우리가 미국인 것처럼 착각하는 것이다. 강대국인 우리가 잠재적인 중국의 무력도발에도 대응하여야 한다고 주장하고 있는 것처럼 말하고 있으니, 필자는 황당하게 느낄 수밖에 없다. 미중 경쟁시대를 제대로 이해하지 못하고 있다. 미소 냉전시대에서의 소련과 달리 미중 경쟁시대에서 중국은 미국이 만든 하나의 자유경제 체제 경제체제 아래에서 성장하고 있다. 또한 과거의 소련과 달리 중국은 영토확장을 위한 전쟁보다는 경제 협력을 통한 영향력의 확대에 더 큰 중점을 두고 있다.

둘째, 중국이나 러시아를 한국의 가상 적으로 생각하여 군사력을 보유해서는 안 된다.

중국과 러시아는 한국과 정상적인 국교를 맺고 있으며 서로 전쟁하여 상대방을 싸워서 이기려는 의도가 명백하게 보이지 않는다. 우리의 목표는 중국을 이기기 위하거나 러시아를 이기기 위해 군사력을 증대시키는 것이 아니다. 필자는 한국의 안보는 북한만을 가정하면서 최선의 대안을 찾아야 한다고 생각한다.

셋째, 한국의 국방비가 강대국에 비하여 적다고 말하는 것은 맞는 사실이나, 그렇다고 국방비를 늘려야 한다는 것은 이상한 논리이다. 중국을 가상적으로 가정하여 군사력을 키울 필요도 없고, 일본을 가상적으로 생각하여 군사력을 키울 필요도 없다. 우리가 강대국들과 군비 경쟁을 하고 있는가? 우리가 주변의 강대국들과 전쟁을 준비하고 있는가?

북한에 대한 대응 능력을 갖추어 한반도의 평화를 유지하는 것이 목표이지, 강대국들의 군사 게임에 우리가 한 일원이 되는 것이 우리의 목표가 될 수 없다.

3. 자주독립국가로서 새로운 행동

(1) 한반도에서의 전쟁 방지와 평화 유지가 우선적인 목표이다

제1) 전쟁 방지와 평화유지(원칙)

–전쟁이 일어나지 않고 살아야 한민족이 행복하다.

2000년대에 한반도의 긴장이 다시 높아지고 있다. 냉전시대의 종식으로 미국에 의한 세계화가 진행되면서 한국은 평화를 누렸으나 최초 중국의 부상에 따른 미국의 견제가 2010년 이후 본격적으로 시작된 이후 한반도에서 긴장이 높아지고 있다. 북핵 사태로 한반도가 불안해지고 긴장상태가 높아질수록 전쟁 발생 가능성은 커진다. 한반도에서 긴장이 높아지고 있는 현재 우리는 한반도에서 다시 전쟁이 일어나는 것을 막아야 한다.

한국전쟁으로 이산가족이 천만 명이 생겼고 남북한의 사상자가 3백만 명이 넘는 것으로 추산하고 있다. 사회 기반 시설도 다 파괴되어서 국토는 거의 황무지가 되어서, 남한과 북한은 전쟁이 끝난 뒤 경제 재건에 모든 힘을 쏟아야만 했다. 이런 슬픈 기억을 가진 우리는 다시는 한반도에서 전쟁이 일어나는 것을 묵인해서는 안 된다. 다시 전쟁이 한반도에서 일어난다면 우리는 또다시 모든 것을 잃게 된다.

–통일이 되기 전까지 한반도에서 평화가 유지되어야 한다.

냉전시대의 종식으로 미국에 의한 세계화가 진행되면서 한국은 평화를 누렸으나, 북한이 핵개발을 계속 강행하고 있어 한반도에서 긴장이 지속되고 있다. 북핵 문제가 해결되지 않아 한반도의 긴장이 높아지고 있는 지금, 우리는 한반도에서 다시 전쟁이 일어나지 않도록 매우 주의해야 한다.

첫째, 남북관계가 불안하고 당장 길이 보이지 않는다고, 무력적인 방법으로 모든 문제를 해결하려 해서는 안 된다. 무력에 의한 해결 방안은 또 다른 새로운 문제만 불러올 뿐이라는 것을 세계 역사 속에서 다시 한번 느껴야 한다. 현재의 불안감은 해결될지 모르지만, 새로운 불안을 부르는 문제가 발생한다는 얘기이다.

둘째, 강대국끼리 전쟁을 선택하더라도, 우리는 한반도에서 전쟁이 일어나는 것은 막아야 한다. 중국의 부상에 따라 2010년 이후 미국과 중국의 패권 전쟁이 본격적으로 시작되었고, 일본도 군사의 재무장을 빠른 속도로 추진하고 있다. 북핵에 대한 해결책이 보이지 않아 한반도에서 긴장이 높아지고 있다. 어떠한 이유이든 한반도에서 전쟁이 일어난다면 최대의 피해국은 한국이다. 우리의 생명과 재산을 지키기 위해 한반도에서 강대국들의 대리전쟁이 일어나지 않도록 모든 방법을 찾아야 할 것이다. 강대국들은 자국의 이익에 입각하여 패권 전쟁을 결심하여도, 우리는 한반도에서의 전쟁을 반대하고 평화를 유지하여야 한다. 우리가 끝까지 한반도에서의 전쟁을 반대한다면, 한반도에서는 전쟁이 일어나지 못한다.

셋째, 한반도에서 긴장이 지속될수록, 강대국들은 자국의 이익을 위하여 결과적으로 긴장감만 더 높이는 새로운 조치를 우리에게 요구할 수 있다. 우리는 한반도에서 평화를 유지시키는 조치는 적극적으로 환영하지만, 긴장을 더 높이는 조치에 대해서는 반대해야 한다. 한반도에서의 안보를 위해 필요한 조치이더라도 결과적으로 긴장만 더 높이는 새로운 조치의 도입에는 반대해야 한다.

제2) 전쟁을 해야 할 때(예외)

전쟁을 해야 할 때는 매우 슬픈 상황이다.

첫째, 북한이 다시 남한에 대한 무력통일을 시도한다면 우리는 우리의 힘으로 무력통일을 해야 한다. 가능하면 그런 상황이 오지 않도록 북한과 대화를 유지하면서, 우리의 방어 태세와 우리의 '전쟁반대, 평화유지'에 대한 의지를 계속 말해 주어야 한다.

새로운 북한의 무력통일 시도를 막기 위해 외세의 힘을 사용한다면, 과거와 같은 국제적인 전쟁으로 확대될 수 있으니 매우 주의해야 한다. 한반도에서 다시 국제적인 전쟁이 일어난다면 한민족과 한반도의 피해만 커지게 된다.

둘째, 만약 북한이 일방적으로 핵무기를 사용하여 국민이 다칠 수 있는 상황이 온다면 우리는 결사적으로 나아가야 한다. 즉 북한이 핵무기를 사용하려고 하면 우리는 무력통일을 선택하여야 한다. 주변 강대국이 반대하더라도 우리의 생명을 보호하기 위해 나아가야 한다. 외국이 도와주겠다고 말을 해도 그 제안을 거절하고 우리의 힘으로 통일해야 한다.

북한이 핵무기를 사용하려 한다면 우리가 즉시 행동하여 빠른 시일 내에 무력통일을 해야 더 큰 희생을 막을 수 있다. 우리의 생명을 지키기 위해, 희생될 사람들을 구하기 위해 북으로 나아가서 응징을 해야 한다. 이런 상황 이외에는 평화를 지키고, 평화통일의 길로 나아가야 한다.

셋째, 우리의 이런 의지를 국내외에 선언하고, 강대국들도 우리의 의지를 이해하고 있어야 한다. 그래야 그 상황이 올 때 신속히 대처할 수 있다.

한반도의 주인은 우리이다. 이제는 한반도에서의 전쟁과 평화도 우리가 결정한다. 우리가 생각하여 전쟁이 불가피하다고 판단될 경우에는 외국이 반대하여도 우리의 뜻을 관철해야 한다. 그래야 제대로 된 자주독립국가이다.

(2) 한민족의 번영과 발전을 위해 한반도는 하나가 되어야 한다.

-세계에서 유일하게 분단되어 있는 한반도는 섬나라에서 반도국가로 돌아가야 한다

첫째, 전 세계에서 유일한 분단국인 한국은 다시 통일국가가 되어야 한다.

제2차 세계대전 이후 세 나라가 분단되었다. 독일의 경우, 1945년 동서로 분단된 이후 1989년 베를린 장벽이 무너지면서 다시 통일국가가 되었다. 서독의 경제력을 바탕으로 동독을 평화적으로 통합한 위대한 민족이다. 베트남의 경우, 100년간의 프랑스 지배를 받다가 2차 세계대전종료 이후 통일을 눈앞에 두었으나, 다시 미국과 소련에 의해 18°선으로 국토가 남북으로 분단되었다. 베트남은 독일과 달리 무력으로 통일을 추진하였으며 미군의 월남철수 이후인 1975년도에 남북통일을 이룩하였다. 베트남은 이처럼 30년간의 독립전쟁을 통하여 통일을 완성한 강인한 민족이다

한국은 역사상 천년 이상을 반도국가로서 단일국가를 유지하였다. 제2차 세계대전이 끝나면서 우리의 의지와 상관없이 한반도는 미국과 소련에 의해 남북으로 분단되면서, 육로로 북한으로 갈 수가 없는 사실상의 섬나라가 되었다. 한반도가 남과 북으로 나누어진 뒤, 남한과 북한은 서로 다른 강대국에 의존하면서 살아가면서 민족의 동질성이 많이 훼손되었다. 이제는 반도국가로 돌아가야 한다. 전 세계에서 유일하게 분단된 한반도는

통일되어야 한다. 남북이 평화적으로 통일되는 것이 조상들에 대한 우리의 소명이고, 미래의 자손들에 대한 현재 우리의 책임이다.

–한민족이 모두 다 잘살아야 한민족이 발전한다.

강대국 옆에서도 한민족은 단일 민족으로 몇 천 년을 한 나라의 국가로 살아왔다. 우리 글자인 한글이 있고, 우리의 독창적인 문화를 창조하면서 살아온 자랑스러운 민족이다.

남한 주민은 잘살고 북한주민이 계속 못 사는 한반도는 불완전한 한반도이다. 남한 주민도 잘살고 북한주민도 잘살아야 한민족의 번영과 발전이 되는 것이다. 한반도가 평화통일이 되기 위해서는 먼저 남과 북이 어떤 나라로 통일을 해야 하는지와 그 절차에 대한 협의가 시작되어야 한다. 남과 북이 합의가 이루어진 뒤에는 주변의 강대국들을 다 설득해야 한다. 어느 한 강대국이 강하게 반대한다면 한반도의 평화통일은 이루어지기 어려운 게 현실이다. 독일은 통일 과정에서 중요 이해 당사국들과 대화와 협상을 통하여 평화통일을 이룩하였다.

(3) 자주독립국가로서 주위의 강대국 들과 친하게 지내야 한다.

–주위의 강대국 들과 친하게 지내야 한다.

첫째, 중소국가인 우리는 주위의 강대국들과 우호적으로 지내야 한다.

강대국에 인접한 나라들의 경험에서 보았듯이, 중소국은 국가의 정책 방향을 잘 선택해야 한다. 현실을 무시한 헛된 희망이나 대의명분을 쫓아가지 말고, 국민의 생명과 민족의 발전을 최우선 가치로 삼아야 한다. 주변 강대국들과 우호적으로 지내는 것이 가장 좋은 대안이다. 한반도의 평화와 한민족의 생명을 보호하기 위하여 우리가 강대국을 설득하면서 나아가야 한다.

둘째, 우리의 현실을 받아들이고, 우리가 강대국과 지내는 법을 알자.

강대국은 자신의 정책 방향을 자국의 입장에서 그 나라 국민이 정하고 있다. 우리가 어느 강대국의 생각을 쉽게 바꿀 수 있다고 생각한다면 엄청난 착각이다. 그들은 자국의 이익을 위하여 행동하고 있을 뿐이다. 강대국이 우리의 상황과 처지를 너무 이해하지 않는다고 불평하지 말자.

반대로 생각해 보자. 중소국가는 어느 한 강대국의 이익을 무시해도 되는가? 중소국은 힘이 없으니, 강대국이 자신의 이익을 희생하면서 중소국을 도와주어야 하는가?

–특정 강대국을 선택하지 말고, 모든 강대국들을 설득하는 길을 찾아야 한다.

첫째, 특정 강대국을 선택하지 말자.

주변 강대국들의 경쟁에서 한반도가 하나의 나라를 선택하면서 다른 나라와 적이 되었을 때 항상 힘들었다. 강대국들은 자신의 명분과 이익을 우선시하면서 한반도를 바라보고 있으며, 우리는 한민족의 이익을 위한 최선의 선택을 해야 한다. 어느 한 강대국의 이익을 선택하다 보면, 적이 된 강대국과는 힘들게 지낼 수밖에 없는 것이 우리의 현실이다.

둘째, 북핵에 대하여 미국과 중국의 대응 방법이 다르고, 미국과 중국이 한반도에서의 영향력을 더 크게 하기 위한 경쟁이 시작된 지 오래되었다. 지금부터 우리가 강대국들의 고민을 이해하고, 그 고민을 해결할 수 있는 길을 찾아야 주변 강대국에게 우리의 입장을 말하면서 설득할 수 있다. 강대국들이 한반도에 대해 가지고 있는 그들의 고민을 풀어줄 수 있는 대안을 찾아야 한다.

강대국들은 어떤 경우에 우리의 입장을 받아 줄 수 있는가?

북핵 문제를 해결하는데 우리의 역할은 무엇인가?

북한이 미국과 협상하면 되는가? 북한이 우리와 협의하게 하려면 어떻게 해야 하는가?

한반도의 안정을 원하는 중국에 우리는 무엇을 어떻게 제안하면 되는가?

우리가 어떤 제안을 하게 되면 중국과 미국이 다 우리의 의견을 들으려고 할 것인가?

–한국은 친미, 친중으로 나가야 한다.

중국과 미국의 경쟁이 심해지면 질수록 한국은 정치 경제적으로 힘들게 된다. 중소국가인 한국으로서 미국과 중국의 갈등이 아무리 심화되어도 두 나라와 친하게 지내면서 같이 가는 것이 현재로써는 최선의 길이다.

만약 한국이 중국과 적이 되어, 미국과만 같이 간다면?

한국은 현재 무역의 25% 이상을 중국에 의존하고 있으며, 중국에서의 가공 과정을 거쳐 전 세계에 수출하는 체제를 구축하고 있다. 따라서 중국과 적이 된다면 수출의 50%가 타격을 받을 수 있다. 이런 상황이 온다면 제2의 IMF사태가 발생하면서 한국은 미국의 처분대로 행동하여야 할 것이다.

5년 정도 지나면 경제가 다시 안정화될 것이나, 중국시장의 상실에 따른 무역 규모의 축소로 1인당 국민소득은 현재의 3만 달러 수준에서 1만5천 달러~2만 달러의 수준으로 유지될 것으로 보인다. 또한 한반도에서의 긴장이 높아 지면서, 중국과 북한의 위협에 대비하기 위한 국방비 부담이 급격히 높아질 것이다.

만약 한국이 미국과 적이 되어, 중국과만 같이 간다면?

한국은 현재 무역의 15% 이상을 미국에 의존하고 있으나, 금융과 환율 등 모든 경제시스템이 미국과 연결되어 있다. 따라서 미국과 적이 된다면 미국의 수출 의존도가 큰 거의 모든 산업은 거의 다 붕괴되고, 국제 자본의 철수에 따라 국가 경제가 실질적으로 붕괴될 것으로 보인다. 이런 상황이 온다면 제2의 IMF사태가 발생하면서 한국은 중국의 처분대로 행동하여야 할 것이다.

5년 정도 지나서 경제가 안정된다고 하여도 1인당 국민소득은 현재의 3만 달러 수준에서 1만 달러 수준으로 후퇴할 것으로 보인다. 더 큰 문제는 북한과 어떤 관계를 형성해야 하는지 새로운 고민을 시작해야 한다는 점이다.

한국은 미국과도 친구가 되어야 하고, 중국과도 친구가 되어야 하는 게 최선의 길이다.

첫째, 한국은 해방 이후 미국과 같이 발전해 왔다.

전쟁 후 1인당 국민소득이 800달러의 수준인 최빈국에서 경제발전을 성공적으로 이룩하여 이제는 1인당 국민소득이 3만 달러인 선진국 수준으로 발전하였다. 민주화도 이룩하여 지방자치제도 실시하고 있다. IMF사태 이후에 한국의 경제 사회 시스템도 미국식으로 구축되었다. 향후에도 미국과는 계속 같이 가야 한다.

둘째, 공산권 몰락 이후 한국은 중국과 교류하면서 같이 발전하고 있다.

이제는 중국이 한국의 최대 수출 시장이 되었다. 교역을 시작한 지 20년 만에 대중국 수출이 미국과 일본 수출액보다 더 많아졌다. 미국과 유럽의 금융위기 때에도 한국은 중국시장 때문에 견딜 수 있었다.

중국과 관계가 개선된 이후 북한과도 더 안정적으로 지낼 수 있게 되었다. 북한이 핵무기를 개발하면서 미국과 첨예하게 대립될 때에도, 중국이 6자 회담을 주도하면서 제2차 핵위기가 지나가게 되었다. 한반도의 평화유지와 통일을 위해서 중국과의 협력은 계속 강화되어야 한다고 생각한다.

셋째, 향후에도 우리는 미국과도 친하게 지내고, 중국과도 친하게 지내면서 나가야 한다.

한반도가 남한과 북한으로 나누어진 상태에서는 우리가 중국과 친하게 지내고 있어야 한반도의 평화와 안정을 기대할 수 있다. 아직도 북한은 중국과 더 친하게 지내고 있고, 중국도 북한 지역의 안정을 중국의 핵심 이익 중의 하나로 보고 있기 때문이다.

한반도가 평화통일이 되기 위하여 미국과도 중국과도 친하게 지내야 한다. 주변국이 반대한다면 한반도의 평화통일은 현실적으로 불가능하다. 서독의 경우 미국, 소련, 영국, 프랑스와의 대화와 협상을 통하여 동서통일을 이룩하였다.

제2부 평화로운 한반도 남북국시대

1. 평화로운 한반도를 만들기 위한 각성(깨달음)

전쟁이 일어나지 않아야, 한반도가 계속 발전할 수 있다.

북한이 있어야 평화 공존할 수 있다.

같은 민족이 평화롭게 지내야 한민족이 발전한다.

남북한의 신뢰가 회복되어야 같은 민족끼리 평화통일의 길을 찾을 수 있다.

(1) 북한의 무력통일 의지를 막으면서 한반도의 평화를 유지해야 한다.

제1) 소규모 도발에 대한 즉각적인 대응을 하자.

–평화통일이 되기 전까지는 평화를 유지해야 한다.

첫째, 중국을 가상적으로 생각하여 군사력을 키울 필요도 없고, 일본을 가상적으로 생각하여 군사력을 키울 필요도 없다. 우리의 목표는 북한의 무력통일에 대한 대항력을 갖추는 것이다. 북한이 무력으로 공격하여도, 버티면서 오히려 우리가 무력통일을 할 수 있는 국방력을 이미 보유하고 있다고 필자는 생각한다.

둘째, 북한의 모든 공격을 사전에 차단하는 것은 목표가 될 수 없다. 공격하겠다고 생각하면 상대방은 빈틈을 노려서 하기 때문에, 모든 상황의 공격을 다 막을 수도 없으며, 막을 필요도 없다. 북한과 50km도 안 떨어져 있고 300km의 국경을 마주하고 있어서 완벽한 방어는 불가능하다는 사실을 받아들이자.

셋째, 북한의 도발에 대한 자주국방능력을 계속 갖추고 있어야, 북한이 우리를 쉽게 보지 못한다. 남북이 분단되어 있는 한, 북한에 대한 억제력을 계속 유지해야 우리를 스스로 지킬 수 있다.

북한의 소규모 도발행위에 대하여 적절하게 대처하자.

한반도의 긴장이 완화되어도 소규모 도발은 생길 수 있다. 소규모 도발에 제대로 대처하지 못한다면 더 큰 도발이 생길 수 있으므로 강력하게 대처해야 한다.

첫째, 북한의 도발에 대해서는 사전에 감시하고 대응할 수 있는 체제를 구축하고 있는 것은 중요하다. 어떤 도발에 대해서도 즉각적으로 대처할 수 있는 의지와 능력을 항상 보유하고 있어야 한다. 그래야 북한이 우리를 쉽게 보지 못하고, 작은 도발도 쉬 일으키지 못한다.

둘째, 소규모 도발에 즉시 대응하라.

과거의 연평도 포격 사태와 같이 주변국을 의식하면서 시간을 끌면서 소극적으로 대처하면, 북핵 때문에 우리의 대응의지가 약해진 것으로 북한이 판단할 수 있다. 우리의 대응 의지가 명백하다는 것을 북한이 느껴야 소규모 도발을 자제하게 된다. 북한의 작은 도발에 대해서는 우리가 자체적으로 즉각 응징할 수 있는 권한과 능력을 보유하고 있어야 한다. 그리고 즉각 현장에서 대응해야 우리의 의지가 확고하다는 것을 그들이 알 수 있다.

셋째, 필요한 최소한도의 조치로 즉각 대응하라.

작은 도발에 대한 단호한 의지를 즉각 밝혀야 한다. 필요한 최소한의 조치만 취하라. 작은 도발에는 그런 도발을 다시 하지 않을 정도의 반격을 해야 한다. 만약 확대하여 반격한다면, 전면전으로 확산될 수도 있으니 주의해야 한다.

작은 도발로 생긴 피해의 2~5배 정도의 규모로 현장에서 즉각적인 응징을 해야 우리의 확고한 의지가 드러난다. 다른 나라에 의견을 묻고 승인을 받은 뒤 실행한다면 자주독립국가라고 볼 수 없다.

넷째, 공격해 올지 모른다는 공포로 선제공격은 하지 마라.

선제공격을 한다면 먼저 도발하는 것이다. 현실적으로 명백히 공격할 것이라고 미리 판단하기는 매우 어렵다. 북한과 대화가 없는 상태에서 그들의 행동만 보고 공포심을 느끼면서 공격한다면 정당한 방어 조치로 인정받기 어렵다. 모든 것이 명백하게 보일 경우에만 행동해야 한다.

북한이 공격해 오면 국민은 큰 피해를 받을 수 있으니, 먼저 공격해야 한다고 주장한 것은 우리가 공포심을 이기지 못하고 먼저 전쟁을 시작하자는 것이다. 우리는 지난 50여 년을 긴장 속에서 잘 견디어 내면서 평화를 유지하고 있다.

-한반도에서 전쟁의 발발을 막기 위해 명심해야 할 몇 가지 사항들

첫째, 한반도에서 전쟁이 일어나면, 미국과 중국이 자동으로 개입되는 국제전이 된다.

한반도에서 남한과 북한만의 전쟁은 불가능하고, 전쟁이 일어난다면 미국과 중국이 개입되는 국제전으로 발전할 수밖에 없는 것이 현재 상황이다.

둘째, 미국과 중국이 서로 전면전을 선택한다면 한반도에서 우선적으로 전쟁이 일어날 수 있다. 따라서 한반도에서 전쟁이 일어나지 않게 하기 위해서는 미국과 중국이 한반도에서 극한적으로 대립하는 상태로 가지 않게 하는 우리의 노력이 절실하다.

셋째, 북한의 핵무기 및 관련 시설에 대한 미국의 선제적 공격도 중국의 묵인이 있어야 가능한 것으로 판단된다. 핵시설만 제거하는 선제공격인지, 아니면 북한을 미국의 영향력 지역으로 만들려고 하는지 어떻게 알 수 있는가? 북핵시설에 대한 타격을 전쟁 행위로 간주하고 선전 포고를 한다면, 한반도에서 다시 전쟁이 일어나게 된다.

제2) **핵무기에 대하여 적절한 대응을 하자**

북한에게 핵무기 개발 및 보유의 한계를 제대로 이해시키자.

첫째, 핵무기 개발을 지속하면 할수록 유엔에 의한 경제 제재의 강화로 북한은 국제적으로 고립화되면서 경제적인 빈곤만 더 심해진다.

둘째, 핵무기를 보유하여도 현재의 강대국들은 핵위협에 굴복하지 않는다. 핵무기로 위협해도 핵무기가 무서워서 미군을 남한에서 철수하지 않을 것이다. 북한이 자신들의 주장을 미국이 받아들이지 않는다고 미국에 피해를 줄 수 있다고 협박할수록 미국은 북한에 더 강한 압박을 할 것이다. 핵무기를 위협 수단으로 사용하여 협상하려는 것은 오히려 군사적 공격만 불러올 수 있다.

셋째, 현재의 국제질서상 어느 나라도 핵무기는 사실상 사용할 수 없는 무기이다. 제2차 세계대전 이후 핵보유국들은 전쟁을 수행할 때에도 핵무기를 사용하지 않았다. 따라서 핵무기를 사용하는 것은 현재의 국제질서를 근본적으로 위반하는 것이다. 핵무기를 사용한다고 판단되면 모든 강대국들이 힘을 합쳐서 먼저 북한의 핵 시설을 파괴할 것이고, 핵을 사용하려고 한 정권도 붕괴시킬 것이다.

넷째, 한반도에서 미군이 철수한다고 해서 북한이 남한을 무력으로 통일할 수 없다. 우리는 1990년대 이후부터 북한을 압도할 수준의 경제력과 군사력을 유지하고 있으며, 세계 8위의 군사력을 보유하고 있다. 북한을 능가한 지 오래되었으며, 이제는 남과 북이 무력대결을 한다면 남한이 이긴다.

핵무기에 대한 잘못된 대응을 하지 말자

첫째, 북한이 핵무기를 보유하였다고, 우리도 보유해야 한다는 주장은 틀렸다.

현재의 국제질서에서는 우리가 핵무기를 개발할 수 없다. 그래도 우리가 개발을 고집한다면 지금까지 북한이 했던 전철을 밟게 된다. 북한에 대한 전쟁 억제력을 보유하고 있는 우리가 핵무기를 개발할 이유는 없다고 판단된다.

둘째, 북한이 핵무기를 보유하였으니, 한반도에 미군의 전술핵무기를 다시 배치해야 한다고 주장하는 것도 틀렸다. 한반도에서 핵전쟁을 준비하려고 하는가?

한반도의 비핵화를 위하여 1990년대에 철수한 미군의 전술핵무기가 다시 한반도에 배치된다면 긴장만 높아질 것이다. 한반도에 전술핵무기가 재배치되는 것은 한반도의 평화를 보장하는 것이 아니라 국제적인 긴장만 더 높아지게 되는 안보 딜레마를 가져올 것이다.

셋째, 북한이 핵무기를 보유하여도 그것을 사용할 명분을 주지 않으면 된다.

어느 국가든지 명분 없이 일방적으로 핵무기를 사용하기는 불가능하니, 북한에 핵무기를 사용할 명분을 주지 않으면 된다. 북한이 핵무기를 가지고 있다고 그것을 제거하러 가는 것은 자칫 잘못하면 오히려 방어적으로 사용할 수밖에 없었다는 명분을 줄 우려가 있으니, 매우 조심해야 한다. 작은 도발을 일으키면서 핵무기를 사용할 수 있는 명분을 만들려는 행동에도 매우 적절하게 대처해야 한다.

만약 북한이 핵무기로 우리를 위협한다면, 우리는 단호한 의지를 확실하게 보여 주어야 한다.

첫째, 북한이 핵무기로 우리 국민의 생명을 위협하여도 그 위협을 무시하면 된다.

핵무기를 빗대면서 우리에게 받아들일 수 없는 요구를 한다면, 그 요구를 거절하면 된다. 사용하지도 못할 무기로 위협하는데 우리가 무서워하면서 말도 안 되는 요구를 받아주어야 하는가? 단순한 협박에 굴복해야 하는가?

둘째, 핵무기를 사용할 의도를 명백하게 보이면 우리는 결사적으로 나아가야 한다.

우리의 생명을 지키기 위하여, 앞으로 희생될 사람들을 보호하기 위하여 북으로 나아가서 응징해야 한다. 테러리스트의 위협에 대처하는 제일 좋은 방법은 그 위협에 굴복하지 않고 응징하는 것이다. 세계 8위의 군사 강국인 우리가 세계 20위의 군사력을 가진 북한을 두려워해야 하는가?

셋째, 북한이 핵무기를 사용한다면 우리는 무력통일을 선택하여야 한다.

북한이 강대국들에 의하여 제압당하고 분할 통치되는 것은 한민족의 반을 잃는 것이다. 강대국들이 행동하기 전에, 한민족의 번영을 위하여 우리가 북한을 무력통일하여야 한다. 주변 강대국이 반대하더라도 한민족의 생존과 발전을 위하여 나아가야 한다.

(2) 남북대화와 협력 유지 및 한미합동군사훈련 중단

제1) **북한이 비핵화를 하기 전에도 남북한이 대화와 협력을 계속 유지해야 한다.**

한반도가 비핵화되었다는 것을 어떤 기준으로 판단할 수 있는가?

첫째, 핵무기를 보유하지 않겠다는 선언이나 합의만으로는 충분하지 않다.

과거에도 북한은 두 차례나 약속을 위반하였기에 말로만 선언하는 것을 한반도 비핵화의 판단 기준으로 삼을 수는 없다. 비핵화에 대한 구체적 행동이 있어야 받아들일 수 있다.

둘째, '완전하고 검증 가능하며 돌이킬 수 없는 폐기'(CVID) 기준은 매우 모호한 기준이다.

미국은 북핵 사태 해결 원칙으로 CVID를 제시하였으며, 이에 대해 북한은 전쟁 패전국에 사용할 만한 용어라며 강력 반발해 왔다(CVID

는 'Complete, Verifiable, Irreversible, Dismantlement'의 약자이다).

좁게 해석하면 핵무기에 대한 개발 활동 및 보유를 하기 위한 설비(하드웨어)로 한정할 수 있지만, 넓게 해석하면 사람을 포함한 소프트웨어까지 포함될 수 있다. 따라서 어느 관점을 따르느냐에 따라 비핵화에 대한 판단이 달라질 수밖에 없다. 실질적으로 핵무기를 개발하거나 보유하는 활동이 없어지면 비핵화가 달성되었다고 주장할 수 있다. 이런 '실질적인 관점'을 따를 경우 개발 및 보유에 필요한 시설과 보유 핵무기를 폐기하면 비핵화가 달성된 것으로 볼 수 있다. 최종적인 판단은 IAEA가 현장을 실사한 뒤 비핵화에 대한 결론을 내리게 된다. 그렇지만 '잠재적인' 핵무기 개발 및 보유까지 할 수 없어야 비핵화가 달성된 것이라는 관점을 가진다면 전혀 다른 문제가 생긴다. 비핵화의 기준을 넓게 해석하면, 북한이 어떤 조치를 해도 비핵화에 대한 최종적인 판단을 내릴 수 없는 것이 현실이다.

셋째, 결국 북한의 비핵화에 대한 판단 기준은 미국과 북한이 협상하여 합의한 기준으로 판단해야 한다.

1992년 1월에 남과 북이 합의하여 발표한 '한반도 비핵화 공동선언'은 이제는 효력이 없는 것으로 판단된다. 미국주도의 1994년 북미 제네바 합의도, 2006년의 6자 회담 합의도 이제는 더 이상 효력이 없다. 이제는 미국과 북한의 협상 결과에 따른 새로운 합의를 기준으로 비핵화 기준을 판단할 수밖에 없다.

2019년 2월 제2차 북미정상회담에서 북한의 유엔 경제 제재 완화 요구에 대하여, 미국은 북한이 보유하고 있는 핵무기, 중장거리 미사일 그리고 생화학 무기의 우선적인 포기를 주장하였다. 미국이 주장하는 비핵화의 범위가 다소 확대된 것으로 보인다.

북한과 대화를 계속해야 평화가 안정적으로 유지될 수 있다.

첫째, 남북이 분단되어 있는 한 우리는 안보에 대한 불안감을 완전히 지울 수 없다. 북한을 적으로만 생각하여 대화는 하지 않으면서 불가능한 완벽한 방어만 생각하는 행태는 이제 버리자. 불안감을 완화하는 제일 좋은 방법은 북한이 스스로 그런 돌발적인 행동을 할 수 없게 만드는 것이다.

무력통일에 대한 북한의 시도에 대해서는 우리의 힘으로 막을 수 있으며 막을 것이라는 의지를 북한이 명확하게 알아야, 북한의 지도부가 오판하지 않는다. 남한과 북한의 무력대결은 한민족의 멸망이라는 것에 대한 상호 공감대가 형성되어 있어야 한반도의 평화가 유지될 수 있다.

둘째, 북한과의 대화를 통하여 우리의 의지를 명확하게 알려줘야 한다. 우리가 북한의 군사력을 압도할 수 있는 군사력을 유지하고 있으면 평화는 유지할 수 있다. 한두 번의 기습은 성공할 수 있어도, 기습에 따른 강한 반격이 예상된다면 북한이 쉽게 기습할 생각을 하지 못하게 된다.

북한의 지도부가 잘못 판단하지 못하도록 하기 위해서는 남북한의 원활한 대화가 계속 유지되어야 한다. 북한과 대화하면서 평화유지에 대한 우리의 강한 의지를 말하고, 북한도 우리의 방어 능력을 알게 되면서 불필요한 공격을 하지 못하게 만드는 것이 매우 중요하다. 만나서 직접 이야기해야 우리의 의지를 명확하게 알릴 수 있고, 북한의 의지도 제대로 확인할 수 있다. 서로 직접 대화하고 있어야 국제 정세가 변하여 새로운 환경에 따라 갈등이 생겨도 불필요한 오해는 생기지 않는다.

셋째, 북한과 대화하고 있어야 북한주민이 우리를 더 잘 이해하게 된다.

남북한 교류가 되어야 북한주민이 우리를 보고 관찰할 기회를 갖게 된다. 남북한 교류가 없으면 북한주민은 북한정부의 일방적인 선전대로 남한을 생각할 수밖에 없다. 같은 한민족으로서 북한주민에게 희망과 기회를 주겠다는 우리의 의지를 북한주민이 알게 해주어야 한다.

제2) 한미합동군사훈련은 우리가 스스로 중단하자.

2018년의 남북정상회담을 통하여 남북관계가 대결 구도에서 새로운 평화공존으로 방향이 바뀌었다. 또한 북핵 문제의 타결을 위하여 미국과 북한이 대화를 다시 하면서 한미합동군사훈련도 중단되고 있다.

2019년 제2차 북미정상회담 시 미국의 트럼프 대통령은 경제적 이유를 거론하면서 당분간 한미합동군사훈련을 중단하겠다는 의사를 표시하였다. 이것은 북한의 김정은 위원장이 당분간 핵 및 미사일 시험을 하지 않겠다는 의사에 대한 화답으로 판단된다.

<참고> 한미합동군사훈련의 연혁

팀스피리트 훈련 이후 다시 시작된 한미연합훈련은 명칭을 바꾸어 실시하였다. 2002년에 야외기동훈련과 지휘소 훈련을 통합하였으며, 2008년부터 연습 명칭을 키리졸브, 독수리훈련으로 바꾸어 현재까지 이 명칭을 사용하고 있다. 북한의 본격적인 핵무기 개발에 대응하기 위하여 2016년부터 한미공군 전투훈련인 맥스선더 훈련이 강화되었다.

*** 주요 한미군사훈련**

1. 지휘소 훈련인 키리졸브 훈련(3월 2주간)과 야외기동훈련인 독수리 훈련(3월 약 두 달간)
2. 을지프리덤가디언 훈련(8월 약 2주간)
3. 맥스선더 훈련(8월 2주간)과 비질런트 에이스 훈련(가을 2주간)

북한은 한미합동군사훈련이 북한을 무력 침공하기 위한 것이라고 비난하였고, 한미는 북한의 핵무기 개발에 대응한 방어 훈련이라고 답변하였다. 2018년 남북정상회담을 통하여 남북관계가 대결 구도에서 새로운 평화공존으로 방향이 바뀌었다. 또한 북핵 문제의 타결을 위하여 미국과 북한의 대화를 다시 시작하면서 한미합동군사훈련도 중단되고 있다.

한미군사훈련을 중단하여도 주한미군은 계속 주둔할 수 있다.

첫째, 한미합동훈련을 중단한다고 해서 우리의 자주국방능력이 약화되는 것도 아니다.

'한미합동군사훈련이 중단되면 우리의 전투력이 약화될 것이니 걱정된다'고 말하는 사람도 있다. 필자는 이런 사고는 '전쟁으로 남북문제를 해결해야 한다'라고 주장하는 전쟁론자의 사고와 큰 차이가 없다고 생각한다.

한미합동훈련을 실시하지 않는 것일 뿐, 우리는 자체적인 훈련은 계속하면서 대북방어 능력을 유지하면 된다. 한미합동군사훈련을 실시하지 않아도, 주한 미군이 주둔하고 있다는 사실만으로도 북한에는 큰 위협이 된다. 현재 세계 8위의 군사 강국이 된 지금 한미군사훈련을 중단하여도 안보에는 큰 문제가 없다고 생각된다.

둘째, 통일이 되어도 주한 미군은 계속 주둔할 수 있다. 1953년 체결된 한미상호방위조약에 의해 주한 미군이 계속 남한 지역에 주둔하고 있다. 냉전이 종결된 1990년대에 북한이 핵무기 개발을 하지 않고 남한과 평화롭게 지내게 되었다면 미군의 한반도 주둔에 큰 변화가 있었을 수 있다. 2000년대에 중국에 대한 미국의 견제가 본격화되면서 이제는 한반도의 남북문제를 넘어서 아시아에서의 세력 균형의 문제로 확대되었다. 따라서 남북한이 통일되어도 미국이 미군의 한반도 주둔에 대해서 필요성을 주장한다면, 통일 독일의 경우처럼 미국은 계속 주둔할 것이다.

한반도의 긴장을 완화하기 위하여 우리 스스로 한미군사훈련을 중지하는 것이 바람직하다.

첫째, 남한과 북한의 평화 분위기를 유지되고 서로 평화를 유지하기 위하여 한미합동군사훈련은 자제되어야 한다. 북한과의 협상을 유리하게 만들기 위하여 다시 한미군사훈련을 한다면 긍정적인 효과보다는 부정적인 효과가 더 클 것으로 보인다.

둘째, 미국과 북한이 쉽게 합의에 도달하지 못해도, 우리가 주도적으로 미국과 한미간 합동군사훈련을 중단하는 것을 협의하는 것이 바람직하다고 필자는 판단한다.

이미 남한은 북한의 무력도발에 대한 억제력을 보유하고 있다. 한미합동군사훈련의 중단은 북한의 체제와 정권을 무력으로 붕괴시키려 한다는 우려를 없애 주는 것이고, 북한의 정권과 체제를 우리가 인정한다는 것을 보여주는 첫 걸음이라고 판단된다.

셋째, 남북한의 화해 분위기가 깨질 경우, 언제든지 미국과 남한만 합의하면 한미합동군사훈련을 다시 실시할 수 있다.

(3) 상호불가침 합의와 가능한 빠른 남북한의 교류와 협력 추진

제1) 남과 북이 서로 전쟁을 안 하겠다고 약속하면 한반도에서 전쟁은 일어나지 않는다.

–남북 상호불가침 합의

우선 남북은 한반도에서의 어떤 전쟁도 반대한다는 것에 2018년 세 차례의 남북정상회담에서 선언하여, 남북한의 상호불가침에 대해서는 합의가 이루어진 것 같다. 그리고 한반도에서 군사적 적대행위를 중지하고, 군사적 긴장 관계도 완화하기로 합의하여서, 남북 간의 전쟁 발발 가능성이 매우 낮아진 것 같다.

남과 북이 전쟁의 종식을 선언하였고, 남과 북이 이 선언을 지킨다면 한반도에서의 전쟁은 발생할 수 없다. 남북이 전쟁을 안 하겠다고 선언하고 그것을 지킨다면, 어떤 강대국이 한반도에서 자기의 의지대로 전쟁을 수행할 수 있겠는가?

–한반도의 평화 정착을 위한 군사적 긴장 완화

첫째, 미국과 소련의 냉전이 끝난 지 20년이 지났지만, 남북한이 군비경쟁을 계속하면서 분단에 따른 비용, 즉 국방 관련 비용이 계속 증가하였다. 1980년대에 우리가 자주국방능력을 강화하자, 북한도 이에 대응하기 위하여 장사정포 등의 새로운 무기를 개발하였다. 1990년대 남한의 경제력이 향상되면서 공군과 해군 부문에 대한 군비를 대폭 강화하였다. 재래식 무기로는 남한을 이길 수 없다고 판단한 북한은 핵무기에 집착하기 시작하였다. 북한의 핵무기 개발에 대응하여 남한은 2000년대에는 미사일 부문과 최신 전투기 등 도입에 비용을 쏟았고, 북한의 미사일 공격에 대비한 고가의 방어체제를 구축하고 있다.

현재 남한의 경우 매년 예산의 10% 전후의 금액, 즉 거의 50조원을 국방비 부분에 지출하고 있다. 그리고 남한에서 태어난 남자들은 병역의무와 예비군 훈련을 하고 있다. 이러한 국방비 지출과 병역 의무는 남북한이 분단되어 있는 한 계속 존재할 것이다.

둘째, 남북한의 긴장이 높아진다면 더 많은 국방비를 지출해야 하지만, 이제는 남북이 합의하여 군비를 축소하면 된다. 군비 축소도 상호 이행하는 정도에 맞추어 단계적으로 축소하면 된다. 북한이 줄이면, 우리도 줄이면 된다. 우리가 줄였는데 북한이 따라서 줄이지 않으면 우리는 추가적인 조치를 중단하고 기다리면 된다.

미국과 소련은 쿠바 위기 이후 두 나라가 합의하여 군비를 축소하였다. 1963년 핵실험금지조약을 체결하고 1968년에는 전략무기제한협정도 맺었다. 양국은 1988년에는 핵무기감축조약을 체결하여, 자체적으로 일부 핵무기를 폐기하였다.

셋째, 남북한도 2018년 제3차 남북정상회담의 부속 협의로 남북한의 적대적 행위의 금지와 긴장 완화에 합의하였다. 이제는 남한이 고가의 첨단 무기 개발에 따른 국방비를 많이 줄일 수 있게 되었으며, 줄인 국방비를 남북한의 협력 사업에 사용한다면 새로운 자금 조달 없이도 얼마든지 남북이 협력할 수 있다.

제2) 적극적인 남북교류 및 협력 확대를 통하여 평화 분위기를 정착시키자

유엔을 설득하여 남과 북의 본격적인 경제 교류와 협력을 시작해야 한다.

첫째, 언제부터 교류와 협력을 할 것인가? 필자는 가능한 한 빨리 협력해야 한다고 생각한다.

유엔에 의한 경제 제재가 풀릴 때까지 기다리는 것보다, 같은 민족끼리 서로 합의하여 먼저 교류와 협력을 시작하여야 북한이 우리를 믿게 된다. 적극적으로 교류와 협력을 시작해야 같은 민족으로서 신뢰가 형성되는 것이지, 유엔에 의한 경제 제재가 풀리고 나서 교류와 협력을 시작한다면 과연 우리를 믿을 수 있겠는가?

둘째, 같은 민족끼리 교류와 협력을 하겠다는데 무슨 문제가 있는가? 우리가 유엔을 설득하여야 한다.

북한이 핵무기를 포기하지 않아도, 같은 민족인 우리가 먼저 적극적으로 협력하는 것이 북한의 핵무기 포기를 더 빨리 유도할 수 있다고 설득해야 한다. 경제적 압박에 대하여 북한이 극단적인 선택을 할 가능성을 줄이기 위해서, 유엔이 같은 민족끼리의 협력을 예외적으로 인정해야 한다고 설득하여야 한다.

셋째, 남북한이 평화로운 교류를 하지만 지금처럼 남북의 소득 격차가 40배 이상 차이가 계속 유지된다면, 남북의 평화로운 교류가 지속되기 어렵다.

2000년대 초에 남북교류가 지속될수록 북한 사람들이 남북한의 소득 차이를 느끼면서 심리적으로 동요한 것을 이미 경험하였다. 평화로운 교류가 촉진되어 남북의 사이가 좋아져도, 어느 정도 교류한 뒤에 북한주민들이 경제력 격차에 따른 심리적 동요가 생긴다면 북한은 갑자기 남북교류를 제한할 가능성이 매우 클 수 있다. 따라서 북한의 생활 수준을 높이기 위하여 우리가 적극적인 역할을 해야 한다. 북한의 생활 수준이 높아져야 남과 북의 교류와 협력이 더 촉진된다.

남과 북이 합의하여 본격적인 남북의 교류 및 협력을 추진하면 된다.

첫째, 우선 이산가족 상봉 등 인도적 차원의 교류를 촉진에 대해서는 남북이 큰 이견이 없는 것 같다. 유엔 제재가 아닌 사항에 대해서는 즉시 남북교류를 실시해야 한다. 언제까지 눈치만 보고 있을 것인가?

둘째, 남북의 경제 협력은 개성공단의 건설 및 운영을 통하여 남북의 경제 협력에 대한 기본적인 어느 정도의 합의가 도출된 것 같다. 기본적인 토지와 인력은 북한이 제공하고, 공장 운영에 필요한 전기, 운송 등 기본적인 인프라와 공장 경영은 남한이 부담하였다. 앞으로도 비슷한 방식으로 협의하여 나가면 큰 문제는 없는 것 같다.

셋째, 개성공단이나 금강산 관광 등의 사업도 빨리 추진해야 한다. 동 사업을 시작하는 것이 북한의 핵개발 포기 의사 결정에 긍정적인 영향을 줄 것이라고 필자는 판단한다.

(4) 햇볕 정책에 대한 새로운 평가

제1) 햇볕 정책에 대한 비판에 대한 새로운 평가

2000년대 초에 북한을 포용하면서 가야 간다는 '햇볕 정책'을 적극적으로 추진하였다. 2009년 제3차 핵위기가 발생으로 남북한의 교류가 중단되면서. '햇볕 정책'에 대한 비판이 일어났다.

첫째, 남북한의 경제력 격차가 커서, 협력사업을 할 때마다 대부분의 비용을 남한이 부담할 수밖에 없었다. 그러다 보니 남한에서 '밑 빠진 독에 계속 돈만 퍼주고 있다'는 비판이 일어났다.

둘째, 서로 싸우지 않고 사이좋게 지내자면서, 핵무기를 개발하는 북한에 대하여 무기력감을 느끼게 되었다. 우리가 도와주는 돈으로 우리에게 위협이 되는 핵무기를 개발하는 것 아니냐는 의문이 들기 시작하였다.

셋째, 북한과 대화를 하면 할수록 통일 비용이 많이 든다는 것을 알게 되었다. 그래서 북한이 어느 정도 살게 된 후에 남북이 하나의 나라가 되는 것이 더 좋은 방안이라고 생각하게 되었다.

<햇볕 정책 비판에 대한 평가>

관점 1 '밑 빠진 독에 계속 돈만 퍼주고 있다.'

10년이 채 안 되는 동안 햇볕 정책을 시행하면서 남한은 총 약 3조원(연평균 3천억원) 정도 쓴 것으로 필자는 추정하고있다. 제일 많은 돈은 개성공단을 건설하고, 개성공단까지 철도와 전기를 연결한 사업에 사용된 것으로 보인다.

매년 3천억원의 돈을 사용한 것을 퍼주었다고 말할 수 있을까? 물론 적은 돈이 아니지만, 그렇다고 남한의 경제규모에서 볼 때 큰돈도 아니다. 2015년 한국의 정부예산 규모는 375조원이었다(분야별로는 보건 복지 고용 부문에 116조원, 일반 행정에 58조원, 교육에 53조원, 국방에 38조원, SOC에 25조원, 농림수산식품에 19조원). 외교 통일 분야는 전체 예산의 1.2%인 4.5조원 규모이었으니, 매년 3천억원의 지원 규모가 과도하다고 말하기 어렵다. 필자가 보기에는 오히려 북한을 과도하게 경계하면서 매우 적은 금액만을 대북 사업에 사용했다고 판단한다.

거의 10년간 총 3조원의 돈을 사용하면서 우리는 무엇을 얻었는가?

첫째, 개성공단을 건설하면서 서울과 개성 사이에 있었던 북한의 군사기지들이 전부 다 개성 이북으로 이동하였다. 남북교류를 하면서 긴장이 완화되었고, 서울이 북한의 사정권에서 더 안전해진 것이 제일 큰 성과이었다.

둘째, 북한의 공격에 대비한 최신 전투기나 첨단 군사 설비를 구매할 필요가 없었으니, 오히려 국민 생활에 필요한 부분에 더 많은 예산을 더 많이 사용할 수 있었다.

남북관계가 나빠진 2010년 이후 미국의 첨단 전략 무기에 대한 구매가 확대되면서 3조원 이상의 예산을 사용하고 있는 것으로 보인다.

관점 2 우리가 도와주는 돈은 북한이 핵무기를 개발하게 도와주었다.

북한이 우리가 주는 돈을 이용하여 무기 개발에 활용하였다고 비판하기도 한다. 우리가 북한에 직접 준 금강산 관광에 따른 입장료, 개성공단의 근로자에 대한 임금의 지급 등을 모아서 북한이 무기 개발에 사용했을 가능성도 있다고 주장하는 것이다.

그러나 우리가 사업별로 면밀하게 검토하면서 비용을 지출했기 때문에, 북한이 새로운 무기를 개발하고 생산하는 데 필요한 비용을 충당할 정도로 큰돈이 북한에 갔다고 판단하기는 어려운 것 같다. 새로운 협력 사업을 추진할 때마다 북한주민들도 새로 동원되어야 했기에, 필자는 우리의 돈을 대부분 동 사업 준비와 운영에 필요한 비용으로 썼을 것이라고 판단하고 있다.

관점 3 남북의 경제 격차가 크면 통일의 비용이 너무 많이 든다. 서로 비슷한 수준이 된 다음 통일하는 것이 제일 바람직하다.

첫째, 남북한의 경제 격차가 작으면 통일 비용이 적게 들고, 격차가 크면 통일 비용이 많이 드는 것은 당연한 사실이다. 북한이 스스로 경제를 발전시킬 수 있는 능력이 없는 것이 현실이다. 새로운 상품을 만들 수 있는 기술과 경험이 부족하고, 해외의 마케팅 기반도 구축되지 않았다. 북한이 생산에 필요한 기술과 자본을 해외에서 조달하기도 어렵다. 어느 나라가 도로, 전기 등 기본 인프라도 구축이 안 된 북한에 투자를 하겠는가? 북한이 아무리 노력하여도 외국인 투자를 유치할 정도의 유인이 보이지 않는다.

둘째, 남북의 경제력이 서로 비슷한 수준이 된 다음에 통일하는 것이 최선이라는 생각에는 몇 가지 문제점이 있다. 북한이 모든 역량을 모아서 경제를 발전시킨다고 하면 10~20년 정도가 지나면 어느 정도 생활 수준이 높아질 것이다. 그동안은 남북이 어떤 상태로 나아가야 하는가? 어느 정도 북한이 살게 된 다음에 우리가 서로 교류하면서 통일을 하자고 하면 과연 북한이 받아줄까? 힘든 고생을 한 뒤에 겨우 먹고살 만큼 된다면 북한은 남한과의 통일을 하지 않을 것으로 보인다. 먹고 살 만한데 왜 선진국인 남한과 힘든 통일을 하려고 하겠는가?

제2) **모든 면에서 우월한 남한이 북한을 포용해야 한다.**

남한과 북한의 관계는 선진국과 최빈국의 관계이다. 따라서 남과 북이 협력하려면 경제적으로 월등한 남한이 북한을 지원해주는 것이 당연하다.

첫째, 북한의 경제발전을 위해서는 대대적인 인프라 구축은 남한이 담당해야 한다.

북한의 경제규모는 남한의 40분의 1도 안 되는 규모이다. 북한의 고속도로, 철도, 전기 등의 대규모 사회간접자본시설이 먼저 구축되어야 더 많은 사업을 협력할 수 있는데, 현재의 북한은 인프라에 투자할 수 있는 여력이 없는 것으로 판단된다. 인프라가 미비된 상태에서 경제 협력을 확대하기로 남북이 합의한다면, 부족한 인프라는 남한이 구축해 주어야 한다. 지금부터 시작하여도 10년은 걸린다.

2018년 남한의 정부예산은 429조원이고, 이중 국방비는 43조원이다. 남북의 적대적 군사행위를 중단하고 평화로운 협력사업을 추진하면, 첨단 군사 장비의 개발이나 도입에 대한 예산을 줄일 수 있다. 현재 수준에서 별도의 세금을 거두지 않아도 매년 5~10조원 정도는 북한의 인프라 구축에 사용할 수 있는 여력이 있다고 필자는 판단한다.

둘째, 북한주민이 최빈국의 생활에서 벗어나기 위하여 소득을 높여 주어야 한다.

남한이 보유한 기술과 경험, 자본을 활용하여 적극적으로 북한을 개발한다면 북한주민의 소득도 매우 빠르게 향상될 것이다. 우리가 북한의 경제발전을 적극 지원한다면 10년 이내에 북한주민의 소득은 현재보다 두 배 이상으로 높아질 것이다. 3만 달러의 소득수준인 우리가 북한의 소득이 3천 달러가 되는 것을 경계해야 하는가? 남한 사람들만 잘살고, 북한주민이 계속 못 살게 된다면 한민족이 진정으로 발전하는 것이 아니다. 남과 북이 모두 잘 살아야 한민족이 제대로 발전하는 것이다.

셋째, 북한주민이 남한의 도움으로 잘살게 되어야 우리를 신뢰하게 된다.

북한 사람들이 우리 때문에 생활 수준이 높아져야 우리를 같이 가야 할 한민족으로 받아들일 것이다. 우리와 교류가 활발해질수록 북한주민이 우리를 제대로 이해하게 된다. 우리가 북한에 적극적으로 투자를 하고 있어야 북한주민이 같은 한민족으로서 통일에 대한 우리의 의지를 믿는다. 남한에 대한 신뢰가 형성되어야 통일에 대한 기회도 잡을 수 있다.

넷째, 남북한의 교류와 협력이 잘 안 되는 상황이 되어도 북한에 대한 의료, 식량 등 인도적 차원의 지원은 계속하여야 한다. 홍수나 가뭄 등 천재지변이 발생한 경우에는 즉시 필요한 물자를 지원하자. 같은 한민족으로서 인도적 차원의 지원을 중단해서는 안 된다.

2. 평화로운 한반도를 만들기 위한 새로운 선택

(1) 핵무기에 대한 대응

제1안) 군사적 행동을 통하여 핵무기를 제거하기

–장점

첫째, 북한의 핵무기를 한미의 우월적인 군사력으로 제거한다면 핵무기에 의한 공포에서 즉시 벗어 날 수 있다.

둘째, 핵무기가 없어진 북한을 남한이 흡수통일 한다면 한반도는 새로운 번영의 길로 나아갈 수 있다.

–단점

첫째, 핵무기를 제거하기 위한 조치에 북한이 저항한다면 한반도에서 다시 전쟁이 일어나게 된다. 또한 한미의 군사적 행위에 대항하여 중국이 북한을 지원한다면 국제적인 전쟁으로 확대될 수 있다.

둘째, 중국이 한미군사행동에 끝까지 반대한다면, 한국은 중국과 적대관계로 변할 수 있다.

셋째, 핵무기의 강제적인 폐기를 주장할 경우 남북간의 적대적인 관계가 심화되면서 한반도의 긴장이 더 높아지게 된다. 핵 문제가 해결되기 전까지 대화가 중단되면서 긴장된 상태에서 살아야 한다.

넷째, 미국이 중국과 군사적 행동에 의한 핵무기 제거에 합의한다면 북한의 핵무기는 제거할 수 있다. 그러나 핵무기 제거 후에 우리가 원하지 않는 방향으로 북한을 처리하는 데 미국과 중국이 합의한다면 한반도의 통일은 불가능해질 수도 있다.

제2안) 경제적 제재를 통하여 북한이 포기하게 만들기

–장점

첫째, 전쟁이 일어나지 않는다.

둘째, 계속되는 경제적 제재로 북한이 더 이상 버틸 수 없게 되면 흡수통일을 할 수도 있다.

–단점

첫째, 경제적 제재가 계속되어도 북한이 핵무기 보유를 위한 노력을 포기하지 않을 수 있다. 북한이 항복하기 직전까지 계속 적대적 관계가 지속된다

둘째, 강대국들의 공조가 약해지면 경제적 제재의 효과가 약해진다.

셋째, 더 이상 견디기 어려운 상황이 되면 오히려 북한이 극단적인 선택을 할 수 있다.

제3안) 남과 북이 대화와 합의를 통하여 평화적으로 해결하기

–장점

첫째, 남북한은 이미 1990년대에 한반도의 비핵화에 합의하였다. 그 합의를 남과 북이 지키는 것이다.

둘째, 남과 북이 대화를 통하여 합의를 도출하는 과정에서 상호 신뢰가 쌓이고 우호적인 관계가 지속된다. 상호 신뢰를 바탕으로 남과 북이 자주적으로 한반도에서의 비핵화를 실현할 수 있다.

–단점

첫째, 북한이 핵무기에 대한 집착을 포기하지 않는다면 실현이 불가능하다.

둘째, 남한과 북한이 대화를 통해 평화적 해결의 길을 찾는 데에는 시간과 노력이 많이 걸린다.

셋째, 남북이 한민족의 자주적인 해결방법을 찾을 때까지 주변의 강대국들이 지지하고 기다려 주어야 한다.

평가

제1안) 절대 반대

군사적 행동에 대하여 북한이 반발하면 전면전이 일어날 수도 있으며, 중국도 같이 반발한다면 국제적인 전쟁이 일어날 수 있다. 또다시 한반도에서 전쟁이 일어나면 한민족이 제일 많이 피해를 보게 되고, 한반도만 폐허가 될 수 있다. 미국과 중국의 입장이 끝까지 대립한다면 한반도에서 제2의 냉전이 다시 시작될 수 있다. 중국이 한미군사행동을 반대하면서 한국과의 무역을 잠시 중단한다면 남한은 심각한 경제 상황을 맞이하게 된다. 냉전시대에 미소 대립의 최첨단 지역이 되어 전쟁을 경험했던 한반도가 새로 시작된 미중 경쟁시대에서 또다시 미중 냉전의 최첨단 지역이 되어서는 안 된다.

미국의 입장이 강경하여 중국과 계속 대치하다가, 우리가 배제된 상태에서 한반도의 운명이 다시 결정된다면 우리는 그 결과를 다시 또 받아들여야 하는가?

제2안) 현실적인 최선의 방안.

경제적 제재를 통하여 북한이 스스로 핵무기의 개발 및 보유를 포기하게 하는 방법이 현재의 세계 질서와 유엔의 규정에 적합한 해결 방안이다. 시간이 많이 걸릴 수 있지만 평화적으로 해결할 수 있다. 그러나 북한이 경제적 제재를 받으면서도 자신의 입장을 굽히지 않는다면 현재의 상태가 장기간 지속될 수 있다는 문제가 생긴다. 그래도 전쟁하지 않고 적절한 기회를 기다리는 이 방안이 현실적인 방안으로 판단된다.

이 방안을 따를 경우 다음의 두 가지에 주의해야 한다.

첫째, 북한이 계속되는 경제적 제재를 더 이상 경제가 버티기 어려울 때를 대비하여야 한다. 남한이 절대적인 군사력의 우위를 유지하고 있어야, 북한이 극단적인 선택을 하지 못할 것이다.

둘째, 또 다른 대비책으로 필요한 것은 북한이 우리를 신뢰할 수 있게 만들어야 한다. 북한이 우리를 신뢰하고 있어야 최악의 상황에서 핵무기를 포기하고 제3국을 선택하는 일이 발생하지 않는다. 북한이 제3국을 선택하게 되면 한민족 통일의 꿈은 불가능해지고, 한반도는 새로운 발전 기회를 상실하게 된다.

제3안) 최적의 방안

우리 민족끼리 자주적으로 핵무기를 제거하고 나아가는 것이 한반도와 한민족의 번영을 위한 최적의 방안이다. 핵무기의 개발 및 보유로 북한이 파멸에 도달하는 것을 막기 위해, 우리는 북한에 그 위험성을 제대로 말해 주고 핵무기의 개발을 포기하게 설득해야 한다.

첫째, 핵무기에 대한 현행 국제질서를 북한이 받아들이도록 적극 설득해야 한다. 현재의 NPT체제에서 핵무기를 개발한다면 국제적인 경제 제재를 받게 되어 경제적으로 빈곤해질 뿐이라는 사실을 계속 북한에 말해 주어야 한다. 그리고 핵무기를 포기하면 우리가 같은 민족으로서 북한이 잘 살 수 있도록 적극 도와주겠다고 설득해야 한다.

둘째, 북한이 핵무기를 보유하여도 핵무기를 사용할 수 없으며, 핵무기를 사용한다면 북한은 전 세계의 모든 나라에 의해 제압될 것이라는 것을 북한이 느낄 수 있게 설득해야 한다. 북한이 파멸하게 되면 한민족의 반이 멸망하는 것이고, 더 나아가 한민족의 통일이 불가능해질 수도 있다. 그런 상황이 오지 않도록 같은 한민족으로서 북한을 계속 설득해야 한다.

(2) 북한에 대한 대응

제1안) **굴복시켜야 할 민족**

무력으로 해결하는 것이 북한을 굴복시키는 대표적인 방법이다. 또한 경제 제재를 지속하면서 핵무기를 먼저 포기하라고 강하게 압박하는 것도 북한을 굴복시키는 전략이다.

–장점

첫째, 성공하면 핵무기도 없어지고, 잘하면 북한을 흡수통일을 할 수 있다.

둘째, 북한을 굴복시키게 되면 한반도의 미래를 우리의 생각대로 꿈꿀 수 있다.

–단점

첫째, 북한이 저항한다면 최악의 상황이 일어날 수도 있다.

둘째, 북한이 굴복하지 않고 계속 버티게 되면, 시간이 갈수록 남북의 적대관계가 더 심해진다.

셋째, 한 강대국이 북한을 지원하면서 나아가면, 그 강대국과도 적대관계가 형성될 수 있다.

제2안) **껴안고 같이 가야 할 민족**

대화를 하면서 핵무기를 포기하라고 설득하는 것이 같은 민족으로 포용하는 것이다. 북한이 핵무기를 사용하여 망하는 것을 원하지 않는다고 말하는 것도 북한을 설득하는 것이다. 북한의 경제가 발전될 수 있도록 지원해주겠다고 말하는 것도 북한을 포용하는 것이다.

–장점

첫째, 북한과 대화하면서 우호적인 관계를 유지할 수 있다.

둘째, 서로에 대한 이해가 높아지면 상호 신뢰가 생기게 된다.

셋째, 한민족이기에 같이 가야 한다는 대의명분에 적합하다.

–단점

첫째, 북한이 끝까지 자신의 입장을 지키려고 한다면 오히려 이용만 당할 수 있다.

둘째, 북한을 포용하면서 가기 위해서는 여러 가지 유인책을 일방적으로 제공해야 한다.

셋째, 어느 한 강대국이 반대하면 실행하기 어렵다.

평가

제1안) 과거의 선택

6·25 전쟁으로 가족 중의 한 명이라도 죽거나 다친 사람이 있다면 제1안을 지지할 수 있다. 북한을 도저히 용서할 수 없는 마음으로 지난 70여 년간을 지내다 보니, 남과 북은 적대적인 관계를 지속하면서 한반도의 긴장만 높아졌다.

현실적으로 북한이 굴복해야 할 상황에 도달한다면 북한은 우리에게 굴복할 수 있을까? 필자는 북한이 남한에 굴복하느니, 차라리 가치관과 체제가 비슷한 중국이나 러시아를 선택할 가능성이 매우 크다고 생각한다. 그렇게 되면 한반도는 계속 분단국가로 남을 것이다. 북한이 다시 경제력을 회복한다면 그때 또다시 한반도의 긴장이 높아질 수 있다.

제2안) 새로운 선택

6·25 전쟁으로 가족이 남북으로 헤어져 있다면 제2안을 지지하게 된다. 헤어진 가족을 다시 만나기 위하여, 부모님의 고향을 보기 위하여 통일이 되는 날을 기다리고 있다. 필자는 북한과 연고가 전혀 없지만, 한민족의 번영과 발전을 위해서는 우리가 북한을 포용하면서 나아가야 진정한 한민족의 발전이 다시 시작된다고 믿는다. 미래를 위하여 북한을 포용해야 한다. 북한을 포용하고 가야 남북의 신뢰가 높아지면서 나중에 한민족이 평화통일할 수 있는 기회를 잡을 수 있다.

북한을 같은 민족으로 받아들여야 한반도가 평화롭게 된다.

첫째, 남북으로 나누어진 이상 안보의 문제는 항상 부담으로 남아있다. 전쟁의 공포에서 벗어나 평화롭게 살 수 있는 길은 남북한이 서로 평화롭게 지내기를 합의하거나 통일이 되는 길 이외에는 없다.

둘째, 북한은 흔들리지 않는 국가라는 생각에서 이제는 벗어나야 한다.

북한이 왜 사람들을 계속 숙청하고 있는가? 다른 생각을 가진 사람이 있기 때문에 숙청을 계속하는 것이다. 왜 목숨을 걸고 탈북하는 사람들이 계속 나타나는가? 북한에 희망이 없다고 느끼기 때문에 새로운 희망을 찾아 탈출하는 것이다. 북한이 방송으로 보낸 선전 영상으로만 북한을 판단하지 말자. 북한이 외부의 빛을 차단하고, 어둠 속에 있으니 잘 안 보이는 것이다

셋째, 모든 점에서 우월한 우리가 북한을 포용하면서 가야 한다.

북한주민은 경제가 다 무너진 지금 힘들게 살고 있는 불쌍한 한민족이다. 그들이 살 수 있게 최소한의 지원은 해 주어야 한다. 사이비 종교 집단의 사람들이 맹신적으로 행동한다고 다 처벌할 수도, 처벌할 필요도 없다.

자기도 모르게, 또는 어쩔 수 없이 마취 당한 사람은 구출해서 다시 정상적으로 살아갈 수 있게 도와주어야 한다. 사이비 교단의 교주가 생각을 바꾸는 것이 최선의 방법이다.

넷째, 이제는 주도적으로 한민족의 번영과 발전을 위한 최선의 길이 무엇인지를 적극적으로 설득하면서 가야 한다.

'핵무기의 개발은 경제적 빈곤만을 가져올 뿐이다. 핵무기를 사용하는 것은 강대국들에 의한 북한의 멸망만 가져올 뿐이다. 우리는 같은 민족으로서 북한이 못 사는 것을 바라지 않으며, 더더욱 강대국에 의해 망하는 것도 원하지 않는다. 우리는 남과 북의 모든 한민족이 번영하기를 바라고 있다.'

남한은 선진국이고, 북한은 최빈국이다. 경제력이 우세한 남한이 북한의 경제발전을 도와서, 남한과 북한이 다 잘살아야 한민족이 번영하게 된다. 이제는 한민족의 번영과 발전을 위하여 북한을 포용하면서 가자.

'한민족이기에 대화를 통하여 길을 찾으려는 것이다. 한반도에서 전쟁이 없이 남북한이 서로 평화롭게 잘 살아가야, 한민족이 번영하는 것이다.'

'남한은 경제적으로 북한을 도와줄 수 있다. 우리가 더 잘살기에 우리가 적극적으로 도와주려는 것이다.'

3. 평화로운 한반도를 만들기 위한 새로운 행동

(1) 북한을 하나의 국가로서 인정하고, 서로 다른 정치체제를 인정해야 한다.

남북의 합의로 1991년 9월 남한과 북한은 유엔에 동시 가입하였다. 서로 다른 체제를 인정하면서 평화공존의 길을 선택한 것이다. 2000년에도 6·15선언을 통하여 상호 체제를 인정하였다. 2018년 세 번의 남북정상회담에서 상호 체제를 인정하면서 종전도 선언하였다.

다른 나라와 친구가 되기 위해서는 먼저 그 나라 국민이 선택한 정치체제를 인정해야 한다.

미국과 친하게 지내고 있는 우리는 미국의 정치체제를 존중해 주어야 한다. 더 많은 사람을 위한 나라를 만들기 위해, 미국 국민이 민주주의 제도를 선택하여 새로운 정치체제를 만들었기에 그들을 존중하는 것이다. 미국의 민주주의나 정치체제에 대한 건설적인 비판은 가능하지만, 미국의 체제 자체를 부정하는 비판은 안 된다. 미국의 체제 자체를 비판한다면 미국과는 친구가 될 수 없다.

일본은 천황제도를 유지하면서 의원내각제의 정치체제를 선택하였다. 일본과 친구가 되려면 천황제를 인정하여야 한다. 천황제를 부인한다면 일본과 친하게 지낼 수 없다. 천황제가 옳아서 인정하는 것이 아니라, 일본 국민이 스스로 선택한 정치체제 자체를 존중해 주는 것이다. 일본의 자민당이 사실상 일본을 집권하고 있다고 일본을 '자민당 독재국가'라고 비난한다면 일본과는 친구가 될 수 없다.

중국은 공산당이 국가를 다스리는 나라이다. 공산당이 집권하면서 수많은 굴곡이 있었지만, 지금은 G2의 국가로 성장하였다. 따라서 중국 공산당을 비판한다면 중국 국민의 선택과 역사를 부정하는 것이 되기 때문에 중국과는 친구가 될 수 없다. 중국 국민이 선택한 정치체제를 존중해 주어야 중국과 친구가 될 수 있다.

남과 북이 서로 상대방의 체제와 역사를 존중해 주어야 한다.

첫째, 한국이 민주주의를 선택한 이유는 미국의 민주주의가 완벽하기 때문은 아니다. 민주주의라는 체제도 많은 문제점이 있지만, 독재나 왕정 등 다른 체제보다 더 나은 체제라고 생각하기 때문에 우리 국민이 선택한 것이다. 우리 국민이 민주주의를 선택하면서, 독재를 선호하는 정치 집단과의 투쟁을 통하여 거의 30년 만에 민주주의 국가가 되었다.

우리와 친구가 되려는 다른 국가나 사람들은 우리 국민의 선택과 노력에 대하여는 존중해 주어야 한다. 한국의 민주주의 체제 자체를 비판한다면 그동안 힘들게 달성한 우리의 노력을 부정하는 것이기 때문에 우리는 받아들일 수 없다. 한국이 완벽한 민주주의를 시행하지 못한다고 비난을 한다면, 한국의 존재 자체를 비판하기 때문에 그렇게 비판하는 나라나 사람들과 우리는 친구가 될 수 없다.

둘째, 북한의 경우 해방 이후 지금까지 세습제에 의한 정치체제를 선택하여 오고 있다. 우리와 정치체제가 다르다고 북한의 정치체제를 비평한다면 북한과 친하게 지낼 수 없다. 북한주민이 선택하였기에 그들의 선택을 존중해 주어야 한다. 그러나 선택을 존중하는 것이 우리와 다른 선택을 하면서 발전해 왔다는 것을 인정하는 것이지, 그 선택이 옳으며 최선이었다고 인정하는 것은 아니라는 점에 주의해야 한다.

군사적 적대행위가 아닌 일반적인 적대행위에 대해서는 어떻게 해야 하는가?

상호 체제를 인정하는 것은 상대의 국내 문제에 대하여 간섭을 하지 않는다는 것을 의미하나, 어떤 행위가 적대행위인지에 대한 구체적인 합의가 없어서 몇 가지 의문이 생긴다.

북한의 세습체제에 대해서 비방할 수 있는가?

북한의 독재체제를 비판할 수 있는가?

북한의 인권 문제를 제기할 수 있는가?

남북한이 평화를 유지하기 위해서는 필자는 다음과 같이 생각한다.

첫째, 북한의 정치체제를 공개적으로 비판해서는 안 된다. 북한주민이 선택한 정치체제를 비판하는 것은 북한의 현행 체제를 인정하지 않는 것으로 판단된다. 북한이 민주주의가 아니라고 비난한다면 어떤 대화도 제대로 시작될 수 없다. 남과 북이 평화롭게 공존하기 위해서는 북한주민들이 선택한 정치체제를 존중해 주어야 한다.

둘째, 북한의 인권 문제도 원론적인 차원에서의 비평은 가능하지만, 북한의 정치체제 자체를 부정해서는 안된다고 생각한다. 북한의 인권문제를 강하게 거론하는 것은 독재체제를 인정하지 않겠다는 말과 같으며, 북한과의 대화를 지속하지 않겠다는 의사를 표현하는 것으로 판단된다.

북한의 인권 보호문제보다 남북한이 전쟁 없이 평화롭게 살아가는 것이 우리에게는 훨씬 더 중요한 문제이다. 남북한이 평화롭게 지내기 위해서는 서로의 체제를 인정하고 대화를 통하여 길을 찾아야 한다. 진정으로 북한의 인권을 보호하고 싶으면 우리 주도로 평화통일을 하는 것이 최선의 방안이다. 우리가 평화통일을 하고 나서 북한주민의 인권을 우리가 보장해 주면 된다. 평화통일을 한 다음 민주주의 체제로 한반도를 운영하면 된다.

⑵ 대화하면서 서로에 대한 사고방식과 가치관을 이해해야 한다.

우선 그동안 우리와 다르게 발전한 북한의 역사를 재인식해야 한다.

첫째, 냉전시대에서 공산주의가 몰락하는 과정에서 북한이 어려운 위기를 많이 겪었으나, 어떤 생각을 가지고 어떻게 극복해 왔는지에 대한 기본적인 이해가 부족하다. 그 과정을 모르기 때문에 현재의 북한 지도층과 북한주민들의 사고를 제대로 이해하지 못하는 것 같이 느껴진다.

둘째, 북한이 가지고 있는 가치관 중 우리와 다른 것을 다시 검토해야 한다. 그중 남북이 협력하는데 장애가 될 수 있는 사고에 대해서는 우리가 북한을 설득할 논리를 찾아서 말해야 한다.

셋째, 북한에 대한 자료를 더 공개해야 한다. 이제 국민들은 북한의 선전물을 보면서 흔들리는 수준에서 벗어났다. 정부가 판단하여 말하지 말고, 국민들이 북한의 자료를 보면서 스스로 느끼게 해야 한다. 일방적으로 믿으라고 하는 과거의 행태에서 벗어나, 국민들이 제대로 알 수 있게 북한에 대한 자료나 정보를 더 많이 공개해야 한다.

남과 북은 서로 다른 가치관과 정치체제를 보유하고 있으니 대화 시 주의해서 말해야 한다.

첫째, 우리는 민주주의 체제이나, 북한은 세습 독재 체제이다.

체제의 우월성에 대해서는 북한이 매우 민감하게 반응하니 조심해야 한다. 또한 세습체제에 대한 비판도 안 하는 것이 좋을 것으로 보인다. 북한 주민이 선택한 정치체제를 그 자체로 인정해야 한다.

둘째, 남과 북의 경제 격차가 매우 크다. 경제적으로 우리가 선진국 수준이나, 북한은 최빈국 수준이다.

서로의 경제적 격차가 크면 말과 행동에 조심하여야 한다. 무의식중에 경제력을 과시하는 말이나 행동을 하게 되면, 상대방은 돈이 없어서 무시한다는 마음으로 해석하면서 자존심에 큰 상처를 받을 수 있다.

셋째, 같은 민족으로서 따뜻한 마음을 느끼게 해야 한다.

우리가 경제적으로 우월해서 베푼다는 마음은 바람직하지 않다. 같은 민족으로서 경제가 더 발전한 우리가 북한을 도와줄 수 있어서 감사하다는 마음 자세를 가지고 나아가는 것이 제일 바람직한 것 같다.

대화를 통하여 우리의 관점을 북한 사람이 알게 해 주어야 한다.

첫째, 서로 가치관이 다른 북한 사람과 대화를 하기 위해서는 먼저 무엇이 어떻게 다른가를 제대로 이해하고 있어야 한다. [예) 똑같은 말만 되풀이하는 북한 사람들/북한이 더 살기 좋은 나라이다/남한 주민을 미제의 노예 생활에서 해방시켜야 한다/북한은 자주적이나, 남한은 자주적이지 않다/미군을 한반도에서 철수시키면 통일을 할 수 있다/우리의 소원은 통일 등.]

둘째, 우리가 받아들이기 힘든 북한의 주장에 대해서는 강하게 우리의 입장을 말해야 한다. 말을 하지 않으면 북한은 우리가 인정하는 것이라고 오해할 수도 있다. [예) 북한 사람에게 우리의 입장을 당당하게 말해야 한다/남한은 자유로운 민주국가이다. 경제적으로도 선진국이 되었다/남한 주민은 미제의 노예 생활을 하지 않는다/남한은 자주적으로 행동하여, 경제발전과 민주화를 달성하였다/미군이 한반도에서 철수하여도, 우리는 스스로 지킬 수 있는 군사력을 보유하고 있다/우리의 소원은 민주공화국으로의 통일! 통일이 안 되어도 평화로운 한반도 등.]

(3) 어떤 상황에서도 전쟁도 일어나지 않아야 하고, 남북의 대화는 계속되어야 한다.

남북한이 한반도에서 전쟁이 다시 일어나지 않게 모든 노력을 해야 한다.

우선 남북은 한반도에서의 어떤 전쟁도 반대하는 것에는 2018년 세 차례의 남북정상회담에서 선언하여, 남북한의 상호불가침에 대해서는 합의가 이루어진 것 같다. 그리고 한반도에서 군사적 적대행위를 중지하고, 군사적 긴장 관계도 완화하기로 합의하여서, 남북 간의 전쟁 발발 가능성이 매우 낮아진 것 같다.

첫째, 우리는 한반도에서 전쟁을 반대하고 평화를 유지하는 데 모든 노력을 해야 한다. 어떤 이유든지 한반도에서 전쟁이 일어나는 것에 반대한다. 핵무기를 강제로 제거하는 것도 전쟁과 비슷한 결과가 예상되기 때문에 반대한다.

둘째, 한반도가 또다시 강대국의 싸움터가 되는 것을 용납해서는 안 된다. 남과 북은 한반도에서 다시 전쟁이 일어나는 것을 반대하고 평화유지를 최선의 목표로 삼고 나아가기로 합의하였다. 외국의 강대국이 한반도에서의 전쟁이 필요하다고 주장하여도, 남한과 북한이 서로 전쟁을 하지 않겠다고 합의하였기에 한반도에서의 전쟁에 반대한다.

셋째, 우리는 한반도를 평화적으로 유지하고 통일하는데 도와주는 국가와 긴밀하게 같이 가야 한다. 말로만 우리의 입장을 지지하고 실제 한반도에서 긴장을 높이거나, 전쟁이 일어날 수 있는 행동을 권하는 국가에 단호히 우리의 반대 입장을 밝혀야 한다.

북한이 핵개발을 포기하지 않아도 우리는 북한과의 대화를 계속 유지하여야 한다.

첫째, 남한과 북한의 대화는 남과 북만 합의한다면 가능하다. 주변의 강대국들이 남북대화를 승인해야 우리가 대화할 수 있는 것은 아니다. 우리가 대화하겠다는 의지가 있고, 북한도 대화에 대한 의지가 있다면 어떤 상황에서도 남과 북은 계속 대화할 수 있다. 강대국이 우리에게 대화하지 말라고 말한다고 민족끼리의 대화를 중단해야 하는가?

둘째, 다른 민족끼리는 대화를 하지 않고 일방적인 요구조건만 제시하는 협상 방법이 사용될 수 있다. 즉 한 쪽이 다른 쪽의 조건을 받아주어야 대화를 하겠다는 것은 자신의 입장을 강하게 관철시킬 수 있는 효과적인 협상 방법으로 사용할 수가 있다.

같은 민족끼리는 대화를 계속하는 것이 최선의 방안이다. 같은 민족끼리 대화하지 않고, 오히려 다른 민족하고만 대화한다는 것은 우리가 한민족이라는 것을 포기하는 것과 같다. 대화의 전제 조건을 먼저 요구한다면 대화를 하지 않겠다는 의미가 된다. 아무리 미워도 대화하면서 나아가야 길이 열리는 것이지, 대화를 하지 않으면 긴장만 더 높아지게 된다.

셋째, 상대방이 거짓말만 하고 있어도 대화를 해야 한다. 같이 대화를 하고 있으면 거짓말 속에서 상대방의 의중을 읽을 수 있다. 적어도 상대방은 우리의 진실한 의도를 알기 때문에 우리에 대한 불필요한 오해는 없게 된다.

넷째, 북한이 핵개발을 포기하지 않아도 대화를 지속해야 한다.

전쟁 중에도 적대국가끼리 대화하면서 싸우는 것이 대화하지 않으면서 싸우는 것보다 결과가 더 좋다는 사례는 세계 역사를 통해서 알 수 있다.

북한 핵처럼 해결안을 찾기 어려운 상황일수록 같은 민족끼리 대화를 유지해야 한다. 지금 당장 해결책이 보이지 않는다고 대화를 중단하면, 양국 간의 긴장감만 더 높아지고, 불필요한 오해로 더 큰 사태가 발생할 가능성만 더 커진다. 해결방안이 보이지 않아도 시간을 가지고 인내하면서 대화를 계속해야 한다.

(4) 한반도의 평화 유지와 한민족의 발전을 위한 적극적인 남북교류를 이제 시작하자.

남북한이 평화롭게 교류할수록, 한반도의 평화가 정착되고 남북한의 신뢰가 쌓인다.

첫째, 남한과 북한의 평화적 교류는 남과 북만 합의한다면 가능하다. 주변의 강대국들이 남북교류를 승인해야 우리가 교류할 수 있는 것은 아니다. 우리가 교류를 하겠다는 의지가 있고, 북한도 교류할 의지가 있다면 어떤 상황에서도 남과 북은 계속 교류할 수 있다.

강대국이 우리에게 교류하지 말라고 요구한다고 우리는 민족끼리 교류를 중단해야 하는가?

둘째, 같은 민족끼리 평화적으로 교류하고 지내는 것이 최선의 방안이다. 다른 민족끼리는 일방적인 요구조건만 제시하는 강압적인 협상 방법이 더 효과적일 수 있다. 그러나 같은 민족끼리는 교류하면서 나아가야 사이가 더 좋아지고 상호 신뢰가 쌓인다.

셋째, 남북한이 평화롭게 교류하고 있어야 한반도의 평화가 정착되고 남북한의 신뢰가 쌓인다. 남북한의 신뢰가 쌓여야 평화통일의 길도 찾을 수 있다.

북한의 핵 문제가 타결되기 전에도 민족끼리의 교류와 협력에 대한 유엔

의 동의를 얻어 남북교류와 협력을 적극 추진해야 한다.

북한은 유엔의 경제적 제재가 지속되면서 언제 무너질지 모를 정도로 경제가 악화되고 있다. 미국과 북한의 핵 협상이 타결되지 않으면서 남북한의 교류와 협력도 제대로 시행되지 않고 있다. 북한이 무너지기 전에 최후의 수단으로 돌발 행동을 선택하는 것을 막기 위하여 북한에 탈출구를 주어야 한다. 북한이 파괴적인 선택을 하는 것을 막기 위해서 같은 민족끼리의 교류와 협력을 시작해야 한다고 생각한다.

이제는 유엔에 우리의 입장을 선언하면서 남북교류를 시작해야 할 때라고 생각한다.

〈참고〉

유엔에 대한 부탁(유엔에 대한 선언)

남과 북은 2018년에 서로 상대방의 체제와 정권을 인정하고 한반도의 평화를 유지하기 위하여 전쟁의 종식을 선언하였다. 이제는 한반도에서의 전쟁은 일어나지 않도록 남과 북이 적극 협력할 것이다.

이제는 남과 북이 평화롭게 교류와 협력을 본격적으로 시작하겠다. 북핵 문제가 해결이 안 되어도 우리는 한반도의 평화유지를 위하여 남과 북이 다각적인 교류와 협력을 시작하겠다. 같은 민족끼리 먼저 교류와 협력을 할 수 있도록 유엔의 모든 국가들이 우리를 도와주기 바란다

제1) 북한이 핵무기를 포기하지 않아서 유엔에 의한 경제 제재가 지속되어도, 같은 민족인 우리가 먼저 적극적으로 협력하는 것이 북한의 핵무기에 대한 포기를 더 빨리 유도할 수 있다고 생각한다.

제2) 유엔의 경제적 제재로 북한이 힘들어 지면서 극단적인 선택하는 것을 막기 위해서는, 같은 민족끼리의 협력을 유엔이 예외적으로 인정해야 한다고 판단한다.

제3) 우리가 북한을 경제개발 시키려면 먼저 도로, 철도 등 기본적인 인프라를 지금부터 구축해야 한다. 핵 문제가 완전히 해결된 다음 시작하면 그만큼 시간만 지체될 뿐이다. 북한의 핵무기에 대한 집착을 포기할 것을 선언하였기에, 지금부터 5~10년이 소요되는 국가의 인프라를 구축하기 위해서 빨리 시작하려고 한다.

제4) 개성공단이나 금강산 관광 등의 사업도 빨리 재개되어야 한다. 동 사업을 시작하는 것이 북한의 핵개발 포기에 대한 의사 결정에 긍정적인 영향을 줄 것이라고 우리는 생각한다.

제3부 한민족의 번영을 위한 한반도 공화국

1. 평화통일의 길을 찾기 위한 각성(깨달음)

(1) '잃어버린 110년'을 다시 찾자

제1) 독립운동 지도자들의 희생에 보답하고, 실향민들의 한을 풀어주자

"오등은 자에 아 조선의 독립국임과 조선인의 자주민임을 선언하노라. 차로써 세계만방에 고하야 인류 평등의 대의를 극명하며, 차로써 자손만대에 고하야 민족자존의 정권을 영유케 하노라…."

2019년은 3·1 운동이 일어난 100주년이 되는 해이다. 러시아와 미국의 민족자결주의에 용기를 얻어 전 국민이 일제에서 벗어나 독립을 쟁취하기 위해 봉기한 것이 3·1 운동이다. 3·1 운동 이후 대한민국 임시정부가 중국 상하이에 수립되었으며, 수많은 독립투사들이 나라를 찾기 위해 목숨을 바치셨다.

해방된 지 70여 년이 지난 지금에도 한반도는 아직도 남북으로 분단되어 있다. 이제는 하나의 나라로 돌아가야 한다. 한민족이 하나의 독립국이 되어, 민족자존의 번영을 이룩해야 한다.

한민족 독립운동 지도자들의 희생에 보답하고, 그분들의 한을 풀어주자.

첫째, 일제시대에 나라를 빼앗기자 많은 독립지도자들이 한반도를 떠나 중국이나 러시아 지역에서 독립운동을 하였다. 그러나 역사는 그분들의 예상과 달리 전혀 다르게 흘러갔다. 새로운 강대국인 미국과 소련이 일본을 제압하면서 한반도는 남북으로 분단되었고, 제2차 남북국시대가 시작된 지 벌써 70년이 넘었다.

둘째, 일제시대에 활동하신 독립운동지도자들의 염원은 두 가지라고 생각한다. 하나는 빼앗긴 나라를 일제에서 다시 찾기. 다른 하나는 아마도 일본보다 더 잘사는 나라로 만드는 것. 첫 번째 염원은 예상과 다른 방향으로 달성되었고, 두 번째 염원도 아직도 달성되지 않고 있다. 나라가 없어지고, 분단된 지 벌써 110년이 지났다. 그분들의 한을 풀어주자.

셋째, 독립운동지도자들의 염원을 풀어주기 위하여 남북의 평화통일을 위해 나아가자. 남북이 통일되어야 진정으로 나라를 찾는 것이고, 남북이 통일되어야 일본과 대등하게 행동할 수 있다. 그래야 그분들이 웃으면서 편하게 쉴 수 있다.

실향민들의 한을 풀어주어야 한다

첫째, 북한의 고향을 어쩔 수 없이 떠난 실향민들은 남한에 정착하면서 고생을 많이 했다.

냉전시대에 남한은 반공 정책을 강하게 내세우면서, 북한에 일가친척이 있는 사람들은 공무원, 경찰, 군인이 되기 어려웠다. 채용 전에 신원조사를 하여 북한에 일가친척이 있으면, 근무한 뒤에 북한의 간첩이 이용할 수 있다고 판단하여 채용이 거부되기도 하였다. 행정고시나 사법고시의 2차 시험까지 합격하여도, 신원조사 결과에 따라 3차 면접에서 탈락하는 일이 나타나기도 하였다. 비슷한 사유로 국내 대기업들의 취업도 매우 힘들었다. 그래서 실향민들은 대부분 신원조사를 받지 않는 자영업(식당이나 개인사업 등)만 할 수 있었다. 이런 연좌제는 1980년대에 민주화가 되고 나서야 비로소 철폐되었다.

둘째, 실향민들은 북한과의 관계가 개선될 때 희망을 가졌지만, 다시 관계가 나빠지면 더 큰 절망감을 느꼈다. 정치인들이 북한 카드를 정치적으로 이용할 때마다 배신감과 실망감도 느꼈다. 북한의 주기적인 도발로 남한에서 반공 의식이 높아질 때마다 실향민들은 숨죽이고 살았다. 영영 북한에 있는 일가친척을 보지 못한 채 죽을 것 같은 절망감 속에서 살았다.

북한에서 홀로 내려와 현대그룹을 일군 정주영 회장은 남북관계가 호전되자 소 1,001마리를 끌고 북한을 방문하였다. 그리고 남북관계 개선을 위해 죽기 전까지 노력하였다. 남북교류가 시작되면서 이산가족을 만난 사람들은 헤어질 때 다시 못 만날까 봐 슬픔의 눈물을 흘렸고, 만나지 못한 사람들은 죽을 때까지 만날 수 없을지 모른다는 슬픔의 눈물을 흘렸다.

셋째, 고향을 떠나서 남한에 홀로 내려와 고생하면서 살고 있는 실향민의 꿈은 통일이 되어 자유롭게 고향을 가고 싶은 마음일 것이다.

통일이 되어 자신의 고향을 자유롭게 가서 볼 수 있게 해주자.

고향을 보지 못하고 돌아가신 분들이 고향의 땅에 묻힐 수 있게 해주자.

성공한 실향민들이 제2의 정주영 회장이 되어 고향에서 일할 기회를 갖게 해주자.

자손들이 부모님의 고향을 자유롭게 찾아가고, 그곳에서 부모님들의 꿈을 대신 이룩하게 해주자.

제2) 한반도가 평화통일이 되어야 완전한 자주독립국가가 된다

통일이 되어야 한민족이 핵과 전쟁에 대한 공포에서 완전히 벗어나게 된다.

첫째, 핵무기 없는 한반도를 만들 수 있다.

북한이 정권 유지를 위하여 핵무기를 계속 보유하려고 한다면, 완전히 폐기된 핵무기를 단기간에 다시 만들 수도 있다. 핵무기를 다시 만들 모든 가능성마저 없앨 수 있다고 생각하는 것은 북한이 존재하는 한 실현 불가능한 희망일 뿐이다. 한반도를 통일하여 우리가 스스로 핵무기를 한반도에서 완전히 사라지게 하는 것이 제일 확실한 방법이다.

둘째, 통일이 되어야 한반도에서 전쟁이 없는 길을 자유롭게 선택할 수 있다.

한반도가 분열되어 있는 한 한국은 완전한 자주국가로 독립적으로 행동하기 어렵다. 통일이 되어야 우리의 안보를 스스로 결정하고 선택할 수 있다. 남북한이 하나가 되면 주변의 강대국끼리 긴장이 심화되어도, 한국은 한반도의 평화를 우선시하는 방향으로 나아갈 수 있다. 강대국들끼리 군사적으로 대립하고 있어도, 한반도에서는 전쟁이 발생하지 못하게 할 수 있다.

완전한 자주독립국가가 되어 국민과 국가를 위한 제대로 된 길을 선택할

수 있다.

첫째, 한민족이 하나가 되어야 한민족이 번영한다.

한민족의 목표는 한민족이 평화롭게 살면서 번영하는 데 있다. 통일이 되어야 비로소 우리가 완벽한 자주국가, 독립국가가 되어 한민족의 발전과 번영을 위한 길로 당당하게 나갈 수 있다.

한반도는 향후에도 강대국들 사이에서 살아가야 한다. 한민족의 번영과 발전을 위하여 강대국 사이에서 한 민족을 지키고, 주변 강대국과 평화롭게 같이 가는 나라로 발전해야 한다.

둘째, 통일이 되면 모든 사람에게 새로운 기회가 온다.

통일이 되면 5% 이상의 경제성장률을 시현할 것이다. 다시 경제가 고성장 시대로 돌아가면서 국민들이 새로운 기회를 잡을 수 있다. 젊은 층은 정규직으로 모두 취업할 것이고, 노년층도 재취업이나 새로운 사업 기회를 얻게 될 것이다. 기존 기업들은 새로운 성장 기회를 가질 것이며, 새로운 기업의 출현도 가능해진다.

셋째, 미래의 주역인 젊은이들에게 꿈과 희망이 생긴다.

전 세계가 어려워져도 남북통일이 되면 인구가 거의 8천만 명이 되기 때문에 어느 정도의 규모를 가진 국가가 되어, 전 세계 불황기에도 버틸 수 있는 체력을 가질 수 있다.

한국의 젊은이들은 한민족의 번영, 발전이라는 큰일에 동참하면서, 진정한 미래의 주인으로 한반도에서 당당하게 살아갈 것이다.

제3) 통일이 되면 한민족의 번영과 발전이 다시 시작된다

첫째, 남북이 평화통일이 된다면, 한반도는 비약적인 발전을 경험할 것이다.

세계 경제가 보호무역주의로 위축되어도 통일이 되면 내수로 버틸 수 있는 체력을 가지게 되고, 새로운 고도성장 단계로 진입하게 될 것이다. 남과 북이 통일되면, 중국대륙과 연결되면서 섬나라가 아닌 반도국가로서 새로운 성장하게 될 것이다.

〈참고〉

통일 후 한반도의 잠재력은?

남북이 통일되면 한반도 인구가 7천5백만 명, 한반도 GDP는 2.7조 달러로 전망하고 있다. 이 정도 규모가 된다면 현재의 영국(6천6백만 명)이나 프랑스(6천5백만 명)와 비슷하게 경제규모가 될 것으로 보인다. 우리 앞에 있는 강대국은 미국(3억3천만 명), 중국(14억1천만 명), 일본(1억2천만 명), 독일(8천2백만 명)뿐이다.

우리가 생각하는 것보다 한반도의 잠재력이 훨씬 크다. 상상만 하여도 기분이 좋아진다.

통일이 되면 또 일본과 대등하게 행동할 수 있는 나라가 된다.

2017년 남한의 GDP는 1.1조 달러인데, 일본의 GDP는 4.8조 달러이다. 일본 인구는 1억2천7백만 명이고, 남한의 인구는 5천만 명이다. 남한의 GDP는 일본의 23%, 인구는 일본의 40%이다. 경제적으로는 남한이 일본과 대등하게 행동할 수 없다. 두 나라가 어느 정도 대등하게 행동하려면 GDP 및 인구 격차가 50% 수준보다는 낮아야 하기 때문이다. 그러나 남한이 북한과 평화통일을 하게 되면 한반도의 GDP가 현재 가격으로 2.7조 달러까지 증가할 것으로 예측하고 있다. 그렇게 되면 GDP는 일본의 54%, 인구는 일본의 59%까지 높아진다. 통일이 되면 한반도가 일본과 어느 정도 대등하게 행동할 수 있는 규모가 되는 것이다.

(2) 한민족의 평화통일은 하늘의 뜻이다.

제1) 한반도와 한민족은 냉전체제의 희생자들이다

첫째, 한국은 냉전체제의 희생국이다.

우리의 힘으로 나라를 찾은 것이 아니라, 강대국의 승리와 결정에 의해 한반도는 남한과 북한으로 나뉘어졌다. 강대국(소련)의 힘을 빌려 한반도를 통일하려고 한 북한의 시도는 또 다른 강대국(미국)의 힘으로 좌절되었다. 강대국(미국)의 힘으로 한반도를 통일할 수 있다는 남한의 희망도 또 다른 강대국(중국)에 의해서 좌절되었다. 한민족의 의지와 상관없이 남북이 나뉘어졌고, 강대국들의 합의에 의하여 휴전되었다.

둘째, 남한의 정치지도자들은 정권 유지에 분단 현실을 이용하였다.

한국의 지도자들은 경제발전과 독재 정권을 유지하기 위해서 다시 전쟁이 일어날지 모른다는 공포심을 활용하였다. 남한과 북한이 서로 같이 나아가야 할 민족이 아니라, 서로 없애야 할 적대관계로 인식시키면서 전쟁에 대한 공포심이 더 커지게 되었다.

민주화를 주장하는 인사들, 독재에 반대하는 인사들은 공산주의자, 종북 세력이라는 누명을 쓰면서 탄압과 처벌을 받았다. 공산주의가 붕괴된 이후에도 선거 때는 정치권에서 수시로 분단된 현실을 활용하였고, 그 결과 국민은 좌익과 우익으로 나뉘게 되었다.

셋째, 전 국민은 냉전체제의 희생자들이다.

남북이 분단된 이후 정치권들이 자신들의 이익을 위하여 분단 현실을 이용하여 전 국민을 좌익과 우익의 구도로 만들어서 서로 싸우게 만들었다. 지난 70여 년간 정치인들이 분단현실을 왜곡하면서 생긴 수많은 편견들을 이제는 다시 생각해 봐야 한다. 다음의 극단적 사고들은 모두 틀렸다.

–경제발전을 우선적으로 주장하면 우익, 소득 분배를 우선적으로 주장하면 좌익이다.
–북한을 같이 가야 할 민족으로 생각하면 좌익, 북한을 이겨야 할 적으로 생각하면 우익이다.
–대한민국의 번영을 주장하면 우익이고, 북한과의 공동 번영을 주장하면 좌익이다.
–촛불을 들면 좌익이고, 태극기를 흔들면 우익이다.

"북한이 어느 정도 스스로 발전해야 통일 비용이 줄어든다. 남북한의 경제 격차가 줄어들면 그때 통일을 이야기하면 된다?"라고 하는데 그렇지 않다.

첫째, 북한이 스스로 발전한 다음에 통일을 논의하자는 것은 각자 알아서 살자는 것이다. 북한이 스스로 발전하기에는 자본과 기술이 너무 부족하여, 세계의 극심한 경쟁 속에서 수출을 하는 것은 현실적으로 불가능하다. 따라서 경제적 여유가 있는 남한이 북한을 도와주기 싫다는 핑계로만 들린다.

둘째, 만약 북한이 어느 정도 살게 되어 남북 격차가 줄어든다면 북한은 남한과의 통일을 원하지 않을 수 있다. 힘들게 난관들을 돌파하면서 어느 정도 살 수 있게 되었다면, 왜 또다시 이념과 체제가 다른 남한과의 통일이라는 힘든 과정을 추진하겠는가? 먹고 살 수 있는 수준이 되면 더 이상 다른 위험을 부담하지 않으려는 것이 일반적인 행동이다.

제2) 세계에서 유일하게 분단된 한반도는 통일되어야 한다.

한반도의 평화통일이 한민족을 위한 최선의 길이라는 것을 알아야 한다.

첫째, 한민족의 통일이 조상에 대한 우리의 의무이다.

천년간 한반도를 하나로 지켜온 우리의 조상에 대한 책임을 우리가 져야 한다. 우리 조상들이 잘못하여 나라를 일본에 뺏기고, 다시 강대국에 의해 남북으로 나누어진 지 70년이 넘었다. 한반도의 주인은 현재 남과 북으로 나누어져 있다. 남한만 잘 살겠다고 주장하는 것은 조상에 대한 우리의 의무를 다하지 않겠다는 것이다. 남쪽만 잘 살고 북쪽은 계속 못 살고 있다면 한민족이 공동 번영하는 것이 아니다. 남과 북이 다 잘 살아야 한민족이 잘사는 것이다.

둘째, 세계에서 유일하게 분단된 한반도는 통일되어야 한다.

독일은 냉전체제가 끝나자 스스로 힘으로 평화적인 동서통일을 달성하였고, 베트남은 30년간의 강대국들과의 전쟁에서 승리하면서 통일하였다. 전 세계에서 유일한 분단국인 우리는 평화통일을 하여야 한다. 민주화와 경제발전을 동시에 달성한 대한민국은 제3의 과제인 평화통일을 향해 나아가야 한다.

셋째, 남한만이 발전이 아닌 한민족의 번영을 추구하자.

오로지 경제적 목적만을 위해서 통일을 하려고 하는가? 남한의 성장을 높이기 위해서 북한이 필요한가? 남한 사람들이 부자가 되기 위하여 북한과 북한주민을 이용해야 하는가?

북한과의 통일로 우리 민족이 하나가 되어야, 한국은 국제사회에서 자유로울 수 있다. 남북이 하나가 되어야, 안보 걱정 없이 마음 편하게 살 수 있다. 한민족이 하나가 되어야 비로소 진정한 자주독립국가가 될 수 있다. 진정한 자주독립국가가 되어야 한민족이 제대로 발전할 수 있게 된다.

한민족은 하나다.

우리는 남북이 분단된 이후 전 세계를 상대로 무역을 통한 경제발전을 이룩하였고, 그 후 자유민주화를 달성하였다. 북핵 문제로 방황하고 있는 지금 전 국민은 우리의 제3의 목표인 통일을 위해 다시 나아가야 한다.

첫째, 우리나라의 선조들은 중국이라는 초강대국을 이웃으로 두고서 한민족의 나라를 하나로 지켜왔다. 그 결과 여러 번의 침략에도 불구하고 고유 문화를 지키면서, 한민족도 존속하게 되었다.

둘째, 한민족이 하나라는 생각을 가지고 전 국민이 같이 가야 한다. 북한도 한글을 쓰고 우리말을 한다. 같은 한민족이라는 것은 부인할 수 없는 사실이다. 우리는 같은 민족이라는 것을 인정하고 같이 가야 한다.

셋째, 강대국들이 한반도를 남북으로 분단시켰지만, 이제는 우리가 우리의 힘으로 한반도를 통일해야 한다. 현재 남과 북은 모두 한민족의 통일에 대한 강한 열망이 있다. 따라서 통일로 향한 제대로 된 길을 찾아서 서로 노력을 한다면 통일이 이루어질 수 있다. 그 길만 찾으면 된다. 이 길은 우리가 찾아야 한다.

넷째, 우리의 현실을 받아들이고, 이제는 다시 한민족의 통일이라는 보람있는 일을 해야 한다.

이 세계의 모든 국가는 다 잘사는 사람도 있고 못사는 사람도 있다. 그리고 살기 좋은 나라도 있지만 전 국민이 전쟁으로 평생 빈곤과 질병 속에서 힘들게 사는 나라도 있다.

나라를 선택하지 못하지만 한반도에서 태어난 이상 여기에서 최선을 다해 사는 행동이 더 중요하다고 생각한다. 편하게 살 수는 없어도, 보람 있는 일을 찾아 일하면서 사는 것은 어렵지 않다.

한민족의 통일을 이룩하는 길을 찾는 것은 보람있는 일이고, 우리가 새로운 희망을 스스로 만드는 것이다. 어떻게 통일을 해야 남과 북이 같이 번영할 수 있을까에 진정으로 집중해야 한다.

제3) 통일의 길은 한민족이 스스로 찾아야 한다.

"통일이 되면 좋고, 안되면 할 수 없고…"

북한과 대화와 협의를 통한 통일이 불가능하다고 생각하면 이런 관점을 가지는데, 이제는 이런 생각을 버리자.

첫째, 냉전시대에서는 말할 수 있는 선택이었으나, 미국과 중국이 한반도를 예의 주시하고 있는 현 상황에서는 매우 무책임한 말이다. 특히 북한의 핵무기 보유가 눈앞에 보이는 지금 우리가 제대로 대응하지 않으면 강대국끼리의 협상으로 한반도의 운명이 다시 결정될 수도 있다.

둘째, 독일은 평화통일을 하였고, 베트남은 무력통일을 하였다. 냉전시대가 끝난 지금도 분단되어 있는 지역은 전 세계에서 한반도밖에 없다. 또한 한민족이 하나가 되는 것이 조상에 대한 우리의 소명인데, 남한만 잘 먹고 살면 된다는 생각을 가지고 한민족의 소명을 외면해서는 안 된다.

셋째, 한반도의 평화유지와 한반도의 통일은 전혀 다른 문제라는 사실을 알아야 한다. 한반도의 평화를 유지하기 위해서는 남과 북이 합의하면 가능한 일이다. 각자의 서로 다른 체제를 존중하면서, 상대방을 비난하지 않고, 남북의 긴장 관계를 우호적인 관계로 전환하면 된다. 역사적으로는 보면 남과 북이 통일 신라와 발해처럼 평화롭게 살자는 의미로 해석된다. 통일 신라와 발해는 평화롭게 260년을 공존하였다. 고려는 후삼국을 통일한 뒤, 멸망한 발해의 유민을 받아들이면서 한반도를 통일하였다. 그러나 발해가 요나라에 멸망하였기에 발해 영토 대부분를 요나라가 차지하였고, 고려는 지극히 일부 영토만 확보하였다.

한반도의 통일은 정치체제가 하나로 통합되어 하나의 국가가 되는 것이다. 북한의 정치체제와 남한의 정치체제가 하나로 통합되는 과정이다. 따라서 통일이 되기 위해서는 먼저 남과 북이 어떤 정치체제가 바람직하냐에 관한 대화와 토론이 있어야 하고, 서로의 합의가 있어야 비로소 통일을 위한 과정이 시작되는 것이다.

우리의 소원은 통일! 이제는 말만 하지 말고 행동으로 실천하자.

첫째, 강대국들은 한반도를 자국의 이익을 기준으로 판단할 뿐이다. 미국의 경우 한반도의 통일보다는 북한의 핵무기 제거에 최고의 관심이 집중되고 있으며, 한반도에서 중국의 영향력이 확대되는 것을 매우 경계하고 있다. 중국은 한반도의 평화와 안정을 최우선과제로 생각하고 있으며, 한반도에서 미국의 영향력이 더 커지는 것을 경계하고 있다.

필자가 개인적으로 알고 있는 미국인이나 중국인에게 한반도의 통일에 대한 꿈을 말하면 이런 비슷한 답변만 듣는다.

"현재 상황에서 남과 북이 통일을 하겠다고 결심하여도 쉽지 않은 과정으로 보인다. 그러나 당신이 그렇게 통일을 원한다면 지금부터 스스로 길을 찾아보아라. 그리고 내가 도와줄 수 있는 일이 있다면 도와주겠다. 한민족의 통일은 한민족이 의지를 가지고 추진하여야 달성되는 힘든 과정이며, 강대국들을 설득하면서 북한을 포용하고 나아가야 평화통일이 이루어질 것으로 판단된다."

둘째, 지금까지 남북대화 시 통일을 향한 실질적인 방안에 대한 논의는 시작도 안 했다.

지금까지 북한과의 대화와 교류를 통하여 이렇게 하여 통일을 하자고 제안해본 적이 있는가? 북한이 싫어할 수 있는 말은 하나도 안 하고, 오로지 평화유지만을 위한 대화만 하였을 뿐이다. 이제는 진정으로 평화통일을 이루기 위한 길을 찾아보아야 하고, 북한과 실질적인 토론을 시작해야 한다.

지금까지 우리가 해온 행태를 반성하자. 이제는 북한과 제대로 말해야 한다. 지금처럼 통일을 원한다고 말로만 외치면서, 속마음을 말하지 않는 것은 서로를 속이는 행위일 뿐이다.

이제는 먼저 우리가 최선을 다해서 평화통일을 달성하기 위한 방안들을 제대로 찾아봐야 한다. 그러고 나서 북한에 우리의 뜻을 말하면서 북한의 의견을 듣자! 이런 과정이 있어야 실행 가능한 통일 방안을 찾을 수 있다

이제는 행동도 없는 통일을 외치지 말자.
이제는 방향도 모르는 통일을 외치지 말자!
같은 한민족으로서 솔직하게 우리의 속마음을 말하자.
말로만 통일이라고 하지 말고, 통일 후 이렇게 같이 살아보자고 말하자.

(3) 한민족은 하나다.

제1) 통일에 대한 '장밋빛 꿈'에서 이제는 벗어나자.

"통일이 되면 북한을 활용하여 큰돈을 벌 수 있을 것이다."

통일이 되면 한국이 세계 8위의 국가가 될 수도 있다고 주장하는 '장밋빛 꿈'을 제시하는 보고서가 많이 출판되고 있다. 북한의 값싼 노동력을 활용하여 가격경쟁력 있는 상품을 만들어 수출할 수 있으며, 또한 북한의 미개발된 토지와 부존자원을 잘 활용한다면 큰돈을 벌 수 있다고 희망이 가득한 상상을 하게 만든다. 그러나 필자는 이러한 희망은 우리가 일방적으로 생각하고 있는 '장밋빛 꿈'일 뿐이라고 생각한다. 경제적으로 제일 좋은 가정을 전제로 하는 주장일 뿐이다.

이제는 우리의 잘못된 가정을 다시 생각해야 한다.

첫째, 북한의 임금 수준을 잘못 가정하고 있다. 값싼 북한의 임금을 말할 때는 무의식적으로 개성공단에서의 임금 수준을 가정하는 것 같다. 그러나 개성공단에서의 임금 수준은 폐쇄주의 국가인 북한 정부가 남한과 협의하여 정한 것이지, 시장기구에 의해 정해진 정상적인 임금은 아니다.

통일이 된 뒤 북한주민들은 남한으로 내려와 일을 할 수도 있고, 중국에 가서 일을 할 수도 있다. 남한에서 일할 경우 최저 임금 수준의 임금을 받을 수 있으며, 중국에 가서 일해도 개성공단 수준의 임금보다는 한참 더 받을 것이다. 따라서 통일 후의 북한주민은 지금 가정하고 있는 임금 수준보다 적어도 5~10배의 수준으로 높아질 것이다.

둘째, 북한 토지제도를 무시하고 있다. 많은 사람들이 통일이 되면 북한 지역의 땅투기로 큰돈을 벌 것이라고 꿈에 젖어 있다. 그러나 북한의 토지제도는 남한과 달리 국유제이다. 토지의 소유권은 국가가 가지고 있고, 주민들은 사용권만 보유하고 있다.

국유제인 토지를 사유제로 전환하는데 많은 시간과 비용이 들게 된다. 북한 지역에 대한 국토종합계획을 수립한 뒤, 새로운 택지나 공단을 단계적으로 개발하여 민간에게 분양하는 형식을 채택할 것이다. 기반 시설을 정비하는데 비용이 많이 들기 때문에 분양가격이 올라갈 수밖에 없다. 조성된 택지는 우선적으로 북한주민과 현지 투자 기업들의 직원 숙소 등에 공급될 것이다. 또한 북한의 부동산 투기를 원천적으로 차단하는 정책을 추진할 것이므로, 통일이 되어도 남한 사람은 북한 지역의 부동산 투자로 큰돈을 벌기 어렵다.

셋째, 북한 지역에 기본적으로 필요한 인프라(전력, 통신, 도로, 철도, 항만 등)를 구축하는 데에만 5~10년의 기간이 필요하다. 북한지역에는 광물 자원이 남한지역보다 많으나, 자원을 개발하여 사용하기 위해서는 우선 전기, 수도, 도로 등의 기본적인 인프라를 구축해야 한다. 인프라를 구축하는데 생각보다 많은 시간과 비용이 들 것이다. 또한 그곳에서 사람들이 살 수 있게 생활 편의 시설까지 구축해야 한다면 더 많은 시간과 비용이 든다.

제2) 북한주민에게 희망과 기회를 주자

'통일이 되어 북한주민의 소득이 향상된다면 북한주민이 만족할 것이다?'

통일이 되어 경제가 발전되면 북한주민의 소득이 향상되니, 북한주민은 만족할 것이라고 가정하는 막연한 가정도 문제점이 많다.

첫째, 통일이 되면 북한주민의 소득이 현재의 1천 달러 수준에서 5천 달러로 높아지는 것은 그렇게 어렵지 않을 것이다. 북한의 개발 속도에 따라 다르겠지만 필자는 5년 이내에 1만 달러 수준이 될 것으로 판단한다.

북한주민들은 처음으로 접한 극심한 경쟁에 적응하면서 힘들게 살아야 한다. 능력과 경험이 부족하여 제대로 된 일자리는 찾기 어렵고, 남한 사람이 하기 싫어하는 힘든 노동을 하게 될 확률이 높다. 이런 상황에서 북한주민은 현재의 천 달러 수준이 통일 후 1만 달러 수준으로 소득이 높아진다면 만족하고 살 수 있을까?

둘째, 통일 후에 남한의 1인당 소득이 3만 달러를 훨씬 넘는데, 북한주민이 1만 달러의 소득에 도달하였다고 아무 불만 없이 받아들일까? 남한 사람과 북한 사람의 소득 수준이 차이가 나는 것은 어쩔 수 없으나, 북한주민이 받아들일 수 있는 수준은 되어야 한다. 통일 후에 남과 북의 주민 소득 격차가 심하다면, 민족 내부의 '빈익빈 부익부'라는 갈등이 생기면서 한반도에 새로운 위기가 올 수 있다.

북한주민에게 희망과 기회를 주자.

통일이 되면 지금보다 새로운 기회가 많이 생기게 되어 훨씬 더 잘살 수 있을 것이라는 기대감이 있어야 북한주민도 평화통일을 진정으로 바라게 될 것이다.

첫째, 민주주의는 중요정책을 다수결의 원칙으로 결정한다. 남한의 인구는 5천만 명, 북한은 2천5백만 명이니, 통일 후에 모든 정책을 다수결의 원칙으로 하게 되면 항상 남한의 의도대로 모든 것이 결정될 수밖에 없다. 따라서 평화통일이 되어도 북한주민의 합의를 얻은 뒤 정책을 시행하겠다고 약속해 주는 것이 매우 중요하다. 북한 지역에 관련된 사항은 북한주민의 동의를 얻은 뒤 시행하니 걱정하지 않아도 된다고 북한주민에게 명확하게 말해 주어야 한다.

둘째, 평화통일이 되면 북한주민들도 한민족의 일원이 되어 자랑스럽게 활동할 수 있다는 것을 북한주민도 느껴야 한다. 지금까지 발표한 우리의 정책들은 북한주민의 역할을 명확하게 제시해 주지 못한다. 북한주민들도 통일 한반도의 주인으로 활동할 수 있어야 희망을 갖게 된다.

셋째, 통일에 대한 정책 수립 시 북한주민의 참여를 확대하고 역할을 부여하는 방법을 찾아야 한다. 남한 주도로 모든 것을 결정하고, '이렇게 가면 너희도 좋을 것'이라고 말해 주는 행태에서 벗어나자. 이렇게 하면 북한주민의 생활이 어떻게 바뀔 것이라는 것을 제시해야 하고, 북한주민이 스스로 훨씬 더 나은 생활이 되겠다고 느끼고 스스로 선택할 수 있어야 한다.

넷째, 탈북자의 경우에는 남한이 적극적으로 받아주는 이유는 같은 한민족이기 때문이다. 남한에 가게 되면서 훨씬 더 잘살게 되었고, 새로운 기회도 잡게 되었다는 한국의 꿈(Korean Dream)을 북한주민도 가질 수 있게 되어야 평화통일을 위한 길에 한 걸음 더 나아가는 것이다.

제3) 더 많이 알고 더 여유 있는 남한이 북한을 포용하면서 도와주어야 한다.

북한주민을 포용하면서 가야 한다.

첫째, 평화통일을 하려는 주된 이유는 한민족이 하나로 다시 뭉치면서 완전한 자주독립국가가 되려는 것이다. 한민족의 번영과 발전을 위하여 통일을 하는 것이다. 조상에 대한 우리의 의무를 다 하는 것이다. 북한주민도 우리와 같은 수준의 권리와 의무를 주어야 한다. 즉, 한민족으로서 북한주민을 대접해야 한다.

둘째, 현실적으로 우리가 북한을 포용하면서 나아가야 한다. 북한이 우리를 포용해야 우리가 북한을 포용할 수 있다는 사고는 버려야 한다. 모든 부분에서 앞서 나간 자가 뒤에 있는 사람을 포용하는 것이 정상적이다.

셋째, 북한주민을 포용하면서 나아가는 것이지, 북한의 남한에 대한 무력도발을 포용하는 것은 아니다. 남한과 북한의 무력대결은 한민족의 멸망을 가져올 수 있으므로 피해야 하지만, 북한의 무력도발에 대해서는 단호하게 대처하여 한반도의 평화유지에 대한 우리의 의지를 보여야 한다.

외국기업이 북한을 개발하는 데는 한계가 있다

남한의 경제력이 부족하기에 중국이나 미국 또는 일본 자본을 활용하여 북한을 먼저 잘 살 수 있게 해주면, 남한이 큰 비용을 들이지 않고 북한을 개발할 수 있을 것이라고 주장하기도 한다. 맞는가?

첫째, 북한이 핵을 포기한다고 해서 외국인 투자를 그렇게 쉽게 유치할 수 있을까? 정치체제의 문제는 고려하지 않는다고 하더라도 전력, 물류 등에서 기본적인 인프라가 부족한데 어떤 외국기업이 쉽게 투자를 결정할 수 있는가? 안정적인 수익성이 보장되지 않으면 어떤 기업도 북한에 쉽게 투자할 수 없는 것이 현실이다.

둘째, 과거에 현대그룹만 위험 부담을 안고 북한에 투자하였지, 다른 대기업은 위험 부담이 크다고 적극적으로 투자하지 않았다. 우리가 대북 투자를 주저하면서 외국기업들에 먼저 투자하라고 말한다면, 그들이 우리의 말을 그대로 믿고 북한에 투자를 할까?

일반적으로 외국 자본은 수익이 명백하게 보여야 투자하기 때문에 기본적인 사회간접자본시설이 구축되기 전까지는 적극적으로 투자하기 어려울 것으로 보인다. 한국 기업이 적극적으로 투자하지 않는다면 외국기업들의 대북 투자는 불가능하다고 보아야 한다. 외국 자본 유치를 통한 북한지역 개발은 당분간 기대하지 말자.

셋째, 우리가 제일 먼저 적극적으로 북한에 투자해야 한다. 만약 외국 자본이 먼저 북한에 투자하여 북한의 경제가 발전되었다면 어떻게 상황이 변할까? 북한주민은 위험 부담을 안고 북한 지역에 투자하여 북한주민의 생활 수준을 향상시켜준 외국기업과 그 나라에 고마움을 가지게 될 것이고, 신뢰를 보일 것이다. 향후에도 좋은 사업 개발의 기회가 생긴다면 그 기업과 그 나라에게 우선적으로 줄 것이다.

외국기업이 북한 지역에서 성공한 다음에 우리 기업이 북한을 진출하려고 한다면 북한이 우리의 요구를 쉽게 받아줄까? 아마 북한은 나중에 위험 부담이 거의 없는 상태에서 북한에 진출하려는 우리에게 큰 혜택을 주지 않을 것이 당연하다. 경제성이 약한 사업이나, 개발이 어려운 지역에 대해서만 기회를 줄 것으로 생각된다.

2. 평화통일의 길을 찾기 위하여 우리가 선택해야 한다

(1) 통일 방식에 대한 관점

어떤 방식으로 통일을 할 것인가?

통일을 달성하는 방식은 크게 세 가지로 나누어 볼 수 있다. 하나씩 살펴보자.

제1안) 무력통일

남과 북의 한쪽이 무력을 사용하여 강제로 한반도의 통일을 이룩하는 것이 무력통일이다.

북한이 6·25 전쟁을 일으킨 것이 무력통일의 전형적인 사례이다. 미국에 중국군을 이길 때까지 싸워서 한반도를 통일시켜야 한다고 주장하면서, 휴전에 반대한 이승만 대통령의 주장도 외세의 힘을 이용한 무력통일을 말한 것이다.

핵무기를 보유하여 주한 미군을 철수시킨 뒤, 핵무기로 위협하여 통일하겠다는 방식도 무력통일이다. 또한 북한의 핵무기를 제거하기 위하여 선제공격을 하여 북의 정권을 붕괴시키야 한다는 것도 무력통일을 주장하는 것이다.

–장점

첫째, 한쪽이 경제, 군사적으로 절대적으로 우월하면 시도해 볼 수 있다.

둘째, 성공하면 남과 북이 긴장 상태에서 완전히 벗어 날 수 있다

셋째, 이기게 되면 상대의 모든 것을 가질 수 있다.

–단점

첫째, 전쟁을 준비하는 과정에서 긴장이 높아지고, 모든 자원이 전쟁 준비에 사용된다.

둘째, 전쟁에서 이기더라도 많은 것이 파괴된다면 다시 경제를 일으켜야 한다. 전쟁에서 이기지 못하면 수많은 생명만 희생되고, 다시 새로 시작해야 한다.

셋째, 무력으로 통일을 하여도 상대방이 받아들이지 않고 끝까지 항전을 선언한다면, 통일 후에 언제 끝날지 모르는 내전이 새로 일어날 수 있다.

넷째, 무력통일을 반대한 주위의 강대국과 적대관계가 형성되면서 한반도에 새로운 긴장 관계가 형성될 수도 있다.

제2안) **흡수통일**

무력을 사용하지는 않고 평화 공존하다가, 한쪽이 망하면 살아남는 쪽이 상대방을 흡수하는 것이 흡수통일이다.

계속된 경제적 제재로 북한이 망하면 통일하겠다는 생각은 흡수통일을 바라는 것이다. 상대방에 대한 인권 문제나 부정부패를 비난하면서, 상대 정권이 군사 쿠데타 등으로 무너지기를 기대하는 것도 흡수통일을 바라는 것이다.

–장점

첫째, 서로 상대가 망할 때까지 기다리기만 하면 된다. 특별하게 해야 할 일이 없다.

둘째, 대화를 할 필요가 없으며, 상대방의 체제나 인권 문제 등에 대하여 강하게 비난할 수 있다.

–단점

첫째, 상대방이 망하지 않으면 통일은 불가능하다.

둘째, 북한이 망하기 전에 남한보다 다른 나라를 선택하게 되면 영원히 통일할 기회가 없어진다.

셋째, 남북의 적대적인 관계가 심해진다. 강하게 압박할수록 내부의 단결력이 더 강해진다.

넷째, 상대방이 흡수통일을 받아들이지 않으면, 통일 후에 새로운 내전이 시작될 수 있다.

제3안) **평화통일**

남과 북이 한민족의 발전을 위한 최적의 방안에 대한 비전을 공유하고, 서로 대화하면서 합의를 이룩하여 통일하는 것이 평화통일이다.

–장점

첫째, 외세의 간섭없이 같은 민족끼리 합의하여 통일하는 자주적 해결방식이다.

둘째, 서로가 만족하는 방안에 합의하기 때문에 통일 후에도 큰 문제가 생기지 않는다.

셋째, 하나의 민족으로서 한민족의 번영과 발전을 위해 대단결을 하게 된다.

–단점

첫째, 상호 신뢰가 있어야 대화를 지속할 수 있다. 협의하는 과정에서 서로에 대한 신뢰가 깨진다면 대화가 중단될 수 있다.

둘째, 상대방을 존중해야 하므로 상대의 정치체제, 인권 문제에 대하여 강하게 비판하기 어렵다.

셋째, 상대방과 대화를 통해서 합의해야 하기에 시간이 오래 걸린다. 양쪽이 어느 부분에서 이견이 좁혀지지 않고 자신의 입장만을 주장한다면 합의에 도달할 수 없다.

셋째, 한쪽이 반대하면 평화통일이 불가능하다.

평가

제1안) 절대 반대

첫째, 무력통일을 시도할 경우 수많은 사람들이 생명을 희생하게 되고, 그동안 쌓아온 경제발전의 성과들도 원위치로 돌아갈 수 있는 위험이 매우 높다.

둘째, 강대국들이 개입하게 되면 국제전쟁으로 발전할 수도 있다. 과거처럼 싸움만 하다가 다시 휴전할 수 있다.

셋째, 한 편이 이긴다고 하더라도 강대국들 사이에 적대관계가 형성되면서, 두 개의 블록 간에 새로운 냉전이 시작될 수 있다.

제2안) 큰 위험 부담(반대)

첫째, 주위에 다른 강대국이 북한을 계속 도와주면서 망하지 않게 만들면 흡수통일이 불가능하다.

둘째, 북한이 망하기 전에 마지막 수단으로 무력통일을 시도하면 다시 한반도에서 전쟁이 일어나게 된다.

셋째, 양측의 경제력 차이가 크다면 흡수통일의 방식이 최선일 수도 있다. 그러나 북한이 망하기 직전에 다른 선택을 한다면 전혀 다른 상황이 전개된다. 예를 들면 같이 남한에 흡수통일이 될 경우 사람 취급도 제대로 받지 못하고 힘들게 살 것 같이 느껴지면, 차라리 제3국을 선택하여 자존심을 지키면서 마음 편하게 사는 길을 찾을 수도 있다.

넷째, 흡수통일의 과정에서 강대국들끼리 합의하여 북한 지역을 분할할 수도 있다.

제3안) **최적의 안**

첫째, 같은 민족끼리 합의하여 평화적 통일을 하는 것이 대의에 적합하다.

양측의 경제력과 군사력 수준이 비슷할 경우에는 평화공존의 길을 가려고 하기 쉽다. 서로 비슷하게 살고 있는데 왜 항복해야 하는가? 통일 신라와 발해는 서로 직접 교류하지 않으면서 260년을 지냈다.

둘째, 남과 북의 경제력의 차이가 클 경우에 제일 적합한 방안이다. 남한이 북한에 많은 혜택을 주겠다고 제안하면서 설득한다면 평화통일의 길을 찾을 수 있다. 큰 혜택을 주지 않는다면 굴복하기 싫어서 북한이 다른 길을 선택할 수 있다.

셋째, 평화통일은 강요나 협박에 의한 빠른 과정이 아니라, 서로가 선택할 때까지 충분한 시간을 주면서 기다리는 느린 과정이다. 시간을 가지고 스스로 선택을 해야 진정한 합의로 통일이 되는 것이다. 당장 답이 오지 않아도 성급하게 생각하지 말고, 한반도의 평화를 유지하면서 북한이 생각을 바꿀 때까지 기다리면 된다. 시간이 갈수록 남북한의 경제력 격차는 더 커질 것이므로 우리가 조급해야 할 이유는 없다.

넷째, 6·25 전쟁으로 가족 중 한 명이라도 피해를 받은 사람들은 북한을 용서하지 못 하는 마음을 가질 수 있다. 남한은 순국선열의 덕택으로 나라를 지킬 수 있게 되어 지금의 수준까지 발전하였었으니, 그분들에게 깊은 감사를 다시 드려야 한다. 필자는 한반도가 통일이 되어 새로운 번영과 발전을 시작한다면, 순국선열들께서 더 좋아하실 것으로 믿는다.

(2) 통일의 목표에 대한 관점

제1안) 남한의 발전

다음과 같은 사고는 남한의 발전만을 생각하는 것이다.

'북한이 망하면 북한의 모든 자원은 우리 것이다. 남한의 자본과 기술을 바탕으로 북한의 값싼 노동력을 이용하면 더 발전할 수 있다. 통일이 안 되어도 북한과 평화를 유지하면서 우리만 잘살면 된다.'

–장점

첫째, 북한을 적대적으로 생각하면서 적절히 대처해도 된다. 같이 가자고 하면 같이 가고, 같이 가기 싫어하면 따로 가면 된다.

둘째, 핵무기를 계속 개발하려고 한다면 국제적 제재가 더 강해지면서 북한만 힘들어진다. 우리도 제재에 적극 동참하면서 북한이 항복할 때까지 기다리면 된다.

셋째, 북한의 체제나 가치관에 대하여 마음대로 비난할 수 있다.

–단점

첫째, 북한이 망하지 않고 계속 버티고 있으면 한반도의 긴장이 계속 높아진다.

둘째, 북한이 탈출구를 찾기 전에 엉뚱한 행동을 한다면, 돌발적인 행동으로 인하여 큰 혼란이 생긴다.

셋째, 북한이 망하게 될 때, 남한보다 다른 나라를 선택한다면 한반도의 통일 기회는 사라지고 만다.

제2안) 한민족의 발전

다음과 같은 사고가 한민족의 발전을 생각하는 것이다.

첫째, 북한을 같이 가야 할 민족으로 생각한다. 비록 지금은 생각이 달라도 같이 가게 된다면 한민족으로서 다시 마음을 하나로 모을 수 있다고 생각한다. 북한이 망하면 한민족의 반을 잃는 것이므로, 통일을 하여 북한주민에게 꿈과 희망을 주어야 한다고 여긴다.

둘째, 남한만의 성장은 이제는 한계에 도달하였다. 북한을 포함한 한반도의 발전을 향해 나아가야 한민족에게 희망이 있다.

–장점

첫째, 북한을 같은 민족으로 포용하면서 가니, 대의명분이 좋다.

같이 가자고 하면 같이 가고, 같이 가기 싫어해도 같이 갈 수 있는 방안을 찾아본다.

둘째, 북한과의 강한 신뢰가 형성되면서 남북교류와 협력이 활성화될 수 있다.

셋째, 북한이 체제가 안정되었다고 판단된다면 핵무기의 개발 및 보유를 스스로 포기하고 경제에 집중할 수 있다.

–단점

첫째, 북한을 설득하고, 또한 강대국들을 설득하면서 가야 한다. 쉬운 일이 아니다.

둘째, 시간이 오래 걸릴 수 있다. 길의 끝이 보이지 않으면서 애매한 상태가 계속 지속되면, 불안감만 더 커지게 되고 남한이 모든 비난을 받을 수 있다.

셋째, 우리 자신을 믿지 못하면 나아갈 수 없다. 용기를 가지지 못하면 할 수 없다.

평가 우리의 착각을 버리고, 한민족의 발전을 위해 나가자.

첫째, 무의식적으로 북한이 망하면 남한이 쉽게 통일할 거라는 생각은 우리의 착각임을 알아야 한다. 북한이 어떻게 망하느냐에 따라 한반도의 운명이 달라지게 된다. 전쟁하다가 망하면 한반도는 원점에서 새로 시작해야 한다. 한반도에 핵폭탄이 터지면서 북한이 망하면, 핵오염 지역으로 유엔이 관리할 수도 있다. 북한이 경제적 제재로 망하면, 북한이 남한이 아닌 다른 나라를 선택할 수도 있다. 강대국들의 합의에 의하여 북한이 망한다면, 강대국들끼리 북한 지역을 다시 분할할 수도 있다.

둘째, 우리가 행동하지 않아도, 북핵 문제를 해결하기 위하여 강대국들은 움직일 것이다. 우리의 희망과 다르게 북한 지역의 운명이 결정되어도 우리가 그것을 받아들인다면 큰 문제는 없다. 그러나 우리의 희망대로 북한 지역을 평화통일을 하려면 우리가 길을 찾아야 한다. 한반도의 통일은 남과 북이 합의하면 평화통일을 달성될 수 있지만, 남과 북이 합의하지 않으면 평화통일이 불가능하다는 것을 우리는 알아야 한다.

북한이 망하면 한민족의 반이 망하는 것이다. 같은 한민족으로서 북한이 망하기만을 보고 있으면 안 된다. 북한이 망할 지경이 되면 우리가 제일 먼저 북한을 적극적으로 도와주어야 한다. 북한이 없어진 뒤에는 도와줄 기회도 없다.

셋째, 70여 년을 다른 체제와 다른 이념으로 살아왔기에 통일의 과정은 쉬운 길이 아니다. 통일이 되면 좋으나 통일이 쉽게 될 것 같지 않으니, 이제는 남한만의 발전에 집중해야 한다는 관점을 이제는 버리자. 우리가 힘을 합치면 통일을 할 수 있다는 믿음을 가지고 한민족의 번영과 발전을 위한 걸음을 용기 있게 내딛자!

(3) 통일의 단계에 대한 관점

제1안) **이원적 체제(단계적 통일)**

단계적 통일에 대한 방안은 많으나 크게 다음의 두 가지 주장으로 나누어진다.

첫째, 남과 북의 경제력 차이가 크기 때문에, 경제체제의 통합과 정치체제의 통합을 나누어서 단계별로 협의하자는 것이다. 북한의 경제발전을 도와주면서 어느 정도 북한 경제가 회복되면, 민감한 사항인 정치체제에 대한 통합을 시도하자는 것이다.

둘째, 남한은 민주주의 체제로, 북한은 사회주의로 체제를 유지하면서 연방제 국가 형태의 통일을 추구한다. 즉 통일 되어도 당분간 1국가 2체제를 유지하자는 것이다.

–장점

첫째, 민감한 사항을 해소하려고 시도하면 양측의 갈등만 더 커지면서 아무것도 할 수 없게 된다. 모든 갈등을 동시에 해소시키는 것은 거의 불가능하니, 부작용이 비교적 적게 예상되는 분야부터 하나씩 처리하는 방법이 더 현실적이다.

둘째, 통합에 따른 갈등을 해소하는데 경제력 차이나 가치관의 차이가 작으면, 하나의 국가로 통일하는 데 더 용이할 것이다. 따라서 경제력의 차이를 우선 좁히는 데에 집중해야 한다.

셋째, 가치관이나 사고의 차이는 경제가 향상되면서 천천히 바뀌게 되니, 시간을 두고 점진적으로 통일을 하는 것이 더 안정적인 방법이다.

–단점

첫째, 경제적 차이가 해소되지 않으면 어떻게 할 것인가?

둘째, 차이의 해소에 대한 인식이 서로 다를 수 있다. 우리는 경제적 차이가 크게 해소되었다고 생각하는 데, 상대방은 경제력 차이가 아직도 크다고 말할 수 있다. 그렇게 관점의 차이가 생기면 다음 단계로 나아가지 못하고, 돌파할 수 있는 방법을 찾기 어렵다.

셋째, 정치체제와 경제의 발전을 분리하여 생각할 수 있는가? 가치관은 정치 이념에 제일 큰 영향을 받는다. 정치 이념에 대한 갈등이 해소되지 않은 상태에서 경제발전을 추구하다 보면 오히려 통일은 어려워진다. 즉 서로 다른 정치체제를 유지하면서 경제적으로는 협력하는 평화공존의 길을 가는 것이지, 통일의 길이라고 말하기 어렵다.

제2안) **일원적 체제(전면적 통일)**

독일의 경우에는 동서의 합의로 전면적 통일을 하였으며, 베트남도 무력 통일이지만 전면적으로 통일을 이룩하였다. 세계의 역사적 경험에서 보았듯이 두 체제의 통일은 전면적으로 이루어지는 것이지, 단계별로 이루어지는 것은 아니다.

–장점

첫째, 서로 다른 이념과 체제가 융화되기 위해서는 처음의 혼란을 다소 감수하고 같이 나아가야 더 빨리 융화가 된다.

둘째, 하나의 나라로 먼저 통일이 되어야 국가의 자원과 인력을 집중할 수 있다. 이념과 가치관의 차이가 있어도 하나의 방향으로 통합되어야 그 차이가 좁혀지는 것이지, 다른 가치관을 유지한다면 어느 방향으로 나아가기도 힘들고, 오히려 가치관의 차이가 더 커질 수 있다.

–단점

첫째, 남북한의 서로에 대한 신뢰가 없으면 전면적 통일에 대한 합의는 불가능하다. 먼저 상호 신뢰를 쌓은 뒤 논의해야 한다.

둘째, 계획의 수립 및 실행의 모든 과정에서 상대에 대한 배려와 존중이 있어야 갈등이 있어도 나아갈 수 있다, 납득할 이유 없이 한쪽만 더 큰 이익을 본다면 제대로 실행되기 어렵다.

평가

단계적 통일) 비현실적인 안

단계적 통일을 주장하는 사람의 주장은 처음 들을 때는 그럴듯하게 들리나, 조금만 더 생각하면 많은 문제점이 드러난다.

첫째, 통일의 명분은 좋기 때문에 반대할 수는 없으니, 단계적으로 통일하자고 주장하면서 사실상 통일이 되지 않기를 바라는 사람들일 뿐이다. 먼저 체제 문제를 말하기 싫고, 말하면 사이가 안 좋아질 것 같으니 말을 안 하고 단계적으로 천천히 하자고 주장하는 것이다.

둘째, 세계 역사상 단계적 통일을 한 국가가 있는가? 역사상 해본 적이 없는 길을 어떻게 나아가야 할까? 경제 분야가 생각처럼 통합되지 않는다면 정치적 통일을 포기해야 하는가?

셋째, 두 나라의 지도자 중 한쪽이 바뀌면서 통일을 하지 말자고 주장한다면 통일을 중단해야 하나? 그럴 경우 그동안 추진해 왔던 사업들은 어떻게 해야 하는가?

전면적 통일) 바람직한 안

첫째, 민주공화국이든 독재공화국이든 정치체제에 대한 합의가 선행되어야 한다.

서로가 어떤 나라로 통일하자고 합의가 이루어진다면 가급적 빠른 시일 내에 하나의 국가의 체제를 구축하는 것이 제일 좋다. 통일 단계에 대한 합의보다 통일 후에 한반도를 어떤 나라를 만들 것인가에 대한 합의가 훨씬 더 중요한 문제이다.

둘째, 남북의 경제력에 큰 차이가 있을 때 통일하는 것이 더 좋다. 경제적 격차가 좁혀진다면, 북한이 정치체제의 통합을 바라지 않아 각자 다른 체제로 평화 공존할 가능성이 매우 크다.

셋째, 하나의 민족으로서 한민족의 번영과 발전에 최우선적인 가치를 준다면, 통일이라는 힘든 과정에서 생기는 갈등을 처음부터 해소하면서 나아갈 수 있다.

(4) 통일국가의 정치체제에 대한 관점

제1안) 통일에 대한 의지만 강조하고, 속마음은 말하지 않기

남한과 북한은 만날 때마다 서로 '한민족의 통일이 꿈'이라고 말한다. 그리고 빨리 민족끼리 힘을 합쳐서 통일하자고 소리친다. 그러나 속마음은 말하지 않는다. 남한과 북한의 속마음은 다음과 같다고 필자는 생각한다.

–북한의 속마음

첫째, 핵무기를 보유해야 정권이 유지되고, 생존할 수 있다. 지금은 체제 유지가 최우선적인 문제이다.

둘째, 북한 주도의 통일이 최선이나, 지금은 남북한 경제력의 차이가 너무 크다. 북한의 체제가 흔들리지 않을 정도의 적당한 교류를 통하여 북한의 경제발전을 먼저 이룩하자!

–남한의 속마음

첫째, 북한의 핵무기는 무섭다. 핵무기를 제거하는 것이 최선이나, 제거하지 못해도 미군과 같이 있으면 막을 수 있다. 북한의 세습제와 독재 체제에 문제가 많다. 인권이 보장 안 되는 것도 문제이다.

둘째, 북한이 경제적으로 오래 버티지 못할 것이다. 북한이 망하게 되면 흡수통일 하여, 남한이 더욱더 발전하게 될 것이다

셋째, 북한이 너무 못살고 있다. 너무 못살아서 통일이 되어도 경제적 부담이 된다. 지금은 따로따로 살면서 평화를 유지하는 것이 최선이다.

–장점

첫째, 서로 만날 때마다 남과 북이 다 같이 같은 민족으로서 통일을 원한다고 말하니 한민족의 긍지가 느껴진다. 금방이라도 통일이 될 것 같은 희망이 생긴다.

둘째, 남북한이 통일을 말하면서 교류하면 남북한의 긴장이 낮아지고, 평화 분위기가 형성된다.

셋째, 다른 나라들에 우리의 소원은 통일이라고 말하면 우리를 격려해준다.

–단점

첫째, 남과 북이 어떤 나라로 통일하려고 하는지 불명확하다. 민주제인지? 아니면 독재국가인지?

둘째, 속마음을 말하지 않고 계속 현상 유지만 하려고 한다. 서로 다른

국가로서 평화롭게만 지내려고 한다.

셋째, 통일을 위한 구체적인 행동을 할 수 없다. 행동이 없으니 외국도 통일에 대한 우리의 의지를 믿기 어렵다.

제2안) **우리가 원하는 통일 한반도의 정치체제에 대해서 말하기,**

한민족의 발전을 위한 나라에서 갖추어야 할 최소한도의 가치는 존재한다. 필자는 한민족의 번영과 발전을 위한 한반도 공화국은 '민주공화국, 자유평등국가, 국제평화국가'가 되어야 한다고 판단한다.

첫째, 민주공화국

한민족의 진정한 발전이 시작되기 위해서는 남한 주민은 물론이고, 북한 주민도 잘 살아야 한다. 한민족의 지도자는 한민족이 주기적으로 선거를 통하여 선출해야 한다.

둘째, 자유평등국가

한민족은 하나이다. 남한 주민도, 북한주민도 자유롭게 살면서 개인이 각자 자신의 길을 선택할 수 있어야 한다. 남한 주민도, 북한주민도 평등하게 대우받아야 한다. 능력과 경험이 부족한 (북한)주민에 대한 우대조치가 강구되어야 한다.

셋째, 국제평화국가

한반도에 핵무기가 없어야 하고, 군대도 필요한 최소한만 유지해야 한다. 한반도 공화국은 모든 주변국들과 평화롭게 지내는 평화국가임을 선언해야 한다.

–장점

첫째, 한민족의 번영과 발전을 위한 통일 한반도를 전 세계에 당당하게 말할 수 있다.

둘째, 남북이 만날 때 우리가 원하는 통일 한반도를 제시하면서, 통일 후의 나라에 대한 북한의 의지를 확인할 수 있다.

셋째, 북한이 우리의 희망을 받아주지 않으면, 평화로운 남북국시대를 위해 나아가면 된다. 그리고 우리가 원하는 평화통일의 기회를 기다리면서 지금 해야 할 일을 하면 된다.

–단점

첫째, 민감한 정치체제에 대하여 우리의 생각을 말한다면, 북한이 크게 반발할 수 있다.

둘째, 우리가 원하는 방향으로의 통일을 원하고, 원하지 않는 통일은 하지 않겠다는 것을 선언하는 것이 한민족의 통일을 포기하는 것으로 보일 수도 있다. 우리가 포기하는 것은 무력통일, 흡수통일이다. 평화통일은 북한이 받아주어야 가능해진다.

평가

제1안) 이제는 그만하자!

첫째, 몇십 년째 같은 말만 하고 있는데, 통일을 향해 나아간 것이 하나도 없다. 지금까지 말로만 통일을 소리쳤지, 통일을 위해 행동으로 보여준 것이 하나도 없다. 외국도 우리의 통일에 대한 의지를 회의적으로 본다.

둘째, 남과 북이 만날 때마다 한민족의 통일에 대한 의지만 말하고 있다. 남한과 북한이 둘 다 자신의 속마음을 서로에게 말하지 않고, 덕담만 하고 있는 것이다.

셋째, 현재 우리의 행동은 남북한의 평화유지에만 집중되어 있다. 통일을 말하지만, 사실은 남북한의 평화유지를 위해서만 노력하고 있다.

제2안) 당당하게 말하자!

첫째, 이제는 우리가 통일 후 어떤 나라를 만들 것인지 말을 해야 한다.

민감한 정치체제에 대한 논의이기 때문에 처음에는 북한의 큰 반발이 예상되지만, 명확하게 우리의 뜻을 말해야 한다. 우리가 원하지 않는 방향으로의 통일을 추진할 수 없다.

둘째, '서로가 합의한 뒤에 통일을 한다'라는 기본원칙을 지킨다면 북한도 이해할 것으로 보인다. 우리의 제안을 받아들이면 통일을 위한 실질적인 행동을 시작하면 된다. 북한이 우리의 제안을 받아들이지 않으면 평화로운 남북국시대를 만들어 가면 된다. 서로의 다른 체제와 가치관을 인정하면서 각자 살면서 남과 북의 평화만 유지하면 된다.

지금은 북한이 우리의 제안을 안 받을 수 있다. 그러나 세계의 흐름이 어떻게 바뀔지 아무도 모른다. 통일의 방향에 대한 우리의 의지를 명확하게 밝히는 것이 더 중요하다. 상황이 바뀌면 우리의 제안을 받을 수도 있다. 지금처럼 말 안 하고 지내는 것보다는 말하고 기다리는 것이 더 좋다.

셋째, 나중에 북한이 우리의 제안을 받아들일 때를 대비하여 지금 준비할 수 있는 일을 준비하면 된다. 그리고 만날 때마다 우리의 확고한 입장을 말하면서, 북한이 우리의 제안을 받아들일 수 있는 유인책도 더 많이 제시해야 한다. 그래야 북한주민이 우리를 다시 한 번 생각하게 될 것이다.

3. 한반도의 평화통일을 위한 새로운 행동 절차

(1) 남북대화와 협력을 통하여 서로에 대한 신뢰를 얻는다.

평화로운 남북국시대에 남북한의 시범 사업을 추진하면서 상호 신뢰를 쌓는다.

첫째, 남과 북이 협의하여 한반도의 번영을 위하여 같이 할 수 있는 사업분야를 우선적으로 선정한다. 동 사업의 추진을 위해서 자본과 기술은 남한이, 인력 및 물자 지원은 북한이 담당하는 합의를 한다. 물론 경제적으로 우월한 남이 훨씬 더 많은 비용을 부담해야 한다.

북한이 경제발전을 시작하기 위해서는 도로, 철도, 전력 및 통신 등 국가적인 기본 인프라가 먼저 구축되어야 한다. [예) 고속도로 및 철도 건설: 신의주–평양–개성–서울]

둘째, 북한주민의 생활 수준을 높이기 위한 시범 사업도 적극 추진한다. 시범 사업을 통하여 해당 지역의 주민들이 급격한 소득 증대를 느끼게 해주어야 한다. 북한주민이 우리의 적극적인 도움으로 소득이 향상되어야 비로소 남한을 신뢰하면서, 제대로 이해하려고 할 것이다. [예) 개성공단의 대대적인 개발 및 운영: 북한주민의 생활 수준 제고를 우선적인 목표로 설정하고 개성공단을 재가동한다/금강산 및 백두산 관광 사업의 실시: 관광 지역 주위의 인프라 조성 및 북한주민의 생활 수준 향상을 위해 관광 사업을 적극적으로 추진한다.]

–주의해야 할 사항

첫째, 남북 간의 긴장이 완화되고 우호적인 관계가 형성되어도 자주국방능력은 항상 유지하여야 한다. 남북이 분단되어 있는 한 자주국방능력을 유지하고 있어야 북한이 다른 생각을 하지 못할 것이다.

둘째, 북한주민의 생활 수준이 현재의 2배가 될 수 있도록 도와준다고 해서, 북한의 위협이 대폭 증가되어 안보에 위협이 될 것이라는 공포심을 가져서는 안 된다. 북한의 1인당 소득이 현재의 1천 달러 수준에서 3천 달러 수준으로 높아진다고 해서, 북한이 우리의 국방력을 이길 수 있는 수준으로 향상되는 것은 아니다. 국방력은 단기간에 급격하게 향상될 수 없다.

(2) 남북한의 신뢰가 쌓이면 (가칭)한반도 공화국의 건설을 위한 우리의 꿈을 제안한다.

먼저 한민족의 번영과 발전을 위한 한반도 공화국의 성격에 대한 우리의 꿈을 만들어야 한다.

우리의 소원이 통일이지만, 한민족의 번영과 발전을 위한 통일이 되어야 한다. 통일을 하는 것보다 더 중요한 것은 제대로 된 방향으로 통일을 하는 것이다.

필자가 생각하는 한반도공화국에 대한 구상(안)

기본 구상이 있어야 토론하면서 더 나은 방안을 찾을 수 있기 때문에 여기에서 제시한다.

첫째, 한반도 공화국의 기본 이념과 가치는 다음과 같다.

1. 민주공화국
2. 자유평등국가
3. 국제평화국가

둘째, 한반도를 비핵 지역 및 평화지역으로 선포한다.

한반도를 비핵 지역으로 만든다. 북한이 개발하고 있던 핵무기는 유엔의 IAEA의 입회하에 모두 폐기한다. 통일 한반도 공화국은 핵무기를 보유하고 있지 않고, 개발할 계획도 없다는 것을 전 세계에 선언한다. 한반도가 통일이 되면 냉전시대의 상징인 비무장지대에 대규모의 평화공원을 조성하고, 야생 동물의 서식지를 조성하여 관광지로 만든다.

셋째, 평화국가를 선언하고, 군대는 한반도를 지킬 수 있는 최소한의 수준만 유지한다.

한반도 공화국을 평화국가로 선언한다. 한반도 공화국은 한반도를 지킬 수 있는 최소한도의 군대만 유지한다. 주변 국가들과 친하게 지내면서, 세계의 평화를 유지하고 보호하는데 적극적인 역할을 한다.

넷째, 통일 수도는 매우 중요한 사항이다. 필자는 통일 수도를 개성으로 해야 한다고 생각한다.

통일이 되면 새로운 수도로서 기능을 제대로 갖추기 위하여 대규모의 토지가 필요하다. 서울과 평양은 그동안의 개발로 땅이 부족하다. 서울과 평양의 중간에 있는 개성은 평야 지역으로 대규모의 토지 확보가 가능하고, 북한지역은 토지국유제이므로 비용도 적게 든다. 개성은 고려 때의 수도이었다.

(3) 평화통일은 남과 북이 합의하여 이룩한다.

첫째, 한민족의 번영과 발전을 위한 통일 한반도의 기본안을 북한에 제안한다.

둘째, 북한이 우리 안에 대한 협의를 요청하면, 남과 북의 대화를 통해 다시 더 나은 방향을 찾아본다.

셋째, 서로가 합의하는 안이 도출되면, 남과 북이 통일하기 위한 절차를 새로 합의한다. 그리고 합의한 절차에 따라 평화통일을 추진한다.

−유의 사항

첫째, 기본 방향에 대해서는 양보해서는 안 된다. 민주공화국이 아닌 정치체제에 대해서는 반대한다.

둘째, 한민족의 번영 및 발전을 위해서 새로운 국가를 만들려고 하는 것이니, 남한과 북한의 주민이 모두 혜택을 받을 수 있는 새로운 나라를 만들어야 한다.

셋째, 남한과 북한 모두가 합의해야 민족끼리 자주적이고 평화롭게 통일하는 것이다. 한쪽이 강요한다면 평화통일이 아니다.

넷째, 평화통일에 합의한 북한 지도자의 안전을 무조건 보장해 주어야 한다. 한민족을 위하여 힘든 결정을 한 북한의 지도자는 우리가 보호해 주어야 한다.

한반도가 통일이 되려면 강대국들의 지지가 필요하다.

첫째, 남한만의 발전을 위해서는 미국하고만 가도 길을 찾을 수도 있으나, 한반도를 평화통일하기 위해서는 중국, 러시아하고도 같이 가야 한다. 무력통일이나 흡수통일을 하기 위해서는 미국하고만 갈 수도 있으나, 평화통일을 하기 위해서는 중국과도 같이 가야 한다.

우리가 평화통일을 하기 위해서는 독일의 통일 과정에서 배워야 한다. 서독은 통일을 위한 동방 정책을 발표하면서 주변의 나라들에 협조를 구하였다. 독일의 통일에 영향을 줄 수 있는 미국, 소련, 영국, 프랑스의 네 나라에 대해서 많은 공을 들였으며, 특히 미국과 소련에 대해서는 특별한 노력을 하였다.

한반도가 평화통일이 되려면 주변의 강대국들의 지지를 얻어야 가능하다. 특히 미국, 중국, 러시아는 한반도에서 전쟁을 한 적이 있다. 따라서 한반도가 통일되려면 이들 강대국들의 지지가 절대적이므로, 그 나라들에 우리의 통일에 대한 뜻을 말하고 도움을 요청하여야 한다.

(4) 평화통일에 대하여 남과 북이 합의하지 못하면 평화로운 남북국시대를 유지한다.

기본적인 정치체제에 대하여 남과 북이 합의하지 못하면 평화로운 남북국시대를 유지하면 된다. 통일 신라와 발해도 260년간 평화스럽게 지냈다. 그때는 서로 교류하지 않고 평화를 유지하였으나, 현재의 제2차 남북국시대에서는 서로 교류하면서 평화스럽게 지내는 것이 서로 다른 점일 뿐이다.

(5) 미래를 위하여 지금 해야 할 일을 하자.

우리는 한반도를 하나로 만들기 위한 노력은 계속하면서 나아가야 한다.

우리 시대에 달성하지 못한다고, 지금 길이 보이지 않는다고 포기하지 말자. 우리의 후손들이 한반도를 통일하기 위하여 필요한 일들 중 우리가 할 수 있는 것은 우리가 지금 하면 된다.

에필로그

한반도 리스크를 넘어서

1. 전 세계에 선언한다.

(1) 자주독립국가로서 우리의 의지

첫째, 전시작전권이 현재 우리에게 없어도, 한반도에서의 전쟁 개시에 대한 권한은 우리에게 있다. 한반도에서의 전쟁은 우리가 선택한다. 강대국들이 우리에게 전쟁을 강요한다면 단호히 거절하겠다.

둘째, 남북한이 평화롭게 교류하면서 서로 전쟁을 하지 않겠다. 북핵 문제가 빨리 해결되지 않아도 우리는 북한과 대화를 계속하겠으며, 평화로운 교류도 적극적으로 추진하겠다. 당장 통일이 안 되어도 우리는 평화를 지키면서 적절한 때를 기다리겠다.

셋째, 우리는 주변의 강대국들과 친하게 지낸다. 특정 강대국과 적이 되지 않겠다.

(2) 남과 북은 한반도의 비핵화와 전쟁의 종식에 대하여 합의하였다.

첫째, 전쟁반대 및 평화유지를 현재의 최고 목표로 삼는다. 한반도에서 강대국의 싸움터가 되는 것을 용납하지 않겠다. 6·25라는 전쟁의 아픔이 있는 한민족으로서 또다시 전쟁이 일어나는 것은 절대로 반대한다. 통일을 위한 전쟁도 선택하지 않겠다. 당장 통일이 안 되어도 우리는 평화를 지키면서 때를 기다리겠다.

둘째, 한반도를 비핵 지역으로 만들기 위해 우리가 할 수 있는 모든 노력을 다하겠다.

같은 민족인 우리가 앞장서서 한반도의 비핵화를 위하여 북한을 계속 설득하겠다. 북한의 핵무기 제거를 위한 무력 행동에는 반대한다. 북한이 핵무기를 사용한다면, 같은 민족인 우리가 제일 먼저 행동하겠다.

(3) 남과 북이 힘을 합쳐서 한반도의 평화유지와 한민족의 발전을 위한 길을 찾겠다.

첫째, 평화유지와 평화통일을 위해 우리는 북한과 협력하겠다.

한반도의 평화유지와 평화통일에 대한 꿈을 가지고 나아가겠다. 남북한의 적극적인 교류를 추진하면서, 서로에 대한 신뢰를 높이겠다. 남과 북이 대화하면서 같은 민족끼리 합의하여 제대로 된 길을 찾겠다.

둘째, 남북한의 통일은 같은 민족끼리 합의하여 한민족의 번영과 발전을 위한 한반도 공화국을 건립하겠다.

남한이 추구하고 있는 한반도 공화국의 기본 이념과 가치는 다음과 같다.

1. 민주공화국 2. 자유평등국가 3. 국제평화국가

2. 한반도의 꿈을 이루기 위해 유엔에 부탁한다.

(1) 유엔의 모든 나라에 부탁한다.

첫째, 한반도에서 전쟁이 일어나지 않고, 한반도가 비핵 지역이 될 수 있도록 계속 도와주기 바란다. 한반도에서 모든 나라들이 한반도의 평화유지와 한민족의 평화통일을 위해 더 많은 관심과 지지를 부탁한다.

둘째, 우리의 꿈이 실현될 수 있도록 전 세계의 모든 나라에 협조를 구한다.

한반도의 평화유지 및 평화통일에 도움이 되는 외국의 요청에 대해서는 적극적으로 환영하지만, 한반도의 긴장을 고조시키는 행위나 전쟁유발 우려가 있는 외국의 요청에 대해서는 강하게 반대한다.

한반도의 평화를 지원하고 더 나아가 한반도의 평화통일을 지지해 주는 나라와 우선적으로 같이 가겠다. 말로만 우리의 입장을 지지하고 실제 한반도에서 긴장만 높아지고 전쟁이 일어날 수 있는 행동을 권하는 국가들은 우리의 단호한 입장을 다시 한번 생각해 주기 바란다.

셋째, 한반도에서의 평화를 유지하기 위하여 한반도에서 더 이상 강대국들이 경쟁하면서 긴장을 높이지 않게 노력하겠다. 적어도 한반도에서는 미국과 중국이 친구가 될 수 있게 우리가 적극적인 노력을 하겠다.

(2) 유엔에 우리의 의지를 다시 한번 선언한다

우리가 받아들일 수 있는 것은 받아들인다(Say Yes).

첫째, 북핵개발에 대한 외교적 해결이나, 경제적 제재 등 비군사적 해결을 바란다.

둘째, 한반도의 긴장 상태를 완화할 수 있는 모든 제안이나 행동은 환영한다.

셋째, 남한은 핵무기를 개발하거나 보유하지 않겠다.

우리가 받아들이지 못할 것은 받아들이지 않는다(Say No).

첫째, 외국의 핵무기를 한반도에 배치하지 않겠다. 한반도가 핵무기 배치지역이 되는 것에 반대한다.

둘째, 북한의 핵 시설을 파괴하기 위한 군사적 행동에 반대한다.

셋째, 북한의 정권을 붕괴시키기 위해서 무력을 사용하는 것도 반대한다.

3. 한반도의 평화유지와 한민족의 평화통일을 위하여 주변의 강대국들에게 부탁한다.

첫째, 전 세계를 이끌고 있는 미국에 부탁한다. 전 세계의 평화와 한반도의 평화유지를 위하여 계속 노력해 주기 바라며, 한반도가 평화통일이 될 수 있도록 도와주기 바란다. 한반도에서도 미국과 중국이 친구가 되어 서로 긴밀히 협력해야 우리의 꿈이 이루어진다.

미국과 중국이 서로 친구가 되어야 전 세계의 평화와 발전이 더 촉진된다. 미국과 중국이 경쟁하게 되면 양국의 경제성장률이 하락하면서 전 세계의 무역이 위축되고, 국제적인 평화 분위기도 악화될 수 있다. 미국은 전 세계의 최강대국으로 국제 전쟁의 확산을 막아왔으며, 인류의 발전을 위한 새로운 방향을 계속 제시해왔다. 향후에도 중국과 친구가 되어 서로 힘을 합쳐서 전 세계를 잘 이끌어 주어야, 세계가 더욱더 번영하게 되고 인류가 더 발전하게 된다.

둘째, 이웃 국가인 중국에 바란다. 한반도의 평화를 위하여 계속 노력해 주고, 한민족이 평화적인 방법으로 통일을 할 수 있도록 계속 도와주기 바란다.

중국의 성장으로 세계 경제가 많은 혜택을 받았으며, 중국은 앞으로도 세계와 함께 성장하는 국가의 역할을 담당해 주기 바란다. 세계의 강대국이 되려면 세계와 같이 발전하는 국가가 되어야 한다. 미국과 친구가 되어 중국이 가지고 있는 장점을 세계에 보여 주면서 전 세계를 같이 이끌어 주기 바란다.

셋째, 이웃 국가인 일본에 바란다. 한반도에서 평화가 유지될 수 있도록 지지해주고, 한민족이 평화통일을 위하여 지원해주기 바란다. 중국과 친구가 되어 아시아의 평화와 발전을 위해 같이 나아가면 좋겠다.

넷째, 러시아에 부탁한다. 한반도에서의 평화를 유지하기 위하여 한민족을 지원해주기 바란다.

적어도 한반도에서는 미국과 친구가 되면 좋겠다.

부록

에피소드 1. 北核 문제를 평화의 비둘기에게 묻다.

에피소드 2. 슬픈 아우 이야기

에피소드 3. 백범 김구의 〈나의 소원〉

에피소드 1 | 北核 문제를 평화의 비둘기에게 묻다

> ※ 이 글은 북한의 핵개발로 한반도의 긴장이 높아지고 있을 때 필자가 평화의 비둘기를 만나 대화한 내용을 기록한 것이니 참고하기 바란다.

김경종(이하 '김'): 안녕하세요. 평화의 비둘기 님!

평화의 비둘기(이하 '평'): 안녕하세요. 김 작가님!

김: 오늘 북핵 문제에 대한 의견을 듣고 싶어서 평화의 비둘기 님을 방문하게 되었습니다.

1993년 북한이 핵무기 확산방지협정(NPT)에서 탈퇴한 이후 핵개발을 꾸준히 추진하여, 2006년 10월에 제1차 핵실험 이후 2016년 9월에 제5차 핵실험을 실시했습니다. 그동안 계속된 UN을 통한 경제 제재에도 불구하고 북한이 계속 핵무기 개발을 고집하고 있기 때문에, 동북아시아에서의 긴장이 고조되고 있습니다.

최근 한국에서는 북한 핵의 개발이 완성된다면 그 시설을 파괴해야 한다는 일부 '매파'의 입장이 조금씩 나오고 있으며, 일부의 사람들은 대화의 창구를 열어놓고 유엔을 통한 대북 경제 제재를 더욱 압박하라는 입장입니다. 특히 최근에는 중국을 더 압박하여서 실질적으로 북한이 생존 가능하지 못하는 상황으로 몰아야 핵무기 개발을 포기할 것이라는 주장도 나오고 있습니다.

이런 여러 가지 입장에 대해 평화주의자이신 비둘기 님의 의견을 말해주시면 고맙겠습니다.

평: 우선 전쟁의 무서움에 대해서 말해보죠.

1. 전쟁이 일어나게 되면 수많은 사람들이 죽게 되고 정상적인 경제활동이나 가족생활이 불가능하게 됩니다. 전쟁이 오래 이어지면 전쟁을 하는 국가들은 전부 다 수많은 인명 피해뿐만 아니라 경제적인 피해가 매우 커지게 됩니다. 그래서 결국은 계속 전쟁을 할 수 없는 상황이 되어야 비로소 전쟁이 중단됩니다.

2. 전쟁이 끝나고 나면 다시 국가를 재건하는데 모든 힘을 쏟아야 합니다. 사랑하는 사람들이 죽고 난 뒤에, 살아있는 사람들의 힘겨운 노력이 다시 시작됩니다. 수많은 고아들이 생기고, 이산가족도 생깁니다. 또한 부상당한 사람은 죽을 때까지 그 고통을 감수하면서 살아야 합니다. 가족 중 한 명이라도 죽었다면 그 가족은 죽을 때까지 잃어버린 가족을 그리워하면서 살아야 합니다. 자식을 영웅으로 높여 주어도, 같이 살아있는 것보다는 좋지 않습니다. 살아남은 사람들에게는 전쟁이 남긴 상처가 너무나도 크게 느껴질 수밖에 없어요.

3. 한국은 한번의 전쟁으로 인한 상처가 아직도 남아있습니다. 아직도 수많은 이산가족이 헤어진 가족들을 다시 만날 날을 기다리고 있습니다. 그때 생긴 수많은 고아들이 이제는 성장하여 정상적인 가족을 이루어 살고 있고 손자까지도 본 사람도 많습니다. 그러나 그들은 명절만 되면 임진강으로 가서 북녘 하늘을 쳐다보면서 슬픔에 잠깁니다. 잃어버린 가족을 그리워하는 것이지요. 현충일이 되면 국립묘지에 가서 절하는 나이 든 어른들도 많습니다. 세월이 흘러 어느덧 노인이 되었어도 젊어서 잃어버린 가족에 대한 그리움은 더 더 크게 느껴지는 것입니다.

김: 그런데 왜 세계에서 전쟁이 계속 일어나고 있을까요?

평: 전쟁을 직접 겪고 체험한 사람들은 전쟁의 상처가 너무 크다는 것을 알기 때문에 다시는 전쟁이 일어나면 안 되겠다고 다짐을 합니다. 그래서 그런 사람이 살아 있을 때는 쉽게 전쟁이 일어나지 않습니다.

1. 그러나 전쟁을 직접 경험하지 않은 사람은 전쟁의 무서움을 잘 모릅니다. 말로만 들었고, 책으로만 보았기 때문에 그 심각함을 제대로 이해하지 못합니다. 게다가 일부 전쟁 영웅들의 이야기를 들으면서 오히려 전쟁을 낭만적으로 생각하기도 합니다.

2. 양국 사이에서 갈등이 커지고, 그것이 해결되지 않고 더욱더 커지게 된다면 양쪽 나라 사람들은 점점 더 힘들어집니다. 현실적으로는 어느 한 나라가 그 고통을 심리적으로 감당하기 어려울 정도가 되면 다시 전쟁이 일어날 확률이 높아지죠.

사소한 충돌로 시작하여, 보복을 서로 더 강하게 하면서 전쟁이 일어나기도 합니다. 또는 어떤 사람들은 양보하는 것을 치욕이라고 생각하면서 적극적으로 전쟁을 선택하기도 합니다. 어떤 경우에는 현재 상황이 견디기 어려우니 전쟁으로 모든 것을 해결하려고 전쟁을 하기도 합니다.

또한 소수의 지도자가 자기의 명예나 지위를 유지하기 위한 수단으로 전쟁을 이용하기도 합니다. 전쟁을 하게 되면 국민들이 내부 갈등 문제에 대한 토론을 중단하고, 하나의 마음으로 전쟁에 참가합니다. 또한 무기 판매업자들의 무기를 팔아먹으려고 '너희가 이길 수 있으니 전쟁해서 이겨라'라고 독려하기도 합니다. 그래서 전쟁이 일어나면 더욱더 많은 무기를 팔아먹으면서 큰돈을 챙깁니다.

3. 전쟁이 일어나는 요인은 여러 가지가 있어요. 그러나 전쟁으로 모든

문제를 해결할 수 없다는 사실을 명심해야 합니다. 현실적으로 전쟁으로 기존 문제를 해결할 수 없으며, 오히려 더 큰 새로운 문제만 생기게 된다는 것을 알아야 합니다.

김: 한국은 북한과 전쟁하려고 하는 것은 아닙니다. 다만 북한이 핵무기를 개발한다면 핵무기의 공포 속에서 불안하게 살아야 합니다. 그래서 일부 사람들이 핵무기를 제거하는 것은 필요하다고 말하는 겁니다.

평: 그렇다면 핵무기를 제거하는 것이 무슨 의미인가요? 북한이 자발적으로 제거하는 것인가요, 아니면 강제적으로 핵무기 시설을 파괴하기 위해 공격하는 것인가요?

김: 북한은 자발적으로 제거할 것 같지 않습니다. 전 세계가 반대해도 10년 이상을 계속 혼자서 개발하고 있어요. 현실적으로 핵무기 시설을 파괴하려 공격을 해야 하겠지요.

평: 강제적으로 한다는 것은 전쟁을 먼저 시작하겠다는 것 아닌가요? 만약 북한이 순순히 잘못했다고 파괴하게 놔둔다면 모르지만, 파괴하지 못하게 방어를 한다면 진짜 전쟁이 시작되는 겁니다.

전쟁은 그렇게 시작됩니다. 처음부터 전쟁을 하겠다고 마음을 먹고 전쟁이 시작되는 것이 아니라, 혼내 주겠다고 또는 겁만 주겠다고 시작한 행동이 전쟁으로 이어지는 겁니다. 그렇게 되면 한국은 또 다른 새로운 수많은 문제들이 생기게 될 것입니다. 전쟁의 참혹함을 다시 겪어야 하고, 수많은 사람들이 또 죽을 겁니다. 살아남은 사람들은 다시 새롭게 출발을 해야 하겠지요.

핵무기를 강제로 제거하겠다는 것은 사실상 전쟁을 먼저 시작하는 것을 의미합니다. 이것을 확실히 명심해야 합니다.

김: 전쟁은 하지 않겠지만 북한의 핵무기는 제거해야 합니다. 핵무기를 가지게 되면 한국은 공포 속에서 할 말도 못하고, 북한이 하자는 대로 끌려가면서 살아야 합니다.

평: 바로 그 생각이 문제입니다. 핵무기를 만드는 것을 막기만 하겠다는 것이 결과적으로 전쟁을 먼저 시작하는 모순처럼 지금 한 말도 모순입니다. 핵무기는 그 가공할 폭발력 때문에 공포심을 느끼는 것은 당연합니다. 그러나 공포심을 느낀다고 해서 그것을 제거해야 한다는 것은 진혀 다른 이야기입니다. 핵무기는 무섭지만 원자력 발전이나 방사선 치료는 매우 유용합니다. 방사능의 무서움을 알기에 핵발전이나 방사선 치료를 위해서 수많은 안전장치를 설치한 후에 유용하게 사용합니다.

평화주의자인 나는 핵무기가 지구상에서 없어져야 한다고 계속 말해오고 있습니다. 그렇지만 지구상에는 아직도 많은 핵무기가 있으며, 그 양은 지구 전체를 파괴하고도 남습니다. 왜 그들은 핵무기를 없애지 않을까요? 그 핵무기도 다 없애야 하지 않나요?

김: 현재 보유국들은 핵무기로 어떤 나라를 공격하겠다고 말도 안 하고 있고, 그 나라들이 핵무기를 사용할 가능성이 매우 낮기 때문에 기존의 핵무기를 보유해도 큰 문제는 없어 보입니다.

평: 그런데 북한이 핵무기를 가지면 왜 공포 속에 살면서 할 말을 못 하면서 끌려가면서 살아야 한다고 말하는 겁니까?

김: 북한은 예측할 수가 없는 나라이니까요. 언제 어떻게 핵무기를 사용할지 몰라요! 게다가 지금도 공공연하게 반대하는 나라는 다 없애 버리겠다고 위협하고 있어요.

평: 그러면 저의 질문에 답해보세요.

핵무기를 사용할지 모른다는 공포심은 명백한 사실에 근거한 겁니까? 아니면 그럴지 모른다는 우려나 근심 때문입니까?

김: 북한은 핵무기를 사용할지, 안 할지 예측이 가능하지 않은 나라입니다. 예측이 안 되기 때문에 공포스럽습니다.

평: 예측할 수가 없는 나라이니, 핵무기를 사용할 가능성이 크다는 것은 맞아요. 그렇다고 그것을 강제로 제거해야 한다는 주장은 옳은 것은 아닙니다. 핵무기를 보유하더라도 사용할 수 없게 만들면 됩니다. 그것을 사용할 기회나 명분을 주지 않으면 됩니다.

핵무기의 무서움은 전 세계가 다 알고 있어요. 그래서 어떤 국가가 핵무기 사용을 임의로 사용하지 못하게 안전장치를 많이 해 두었어요. 만약 일방적으로 핵무기를 사용한다면 그것은 전 세계의 모든 국가가 용서할 수 없는 일이지요. 전 세계가 응징할 것입니다.

그러나 핵무기를 사용할 수 있는 명분을 주면 전혀 다른 이야기가 됩니다. 예를 들어 핵무기 시설을 파괴하러 갔는데 방어하기 위해서 실험용 핵무기를 사용할 가능성은 없습니까? 최악의 상황을 생각해 봐야 합니다.

김: 자기 말을 안 들어주면 핵무기를 사용하겠다고 위협한다면 매우 곤혹스럽습니다. 핵무기로 위협을 하면 한국은 심리적으로 위축될 수밖에 없는 게 현실입니다. 북한이 억지를 써오면 거절하기 어려워요.

평: 핵무기를 보유한다고 할 말도 못하고 북한이 하자는 대로 끌려가면서 살아야 합니까? 지금까지 안 들어주다가, 핵무기를 보유하면 모든 것을 들어줘야 합니까?

핵무기가 있든 없든 안 되는 것은 안 되는 것입니다. 지금까지의 입장

그대로 행동하면 됩니다. 핵무기가 무서워서 무리한 요구도 다 받아줘야 한다는 사고가 오히려 터무니없는 논리입니다.

테러집단이 위협한다고 그 말을 다 들어줍니까? 강도가 칼로 위협한다고 해서 모든 것을 다 들어주어야 합니까? 위협은 무시하고, 오히려 상대방을 설득해야 합니다. 그렇게 할 경우 원하는 것을 결코 얻지 못할 것이며, 그래도 한다면 상응하는 응징을 할 것이라고 단호하게 말해야 합니다.

김: 위협을 무시하다가, 핵무기를 개발·완료한 뒤 사용하면 수많은 사람이 죽고 그 피해가 너무 큽니다. 핵무기는 제거해야 합니다.

평: 아까도 말했지만 사용할 가능성이 크다고 제거하러 간다면 전쟁을 먼저 시작하는 겁니다. 위협만 주면서 자신에게 유리하게 협상을 하려고 하다가 공격을 당한다면, 오히려 진짜로 자기방어를 위해 사용할 수 있어요. 핵무기를 제거하려는 행동이 오히려 핵무기를 사용할 명분만 주게 될 수 있어요.

김: 협박해도 우리가 말을 안 들어주면, 일부로 작은 도발을 해오면서 위협한다면 어떻게 해요?

평: 강하게 응징해야 지요. 단 그 행동에 필요한 최소한의 조치로 강하게 응징해야 합니다. 강하게 응징하지 않으면 더 큰 도발을 해올 수 있어요!

단 주의할 점은 최대한의 조치를 취하면 안 됩니다. 최대한의 조치를 실행하면 전면전을 불러올 수 있어요. 어떤 상황에서도 핵무기를 사용할 수 있는 명분을 주면 안 됩니다.

그리고 지금까지 해왔던 '전쟁 방지와 평화유지를 위한 준비'는 더욱더 강화해야 합니다. 국방 전력도 계속 보강해 나가고, 국가 보호를 위한 정보기관의 역할도 더욱 강화되어야 하고, 주변 강대국 들과의 대화를 통한 외교적 노력도 지속되어야 합니다.

지금까지 평화를 유지해온 것처럼 계속 평화를 유지하면 됩니다.

김: 지금까지 평화를 유지해왔지만, 핵무기를 보유한다는 생각만 들면 매우 불안해집니다. 불안해하지 않고 사는 방법은 없을까요?

평: 남한과 북한이 나누어진 것 자체가 불안의 원인입니다. 강제로 남북이 나누어졌기에 북쪽이 하나의 나라로 만들겠다고 6·25 전쟁이 일어나게 되었고요. 6·25 때 미국의 힘으로 겨우 살게 되었고 통일도 바라볼 수 있었으나 중국의 개입으로 다시 원위치가 되었어요.

한반도의 분단도, 통일도 주변국에 의해 결정될 확률이 매우 높아요. 모든 다른 국가가 한반도의 통일을 원하고, 남한과 북한이 평화통일을 하겠다고 합의한다면 통일이 가능하겠지요. 그러나 한쪽이 남의 힘을 빌려서 강제적으로 통일을 하려고 한다면, 다른 쪽도 다른 강대국의 힘을 빌려서 막을 겁니다.

지금 상태에서 최선의 방법은 평화를 유지하면서 상황이 바뀌는 것을 기다리는 것입니다. 결정적인 기회가 생기면 평화통일하는 것입니다. 불안하더라도 평화를 유지하는 것이 불안을 단숨에 없애려고 전쟁하는 것보다는 더 나은 방법입니다. 적어도 사람들이 살아있어야 국가의 경제력을 유지하고 있어야, 나중에 오는 기회를 잡을 수 있습니다. 불안해도 견디면서 사는 방법이 최선입니다.

김: 우리는 평화를 유지하려고 노력하겠지만, 북한은 믿을 수가 없어요. 핵무기를 보유한다면 남한을 공격할 수도 있어서 매우 불안합니다.

평: 너무 불안해하지 마세요.

첫째, 북한을 믿을 수 있는 방법을 찾지는 못해도, 불안감을 견디면서 사는 방안은 얼마든지 찾을 수 있어요.

예를 들어 남북한이 직접 대화를 다시 시작하는 것이 그 방법 중 하나입니다. 서로 대화를 해야 이해를 할 수 있게 되죠. 대화 중 거짓말을 하더라도 계속 대화하다 보면 거짓말인지 진짜인지를 느낄 수는 있어요. 대화를 하지 않으면 속마음을 알 수가 없고, 마음을 알지 못하면 상대방의 행동을 예측할 수 없어서 더욱더 불안한 것입니다.

둘째, 핵무기의 위험은 전 세계가 다 압니다. 아무 이유 없이 핵무기를 사용한다면 그 나라는 전 세계가 응징할 수밖에 없으니 공포심에 떨 이유는 없습니다.

따라서 핵무기를 사용하는 것도 주변국의 이해가 있어야 가능합니다. 북한이 함부로 사용하게 된다면 그 순간 멸망할 수밖에 없어요. 즉 멸망을 각오하고 최후의 수단으로만 핵무기를 사용할 수 있어요. 그러니 핵무기를 사용할 명분을 주지 않는 게 매우 중요합니다.

셋째, 북한이 핵무기에 대항할 수 있는 국방능력이 있어야 한반도에서 전쟁을 억제하고 평화를 유지할 수가 있습니다. 핵무기 보유에 위축된다면 현실적으로 대항할 방안을 찾아서 그 길로 나아가면 됩니다. 예를 들면 북한이 핵을 개발하여도 사용하지 못할 정도의 자주국방능력을 갖추면 됩니다. 만약 남한이 북한을 압도할 수 있는 군사력을 보유하고 유지하고 있다면 북한도 어떻게 할 수가 없게 됩니다.

김: 일부 강경주의자는 북한 정권을 붕괴시키면 된다고 합니다. 북한정권이 붕괴되면 통일이 가능할까요?

평: 어떻게 붕괴되느냐에 따라 다를 겁니다.

첫째, 무력으로 붕괴시키면 북한 및 주변국의 강력한 반발이 예상됩니다. 설사 무력통일을 한다고 한다면 통일은 되겠지만 전혀 다른 새로운 문제가 생길 겁니다.

압록강과 두만강을 경계로 외국 군대들끼리 첨예한 긴장감이 고조될 겁니다. 그러다 보면 주변국과는 적대적인 관계로 발전할 가능성이 매우 큽니다. 무역이 위축되면서 경제적으로 큰 타격을 받을 겁니다.

또한 북한을 탈출한 일부 사람들이 새로운 조직을 만들어서 다시 나라를 되찾겠다고 결사적으로 항전한다면 더 큰 문제가 생깁니다. 이스라엘이 생기면서 그 지역에서 쫓겨난 팔레스타인 사람들이 새로 PLO라는 조직을 만들어 몇십 년을 이스라엘과 싸운 것을 생각해 보십시오.

둘째, 북한이 경제적 제재의 효과로 스스로 붕괴된다면 결과는 다르게 나올 겁니다. 새로운 정권이 설립될 수도 있고, 무너지기 직전에 중대한 결심을 할 수도 있습니다. 이때는 북한이 어떤 선택을 하느냐에 따라 전혀 다른 길로 나아갈 것입니다.

김: 북한이 스스로 붕괴된다면 평화통일을 할 수 있지 않을까요?

평: 김 작가는 북한주민이 남한에 투항할 것이라고 생각하는 것 같군요. 북한주민이 그러한 선택을 할 것이라고 확신합니까?

김: 아니에요, 잘 모릅니다. 저의 희망일 뿐입니다.

평: 남북문제는 냉정하게 분석해야 합니다. 단순한 희망을 가지고 판단해서는 안 됩니다.

북한주민이 남한을 신뢰한다면 남한과 평화통일이 이루어질 수도 있을 겁니다. 그러나 북한주민이 남한을 신뢰하지 않는다면 평화통일을 기대하기는 곤란합니다.

김: 그렇다면 통일이 불가능하다는 말입니까?

평: 지금 말한 것처럼 북한주민이 모두 남한을 신뢰하고 선택할 수 있으면 가능합니다. 서독이 동독과 통일할 때를 생각해 보세요. 동독 주민들이 자발적으로 서독과 통일하기로 결정하고 나서야 비로소 평화통일이 되었어요. 물론 서독은 계속적으로 동독 사람들이 자기를 신뢰할 수 있게 몇십 년을 행동으로 보여 주었기 때문에 동독사람이 서독사람을 믿게 된 것입니다.

북한 사람이 동독 사람처럼 행동할 것이라고 믿으세요?

김: 지금은 북한 사람이 남한을 믿는다고는 확신할 수 없어요. 그리고 우리도 북한 사람을 믿지 못하고 있습니다. 서로 믿을 수 없는 관계가 된 지 오래되었습니다.

평: 그렇다면 먼저 서로 믿을 수 있는 관계가 되어야 하겠군요. 시간이 많이 걸리겠지만 그 길을 찾아보세요. 대화를 시작하는 것도 좋은 방안입니다.

김: 대화를 하려고 해도 안 됩니다. 핵무기를 만드는 것을 포기해야 대화를 시작할 수 있어요!

평: 북한이 핵무기 개발을 포기할 것으로 보입니까?

김: 지금은 포기할 것 같지 않습니다.

평: 포기하지 않을 것을 알면서도 조건으로 제시하고 있네요. 그렇다면 대화를 안 하겠다고 말하는 것과 똑같습니다.

대화를 하려면 아무런 조건 없이 시작해야 합니다. 솔직하게 그리고 겸허한 자세로 대화에 임해야 합니다. 그래도 오랫동안 끊어진 관계를 회복시키려면 많은 기간이 걸리는 힘든 과정입니다.

내 말을 들어주면 대화하겠다고 조건을 내세운다면, 상대방도 똑같이 말할 수 있어요. 우리가 포기하지 못할 사항을 포기해야 대화하겠다라고 요구하면 어떻게 할 것입니까? 서로 상대방이 바뀌어야 대화하겠다고 주장하는 것이지요.

김: 사실 대화를 하고 싶어도 우리는 힘이 없어요. 주위 나라의 의견을 조율한 뒤에 대화할 수 있는데 다른 나라에서 다 반대하니까, 대화를 시작할 수도 없어요.

평: 왜 직접 대화하겠다고 주위 나라를 설득하지 못합니까? 왜 주위 나라만 힘이 있고, 남한은 힘이 없습니까? 한반도의 문제는 당사자들의 생각이 제일 중요하지, 다른 나라가 한반도를 결정합니까? 이렇게 하라면 이렇게 하고, 저렇게 하나면 저렇게 합니까? 그렇게 하려면 왜 저에게 묻습니까?

김: 그렇다는 의미는 아닙니다. 너무 흥분하지 마세요. 대화를 하려고 해도 지금 사이가 너무 나빠져서 할 수 없다는 말이 더 정확합니다.

평: 대화를 하기 싫으면, 지금처럼 답답하고 불안하게 살면 됩니다. 참고 기다리다 보면 대화를 할 수 있는 상황이 올 수 있습니다. 그러면 그때 대화를 시작하면 됩니다. 남북한의 대화는 남북한만 합의하면 시작되는 것입니다. 양쪽이 합의하지 않으면 주위에서 아무리 하라고 강요해도 시작할 수가 없습니다.

김: 지금 저희는 스스로 선택하기 매우 어려운 상황입니다. 어쩔 수 없는 상황을 보고만 있는 저도 매우 답답합니다.

평: 스스로 선택하기 어렵다고 생각하니 스스로 선택할 수 없습니다. 선택

할 수 있다고 생각하면서 길을 찾으면 길이 보일 겁니다.

지금 상황을 어쩔 수 없는 상황이라고 생각하고 포기하니 답답합니다. 어쩔 수 없는 상황이 아니라고 생각하고, 가능성이 있는 길을 찾아 나가면 어쩔 수 없는 상황이 아닌 것입니다.

스스로 현재 상황을 그렇게 단정 짓고 있으니 길이 없습니다. 다른 길이 있다는 것을 믿고 찾을 수 있다고 생각하면서 찾아보세요. 절실하게 기도하면 하늘이 도와준다는 말이 왜 있겠습니까? 절실하게 찾다 보면 생각하지도 못한 길을 찾아내기 때문입니다.

김: 저도 압니다. 그래도 현실 상황이 매우 어렵습니다. 국민을 설득하기도 어렵고, 외국을 설득하기는 더욱더 어렵습니다.

평: 제가 그 길이 쉽다고 말한 적이 없습니다. 다 매우 힘든 길이지요. 그렇지만 찾아보라고 계속 말하고 있는 제일 큰 이유는 전쟁을 하지 않고 평화를 지키고 있어야 기회가 온다는 것입니다. 기회가 올 때까지 기다리고 있어야 그 기회를 잡게 됩니다. 그 길이 지금 보이지 않는다고, 전쟁으로 모든 것을 해결하자고 한다면 영원히 기회가 없습니다. 조금 더 참고 기다렸으면 기회를 잡았을 거라고 후회할 일을 하지 마세요!

살아있어야 기회가 올 때 잡을 수 있습니다. 전쟁으로 사람들이 죽고 나면 어떤 기회도 잡을 수 없습니다. 그러니 전쟁을 선택하지 말고 평화를 선택하십시오. 그리고 견디면서 나아가십시오.

김: 그것이 유일한 길입니까? 매우 답답합니다.

평: 우선 남한과 북한의 문제의 본질을 다시 한번 냉정하게 생각해 봐야

합니다.

만약, 이 세상에 남한과 북한만 있다면 이 문제는 간단하게 결말이 납니다. 둘 중 하나가 이겨야 이 갈등이 끝나게 됩니다. 따라서 한쪽이 상대방을 무너뜨릴 수 있다면 이기는 게임입니다.

그러나 현실적으로 한국의 상황은 많은 나라들이 관련되어 있습니다. 북한이 중소국이며, 주변국가가 다 강대국입니다. 따라서 한국의 문제는 미국·중국·러시아 3강과 남한·북한이 얽혀있는 복잡한 게임입니다. 또한 일본은 북한의 핵무기를 없애야 한다고 미국을 설득하고 있어요. 상대적으로 남한은 미국과, 북한은 중국과 러시아와 가까운 사이입니다.

김: 왜 이렇게 강대국들이 한반도를 중시하고 있습니까? 우리가 우리의 의지대로 마음껏 할 수 있는 것이 없어요! 항상 강대국들의 눈치를 보면서 살아야 하는 현실이 너무 싫습니다.

평: 중국도, 미국도, 러시아도 한반도를 다 중시하고 있습니다.

미국은 제2차 세계대전 이후 전 세계의 질서를 유지하고 있는 세계 최강국입니다. 중국의 부상을 억제하기 위해 한반도가 매우 중요하다고 생각하고 있으며, 한반도에 미국의 영향력이 약화된다면 일본이 심각한 위협을 받을 것이라고 판단합니다. 따라서 6·25 전쟁에도 적극 참전하여 남한을 보호해왔고, 북한의 핵에 대해서도 강경하게 대처하고 있습니다.

중국은 한반도가 중국의 안보 유지에 매우 중요하다고 판단하고 있습니다. 그래서 6·25 때 북한이 밀리자 뒤늦게 북한을 지원하며 보호하게 되었습니다. 지금도 중국이 미국을 견제하려고 북한을 도와주고 있습니다. 미국의 영향력이 중국의 국경선까지 오는 것을 매우 싫어하고 있어요. 그래서 북한을 중국의 영향력 아래에 계속 두려고 할 것입니다.

러시아는 끝없는 영토확장을 위해서 노력하고 있어요. 겨울에 바다가 얼기 때문에 겨울에도 정상적으로 운영될 수 있는 항구가 필요합니다. 그리고 미국과의 경쟁에서 졌지만, 아직도 강한 군사력을 보유하고 있는 나라입니다. 핵폭탄도 미국과 비슷하게 보유하고 있어서, 군사적으로 미국에 대항할 수 있는 유일한 나라입니다. 지금은 과거에 비해 국가의 영광이 많이 쇠퇴하였지만, 러시아는 과거의 영광을 다시 찾기 위해서 계속 노력하는 중입니다. 그리고 아시아에서는 한반도에 대한 관심이 높다고 생각합니다.

김: 강대국들의 생각을 제대로 이해하는 것이 중요합니다. 그런데 강대국들의 생각이 이렇게 다르니 어떻게 해야 할지 모르겠습니다.

평: 강대국들의 생각보다는 한국의 생각이 더 중요합니다. 강대국들의 생각이 서로 충돌될수록 한국인의 선택이 중요합니다. 한국이 확실한 신념을 가지고 그것을 관철하려는 의지가 제일 중요합니다.

제일 힘센 강대국만 따라가는 것이 제일 좋은 길이라고 선택하는 것도 한국인의 결심이고, 강대국 사이에서 한국과 한국인에게 최선인 방안을 찾아 선택하는 것도 한국인의 결심입니다.

부모가 서로 의견이 맞지 않아서 이혼하려고 할 때 자식이 스스로 선택할 수 있고, 선택해야 합니다. 아버지와 어머니 중 누구와 살아야 하는 지도 선택해야 하고, 같이 살지 않는 부모와는 어떻게 지내야 좋을 거 같다고 생각하는 것도 자신의 선택입니다. 부모가 아무리 강요해도 자식이 자신의 생각을 확고히 가지고 있다면, 자신의 길을 스스로 선택하고 오히려 부모를 설득하려고 할 것입니다. 어느 한 명을 도저히 설득할 수 없을 때도 자신이 그 부모의 생각을 받아줄지 말지를 선택할 수 있습니다. 결국 본인의 선택에 따라 모든 관계가 다르게 발전합니다.

김: 강대국과 중소국의 관계라는 것은 이해합니다. 한국이 이런 관계에서 벗어나서 마음 편하게 살 수 없을까요?

평: 한반도의 땅을 강대국이 없는 곳으로 움직여 갈 수 있다면 편하게 살 수 있겠지요. 그러나 이것은 현실적으로 불가능합니다.
만약 가능하다고 해도 전혀 다른 상황이 전개될 것입니다. 아프리카의 나라들을 보세요. 강대국과는 떨어져 있는 작은 국가들이지만, 어느 하나 편하게 사는 나라는 없습니다. 나라마다 다 문제를 가지고 있습니다. 이 세계에는 마음 편하게 사는 나라가 하나도 없습니다.

김: 그렇군요. 이것은 우리가 받아들여야 하는 현실이군요.

평: 그렇습니다. 한국은 한국이 처한 상황을 받아들여야 합니다. 현재 상황이 복잡하고 스스로 통제할 수 없는 환경이어도, 그것을 받아들이고 어떻게 해야 한국에 최선의 길인지를 적극적으로 찾아야 합니다.
강대국 때문에 마음대로 할 수 없다고 포기한다면 한국을 스스로 포기하는 것입니다. 그렇게 되면 강대국의 선택과 결정에 의해서 한국인은 살아야 합니다. 물론 이 길도 하나의 선택으로 생각할 수도 있습니다, 그러나 자신의 운명을 다른 나라에 맡기고 사는 것은 자주독립국가라고 할 수 없습니다.

김: 국민들의 안보불감증에 대해서 비난하는 사람들이 많습니다.

평: 국민이 안보에 관심이 없다는 '안보불감증'에 대하여 말씀드리겠습니다. 왜 안보불감증이 생겨났을까요?

잘 아시는 '양치기 소년'에 대한 이야기를 생각해 보세요. '늑대가 온다'고 장난으로 몇 번 소리칠 때까지는 양들이 '늑대가 온다'는 그 외침에 신속히 도망쳤습니다. 그러나 나중에 그것이 양치기 소년의 거짓말이라는 것을 몇 번 경험하고 나서는 '늑대가 온다'고 말해도 믿지 않았습니다. 어느 날은 진짜로 늑대가 오고 있어서, 양치기 소년이 소리쳤지만 양들은 또 거짓말이라고 생각하고 있다가 끔찍한 일을 당하고 말았습니다. 많은 양들을 잃고서 양치기 소년은 매우 슬펐지만, 나중에 중요한 사실을 깨달았습니다. 거짓말쟁이의 진정한 슬픔은 자신이 진실을 말할 때 아무도 믿어주지 않는다는 것을 알게 된 것입니다.

정치인들이나 지도자들이 안보불감증인 국민을 비난해서는 안 됩니다. 그동안 정치인들의 정권 유지를 위하여 남북관계를 이용한 것이 너무 많았습니다. 그러다 보니 이제 국민들이 안보에 대한 어떠한 의견도 쉽게 믿지 않게 되었습니다. 왜 국민이 믿지 않게 되었는지 먼저 깊은 반성을 하고 뉘우쳐야 합니다. 그리고 국민의 신뢰를 얻기 위해 지금부터 다시 시작해야 합니다.

김: 안보에 대한 불안감이 높아지고 살기가 힘들어지면 외국으로 이민 가겠다고 하는 사람들도 많습니다. 실제로 한국의 현실이 싫어서 이민 간 사람도 많이 있어요.

평: 개인적으로는 그렇게 선택할 수 있습니다.

그런 선택을 하게 되면 어느 정도는 마음이 편해질 수 있지만, 이민 간다고 해도 새로운 문제가 생깁니다. 이민 간 국가에서의 소수 민족으로 열심히 일하면서 먹고 살아야 합니다. 그 국가에서 주류는 아니라는 사실을 감수해야죠. 아무리 그 나라 국적을 취득하여도 한국인이라는 사실은 죽을 때까지 벗어날 수 없습니다. 또한 자식들을 낳아도, 그 자식들은 한국계이라는 것은 부정할 수 없으며 자식들이 그 나라의 주류로서 당당하게 살기는 어려운 것이 모든 이민자들의 현실입니다. 그래서 그 자식들이 부모님의 선택이 아닌 자신의 선택으로 다시 한국을 찾는 경우도 종종 나타납니다.

이민 간 사람들에게 언제 제일 행복하냐고 물어보세요. 대부분 조국이 잘살 때 힘이 난다고 말합니다. 한국의 위상이 높아지면서 자기들도 그 나라에서 더 존중받는다고 말합니다. 먹고 사는 것도 중요하지만, 다른 사람들로부터 존중받고 사는 것도 매우 중요한 문제입니다.

그런데 현실적으로 모든 사람이 다 이민 가는 것은 불가능합니다. 그리고 조상들이 대대로 지켜온 이 땅을 머리 아프다고 포기하는 것이 자손들의 도리입니까? 아무리 힘들어도 이 땅을 지키고 더욱더 발전시키는 것이 자손들의 도리입니다.

가족의 예를 들어보겠습니다. 할아버지 대에서 힘들게 이룩한 가업을 아버지 대에서 다 망가뜨린다면, 손자 대에서는 새로 출발해야 합니다. 계속 못 살면서 지내겠다면 상관없으나, 제대로 잘 살고 싶다면 그 손자는 열심히 일해서 할아버지 대에 이룩한 영광을 구현하려고 할 것입니다.

마찬가지로 지금 한국인이 힘들다고 문제를 적극적으로 대처하지 않으면, 다음 자식 대는 더 많은 노력을 해야 합니다. 부모가 싫어서 포기했기 때문에 더더욱 열심히 노력해야 다시 한국을 제대로 만들 수 있게 됩니다. 그러면 그 자손들이 성공하고 나면 말할 겁니다. 아버지 대에 완전히 망했고, 내가 고생하여 다시 집안을 살렸다고! 그리고 아버지 대에서 조금만 잘해 주었으면 더 크게 클 수 있었을 것이라고 한탄할 것입니다. 나중에 그런 소리를 듣고 싶습니까?

힘들어도 미래의 한국인을 위하여 지금 일에 최선을 다하면서 사는 것이 제대로 사는 한국인의 도리입니다.

김: 장시간 고맙습니다. 끝으로 한국인으로서 가져야 할 가장 바람직한 방향을 다시 한번 요약해서 말씀해 주시면 고맙겠습니다.

평: 평화주의자인 저로서는 다음의 다섯 가지를 강조하고 싶습니다.

첫째, 한국인이 평화를 선택하십시오.

한반도에서 다시는 전쟁이 일어나서는 안 되며, 전쟁을 통하여 어떤 문제도 해결할 수 없다는 것을 다시 한 번 명심하여야 합니다. 한반도의 평화유지가 최우선 가치이고, 평화통일을 한국이 추구해야 할 최우선 목표로 선택하십시오.

지금까지 한국은 60년대부터 시작해 90년대에 성공적으로 경제발전을 이룩하여 G20의 선진국이 되었습니다. 70~80년대의 힘든 과정을 지나 90년대에 민주화를 어느 정도 달성했습니다.

이제는 평화통일을 위해 나아가야 합니다. 평화통일이 되어야 한국이 진정한 자유독립국가가 되는 것이고 한민족이 새롭게 발전할 수 있습니다. 지금까지의 노력으로 남한만의 최전성기를 이룩했다고 평가할 수 있으며, 남북평화통일이 되어야 진정한 한민족의 전성기를 맞이할 것입니다. 북한을 포함하지 않는 남한만의 발전은 불완전합니다. 평화통일을 하기 위해서는 우선 평화를 유지하면서, 평화통일을 위한 과정을 지금부터 시작하십시오. 한민족이 통일이 되어 자주독립국가로서 당당하게 전 세계에서 살아가십시오.

둘째, 남북한의 실상에 대한 중요한 정보는 국민에게 알려주어야 합니다. 그리고 어떠한 행동을 할 때는 먼저 국민이 납득되어야 합니다.
국민이 이해하지 못하고 있는 데에도 '나를 믿으라'고 소리치면서 나아가는 행태는 이제는 없어져야 합니다. 최근에 논란이 된 사드 배치에 대해서도 솔직하게 현실을 말하고 다른 대안이 없다고 모든 국민이 이해하게 된다면 해결될 수 있는 단순한 문제입니다. 너무나 많은 것을 숨기면서 나아가는 지금까지의 행태를 계속 반복하고 있으니, 국민이 정부를 믿지 못하는 겁니다.
우리 힘으로 어떻게 할 수 없는 것들은 모두 다 인정해야 합니다. 현실을 받아들이지 않고 모두 다 가능한 것처럼 주장해야 하니, 진실을 말하지 못하게 됩니다. 진실을 말하지 못하니 국민이 납득하기 어려워 믿지 못하게 됩니다. 지금부터는 우리의 한계를 시인하고, 국민들도 우리의 한계를 받아들일 수 있도록 설득해야 합니다.
우리가 방어할 수 있는 것과 방어할 수 없는 것을 솔직히 말해 주십시오. 방어할 수 있는 것은 열심히 준비하면 되지만, 방어할 수 없는 것에 대해서는 그 사실을 솔직히 인정해야 새로운 대응방법을 찾을 수가 있습니다. 국민의 생명에 관련된 중요사항은 소수의 엘리트가 결정하지 않고, 국민이 합의를 통하여 결정되어야 합니다.

셋째, 북한을 적으로만 보고 말을 안 하겠다는 것은 현재의 행동은 문제가 많습니다.

전쟁 중에서도 적과 대화를 유지하면서 나아가야 더 큰 일이 생기지 않습니다. 지금은 전쟁도 아닌데 말도 하지 않고 지낸다면 어떻게 상대방의 의도를 알 수 있겠습니까? 상대방의 진정한 의도를 모르는데 어떻게 적절히 대응할 수 있습니까?

나의 요구조건을 들어주어야 대화할 수 있다고 남한과 북한이 똑같이 말하고 있습니다. 그리고 나의 요구조건을 들어주지 않으니 서로 대화할 수 없다고 주장한다면 남한과 북한이 대화를 할 수 없습니다. 민족 간의 대화가 없어지면 추측으로만 행동을 판단할 수밖에 없으며, 민족 간의 대화가 없으면 강대국들의 주장이 힘을 받게 됩니다.

한반도 문제는 먼저 우리 민족끼리 대화를 통해 실마리를 찾아야 합니다. 대화를 하면서 해줄 수 있는 것은 받아주고, 무리한 요구는 받아주지 않으면 됩니다. 대화를 한다고 상대방의 요구를 다 들어주어야 합니까? 대화하는 것이 모든 것을 포기하고 상대방의 요구대로 해주어야 한다고 생각하는 것은 틀린 생각입니다.

넷째, 한반도에서 전쟁이 난다면 한국 사람이 제일 많이 죽습니다.

다른 나라는 자기의 생각대로 한반도에서 전쟁하다가 잘 안 되면 철수하면 끝이지만, 한국은 그 상처를 계속 견디면서 새로 생긴 문제를 다시 극복해야 합니다.

국민의 생명을 다른 나라의 결정에 맡기지 마십시오. 제2차 세계대전 이후 한국의 의지와 상관없이 남과 북이 나누어졌고, 6·25 전쟁도 외세에 의해 시작되었고, 외세에 의해 휴전되었습니다. 모든 상처는 한국인이 제일 많이 받아왔으며, 아직 많은 상처가 남아있습니다.

이제는 한국의 미래를 한국인이 결정해야 합니다. 한민족의 생명, 국민의 생명을 또다시 다른 나라들이 결정하게 해서는 안 됩니다. 선진국이 되었고, 민주화가 된 지금도 힘이 없다고 생각합니까? 한국인의 운명을 아직도 외국의 결정에 맡겨야 합니까?
한국 국민이 먼저 평화를 선택하고, 평화통일을 선택해야 합니다. 그리고 북한과의 끈질긴 대화를 통하여 돌파구를 찾기 시작해야 합니다. 적이 된 지 오래된 지금 다시 믿을 수 있게 되기 위해서는 매우 힘든 과정을 겪어야 합니다. 그 과정이 힘들다고 다른 나라의 힘과 다른 나라의 결정에 국민의 생명을 맡기지 마십시오.

끝으로, 사람들의 생각이 문제입니다. 다시 생각해 보아야 합니다.
1. 많은 사람들이 한국은 힘이 없어서 독자적으로 결정할 수 있는 것이 없다고 말하고 있는데, 이 생각은 틀렸습니다.
아무리 힘이 센 국가도 자기 생각대로 다른 나라에 대하여 결정하지 못합니다. 관련국과 협의를 통하여 서로의 합의가 있어야, 어떤 행동을 할 수 있습니다. 또한 당사국과 합의했어도 다른 힘이 센 나라가 강하게 반대한다면 그 문제를 다시 한번 생각해야 합니다. 상대 강대국의 의지를 무시하고 나아간다면 최악의 상황을 다시 생각해야 합니다. 따라서 강대국이라도 반드시 상대국과 협의해야 하고 주변 강대국들도 묵인을 해야 어떤 일이 이루어질 수 있습니다.
2. 한국이 힘이 없다고 생각하는 것도 틀린 생각입니다.
강대국을 이길 수 있는 힘이 없으니 할 수 없다? 맞습니까? 강대국이 한국의 합의 없이 한반도에서 일방적인 조치를 취할 수 없습니다. 한국이 끝까지 반대한다면 어떤 강대국도 어떻게 할 수 없습니다. 한국의 합의와 지원 없이 강대국 혼자서 한반도에서 전쟁을 수행할 수 있습니까? 싫든 좋든 한국이 합의를 해주어야 가능한 일입니다.

전쟁을 선택하지 않고 평화유지 및 평화통일을 선택하면, 적어도 한반도에서 전쟁은 일어나지 않고, 한반도 내에서의 평화는 유지할 수 있습니다. 다른 나라는 한국의 불안감이나 공포심을 이용하여 전쟁하자고 설득하려고 할 때도, 한국의 평화를 끝까지 지키겠다고 주장하면 됩니다.

불안하지만 참고 견디면서 평화통일을 위해 필요한 일들을 하나씩 준비하면서 나아가십시오. 지금은 길이 보이지 않아도, 국제정세가 급변하면서 한국이 평화통일을 할 기회가 올 때까지 나아가면 됩니다. 독일이 그렇게 빨리 통일을 할 줄 누가 알았습니까? 꾸준히 준비하는 과정에서 동독 국민들도 서독 국민을 믿게 되고, 서독 사람들도 동독 국민을 포용하면서 나아갔습니다. 갑자기 국제상황이 변하면서 평화통일이 이루어진 것입니다. 한국도 그렇게 나아가야 합니다.

3. 한국은 다른 강대국이 다 탐내는 입지를 가졌습니다.

한국인이 잘해서가 아니라, 한국의 입지가 다른 강대국에게 매우 탐나는 곳에 있습니다. 그래서 한국이 평화통일을 하려고 해도 모든 주위 강대국의 협력 및 합의가 필요합니다. 적극적인 합의면 좋겠지만, 적어도 최소한도로 한국의 평화통일을 묵인하는 정도의 합의를 끌어내기 위해서 주변 국들과 좋은 관계를 유지하면서 나아가야 합니다.

어느 한 나라와 힘을 합쳐 무력으로 통일을 이룩하게 되기도 어려우며, 설사 되더라도 새로운 강대국들 사이의 대치국가가 된다면 더 힘든 새로운 문제들이 생겨납니다. 한반도의 평화와 한민족의 발전을 위해서는 평화통일이 유일한 길입니다. 그 날이 올 때까지 포기하지 않고 나아가면 됩니다. 한국이 희망을 포기하는 순간 모든 것은 끝난다는 것을 명심하십시오!

김: 장시간 많은 의견을 주셔서 고맙습니다. 저도 다시 한번 깊게 생각해 보겠습니다.

평: 그런데 김 작가는 전공이 무엇입니까?

김: 왜요? 저는 경제학, 행정학, 경영학을 주로 공부했습니다. 그리고 국제관계와 산업에 관련된 일을 오랫동안 했습니다.

평: 그런데 왜 저에게 이런 질문들을 하면서 고민하세요? 전공도 아니고, 경력도 큰 상관이 없는데.

김: 한국인이 다치지 않기를 바라는 마음에서 이런 일을 하고 있습니다. 한국에서 전쟁이 다시 일어나지 않았으면 하는 마음에서 길을 찾고 있습니다.

제가 궁금한 이런 질문을 한국의 전문가들에게 물어보았습니다. 대부분의 한국의 전문가는 "어려운 일입니다, 쉽지 않아요!", "저도 답답합니다", "우리가 어떻게 할 수 있겠어요" 같은 대답만 했습니다. 그래서 개인적으로 정치학도 공부하고, 국제관계론도 보고, 군사력 비교분석 등의 자료를 찾아보면서 스스로 배우고 있습니다. 세계의 역사도 공부하면서 어떤 길이 한국에 좋은 길인가를 계속 찾아보고 있습니다.

평: 그렇군요! 힘들지만 길을 찾기 위해 노력하는 모습이 당당해 보입니다. 그러나 평화의 길을 찾는 것은 항상 어려운 일입니다. 아무리 힘들어도 계속 찾아가세요. 찾다 보면 길이 보입니다.

김: 고맙습니다. 그리고 그렇게 말씀해 주시니 저도 힘이 납니다. 계속 저의 길을 나아가겠습니다.

평: 아직도 대화를 통한 평화유지보다는 힘에 의한 무력해결을 선호하는 사람들이 더 많은 것이 사실입니다. 사람들이 전쟁하지 않고 평화롭게 살 수 있도록 도와주는 것이 저의 일입니다. 그러니 궁금한 것이 있으면 다음에 또 찾아오세요. 그러면 제가 아는 방법은 다 말씀드리겠습니다. 그리고 도울 수 있는 것은 도와드리겠습니다.

김: 장시간 고마웠습니다. 궁금한 것이 있으면 다시 또 찾아뵙겠습니다.

평: 김 작가! 세계에는 당신과 같이 신념을 가지고 살고 있는 사람들이 많습니다. 그 사람들은 전공도 다양하고, 경력도 다양하며, 나이나 성별도 다릅니다. 나는 그들을 '평화를 사랑하는 사람들'이라고 부릅니다. 김 작가도 그 일원이 된 것을 축하드립니다. 계속 평화의 전도사로서 활동하여 주세요. 그럼 잘 가세요!

김: 안녕히 계세요. 평화의 비둘기 님!

에피소드 2 | 슬픈 아우 이야기

등장인물

형: 남한 /아우(나): 북한

매기: 미국 / 찰스: 중국 / 제니: 일본 / 루스: 러시아

시대 배경

1. 고향을 떠난 형과 아우: 일제 시대
2. 형과 아우가 남북으로 헤어지게 되다: 남북 분단
3. 당황하기 시작한 나. 새로운 길을 찾다: 냉전 종식 이후
4. 먹고살기 힘들어서 형네와 이야기해 보니: 2000년대의 남북교류
5. 다시 닥친 위기: 핵무기의 본격적인 개발과 고립화

고향을 떠난 형과 아우

우리네 집안을 제니네 집안에 뺏긴 이후 형과 나는 찰스네로 도망쳤다. 찰스네 집안도 땅의 반을 뺏기면서 제니네와 싸우고 있었다. 찰스네 집안은 우리를 환영해 주었고, 우리는 힘을 얻어서 찰스네와 같이 열심히 일했다.

그곳에서 형은 찰스네와 친하게 지내면서, 제니를 이기기 위한 작은 싸움도 같이하였다. 그러나 작은 싸움에 이긴 뒤 제니의 반격으로 더 큰 희생만 생겼다. 그래서 멀리 있는 매부리코가 특징인 매기에게 도와 달라고 찾아가기도 했다.

그러나 나(아우)는 형과 생각이 달랐다. 형은 제니네를 이기기 위해 너무 순진하게 행동하고 있다고 생각하였다. '도와 달라고 부탁한다고 도와주는

가? 먼저 내가 힘을 길러야지!' 나는 힘을 길러야 제니를 이길 수 있다고 생각하면서, 힘을 키우는 방법을 알고 있는 덩치 큰 루스와 친하게 지냈다.

집안이 쪼개진 찰스네가 제니를 이기기는 어려웠다. 매기와 루스가 힘을 합쳐서 제니를 공격하기 시작했으나, 제니의 완강한 저항으로 쉽게 이길 수 없었다. 어쩔 수 없이 매기는 자기가 개발한 무서운 무기를 사용하였다. 두 번의 사용으로 마침내 제니는 항복하게 되었다.

<u>형과 아우가 남북으로 헤어지게 되다.</u>

제니가 지게 되자 형과 나는 집으로 돌아가려는 준비를 하면서 다시 집에 간다는 생각에 매우 흥분하였다. 그러나 제니를 이기면 루스는 북쪽을, 매기는 남쪽을 맡기로 우리도 모르는 사이에 벌써 서로 약속하였다. 그래서 할 수 없이 형은 남으로, 나는 북으로 돌아가게 되었다. 남북을 사이에 두고 천여 년 만에 형과 아우가 강제로 갈라지게 된 것이다.

형은 현실을 받아들일 수 없었다. 집안은 하나로 만들기 위해 매기에게 도와주라고 부탁을 하였고, 매기는 동네 사람들을 모이게 한 뒤 회의를 통하여 하나의 집안으로 하는 것이 좋겠다고 의견을 모았다. 그러나 루스가 반대하였다. 루스가 먼저 약속한 사항을 왜 일방적으로 매기가 깨느냐고 반발하면서, 두 개의 집안으로 계속 나누어지게 되었다.

내(아우)가 있는 북쪽 지방에는 제니네 집안이 만들다가 철수한 화학공장, 금속공장 등이 있었다. 그러나 형이 있는 남쪽 지방은 섬유공장을 제외하고 별다른 공장이 없었고, 전기도 없어서 내가 공급해 주어야 집안의 전등을 켤 수 있었다. 월등한 경제력을 가진 나는 새로운 결심을 하였다.

'불쌍한 형! 내가 우리를 다시 하나의 집안으로 만들 거야! 조금만 기다려!'

집안을 하나로 만들기 위해 나는 열심히 일했다.

형을 만나기 위해 열심히 일했다. '남쪽에 있는 매기네만 쫓아내면 우리는 하나의 집안이 되는 거야.' 필요한 것들을 공장에서 만들기 시작하면서, 부족한 물건은 루스네에 가서 가져왔다. 루스는 도와주면서 말했다. "지금 마을 여러 곳에서 내가 매기와 땅따먹기 경쟁을 하고 있어. 내가 너를 도와주는 것은 비밀로 해야 돼! 내가 너를 도와준 것을 매기가 알게 되면 더 이상 내가 너를 도와줄 수 없어." 나는 알겠다고 말하면서 필요한 것들을 루스에게서 받아 갔다.

찰스네 집안에서의 싸움도 끝났다. 길고 긴 싸움 끝에 루스를 좋아하는 사람들이 찰스네 집안을 장악하였다. 나는 너무 기뻤다. '내 편이 또 생겼군.' 곧장 찰스네 집안에 축하 인사를 하면서, 서로 잘 지내자고 맹세하였다.

갑자기 남쪽에 있던 매기네 사람들이 모든 마을을 지키기 힘들다고 제니네 집으로 가겠다고 말하면서 대부분 이사 갔다. '루스가 말한 것이 사실이었군. 땅따먹기 경쟁을 하느라고 바쁘다고 말하였는데 진짜네! 야, 진짜 하늘이 나를 도와주고 있군. 스스로 물러 나다니….'

하나로 만들기 위한 싸움을 시작하였으나 실패하다.

모든 준비를 마친 나는 다시 집안을 하나로 만들기 위해 남쪽으로 내려갔다. 아직도 남아있는 매기 사람들을 쫓아내기 위해 싸움을 시작한 것이다. 준비를 많이 하였기에 예상대로 아주 쉽게 남쪽으로 내려갔다. 조금만 더 가면 하나의 집안이 된다는 기쁨이 온몸을 감쌌다.

그런데 며칠이 지나자 매기네에서 여러 마을 사람들을 모아서 반격하기 시작하였다. 매기네는 매우 강했다. 도저히 견디지 못한 나는 다시 북쪽으로 쫓겨갔다. 계속되는 매기네와 여러 마을 사람의 반격으로 이제는 집까지 다 빼앗길 것 같았다.

다급하게 루스에게 가서 도와 달라고 하니, 자기는 매기가 보고 있어서 도와줄 수 없다고 대답했다. 할 수 없이 찰스네에 가서 도와달라고 부탁했다. 이제 막 집안싸움을 끝낸 찰스네에서 잠시 고민을 하다가 말했다.

"우리는 도와줄 여력이 없지만, 우리의 가까운 이웃이 없어지면 우리가 더 힘들어져. 그러니 도와주마!"

찰스네에서 많은 사람을 보내주어, 매기네와 여러 마을 사람들을 막기 시작하였다. 원래의 땅을 다시 찾으면서 다시 마음을 놓게 되었다. 그러나 싸움은 쉽게 끝나지 않았다. 지리하게 싸움이 계속되자 루스가 이제 그만 싸우고 휴전하라고 말했다. 매기와 찰스가 잠시 고민하다가 싸움을 중단하기로 합의하였다.

누가 이길 수 없는 싸움을 계속해 봐야 서로 피해만 더 늘어나니까….

다시 열심히 일하면서 집안을 회복시키다

싸움이 끝나고 돌아와 보니 집안은 엉망이었다. 집들이 거의 다 무너졌고, 마을 사람들도 많이 다쳤고, 또 많이 죽었다. 그래도 제일 강한 매기와의 싸움에서 지지 않고 우리 집안을 지켰다는 데에 만족하기로 하였다.

찰스와 루스네의 도움으로 무너진 집을 다시 짓고, 공장들도 다시 건설하였다. 새로 지으면서 그 전보다 훨씬 멋있게 지으니, 사람들이 좋아했다. 금방 싸움 전의 생활 수준을 회복하였다.

어느 정도 살만해지던 어느 날, 루스와 찰스가 서로 말다툼하기 시작하였다. 말다툼이 시작되면서 루스가 주었던 도움도 점점 줄어지기 시작했다.

'참, 곤란하네. 어느 쪽 편을 들 수도 없으니~ 아무 쪽도 편들지 말고 우리 식으로 가자!'

우리 식으로 경제를 발전시키면서 집안 살림살이도 매우 좋아졌다. 이제는 루스네보다는 못 살지만, 형네보다도 훨씬 잘살고 있고, 찰스네보다는 훨씬 더 잘살고 있다. 새롭게 단장된 마을을 바라보면서 나는 만족스러운 웃음을 지었다.

우리가 잘살고 있으니. 형아네도 잘 살려고 노력하기 시작하였다. 어느 정도 되나 확인하기 위하여 남쪽에 사람을 보내서 다시 하나의 집안을 만들 수 있나를 시험해 보았는데 실패하였다. '조금 더 힘을 쌓아야 하는구나'라고 느꼈다. 바다에 몰래 숨어들어온 매기네 배를 발견하여 끌고 왔으며, 하늘에 날아다니던 매기네 비행기도 격추시켰다. '이제는 우리를 우습게 보면 안 되지!'

그러던 어느 날 갑자기 찰스가 매기하고 친구 하기로 했다고 발표하였다. 먹고살기 힘든 찰스가 매기를 친구로 받아들인 것이다. '언제는 서로 죽어라 싸우더니 이제는 친구를 하자고 해? 우리에게 말도 안 하고 우리의 적과 친구가 되겠다고?' 나는 배신감을 느끼면서 당황하였다.

그러다가 갑자기 형이 생각났다. 최근에 잘살려고 열심히 일하고 있다는데 진짜일까? 형과 연락해서 한번 놀러 오라고 했다. 형네 사람들이 오자 지하철도 보여 주고, 아파트도 보여 주었다. 집에 있는 컬러텔레비전을 보게 되자, 매우 놀라는 표정을 지었다. '역시 우리가 더 잘살고 있군! 이렇게 놀래다니.' 사람들이 다시 남으로 돌아간 뒤 나는 우리 방식이 최고라 생각하면서 모든 집안을 내 생각대로 바꾸기 시작했다. '우리 식이 최고다!'

당황하기 시작한 나. 새로운 길을 찾다

먹고 살기 힘들어진 찰스네가 매기네를 따라서 먹고 살겠다고 선언한 이후 나는 아직도 화가 가라앉지 않았다. 조금 더 있으니 루스네도 매기식으로 살겠다고 선언하였다. 믿고 의지하던 두 이웃이 한계를 느끼고 자기식을 포기한 것이다. '큰일이네. 이제는 누구를 의지하고 살아가지?'

더욱더 큰 문제가 생겼다. 형네가 드디어 잘살기 시작한 것이다. 아니 우리를 앞지른 것이 충격적이었다. 잠시 안심하고 있는 사이에 형네가 급격하게 잘살게 되면서, 세계운동회도 개최하게 되었다. 개최하려면 돈이 많이 드는데 그것을 성공적으로 개최한 것이다.

'이제는 내가 하나의 집안으로 만들기는 어려울 수 있겠네… 이제는 루스도, 찰스도 나를 도와주지 않아 힘들게 살고 있는데 어떻게 해야 하나?'

어려워진 루스네 집안이 드디어 망했다. 집안은 여러 개로 찢어지면서 엉망이 되었다. 그 사이에 루스네가 관리하던 동서로 갈라진 마을이 다시 하나로 다시 합쳐지게 되었다.

'큰일이다. 이제는 우리만 남아있다. 무엇이든지 해야 한다. 그렇지 않으면 뒤처진 내가 형네 집에 흡수될 수도 있다. 매기가 형네와 계속 싸움 놀이 연습을 하고 있다. 아, 언제 내가 당할지 모른다! 정신 차리자.'

먼저 형네와 이제는 싸우지 말고 서로 사이좋게 지내자고 말하니 좋다고 하였다. 그래서 온 마을에 우리는 사이좋게 지내겠다고 선언하였다. 형네 마을에 있는 무서운 무기도 이제는 없어졌고, 싸움놀이도 중단되고 나니 마음이 조금 편해졌다.

갑자기 매기네가 사막에 있는 작은 마을을 공격하였다. 착한 마을을 공격한 나쁜 마을이라고 한다. '아, 매기가 다음에 우리를 공격하면 어떻게 하지?' 한참 생각해 보니 우리가 무서운 무기를 가지면 공격을 하지 못할 것이라는 생각이 들었다. '맞아, 무서운 무기를 개발하자. 그러면 무서운 무기를 가진 우리가 무서워서, 우리를 공격하지 못할 거야!'

그러나 무서운 무기를 개발하려는 시도는 매기네에 의해 발각되었다. 전기가 부족하여 개발했다고 핑계를 대면서 매기와 합의하였다. 다시는 개발하지 않겠다고 약속을 하면서 우리가 부족한 것을 얻을 수 있었다. '당분간 공격은 안 하겠지! 이렇게 합의했으니.'

찰스가 형네와 친하게 지내기로 합의하면서, 매우 가까워지고 있다. 하지 말라고 그렇게 반대했는데도 이제는 나보다 더 친하게 지내는 것 같다. 더 이상 믿을 수 있는 이웃이 없으니, 혼자서 조용히 생각하면서 지내기로 하였다. 그러나 갑자기 닥친 수해로 먹고살기가 더 힘들어 지고, 도와주는 마을도 없으니 생활이 갈수록 엉망이 되었다.

먹고살기 힘들어서 형네와 이야기해 보니….

집안이 어려워지고 의지할 이웃이 없으니 할 수 없이 형을 만나서 상의해 보자는 생각이 들었다. 오랜만에 다시 만나니 서로 기뻐했다. 서로 빨리 하나의 집안이 되자는 덕담도 하였다. 그러나 다시 만나 보니 모든 것이 바뀌어 있다는 것을 느끼게 되었다..

형네는 매우 부유해져서 이제는 우리가 도저히 따라갈 수 없을 정도가 되어 있었다. 더더욱 찰스네도 부자가 되고 있었다. 사람들이 많아서 계속 못살 줄 알았는데, 우리가 힘들게 고생하고 있는 사이에 찰스네도 우리보다 더 잘살게 된 것이다.

'아, 옛날이 그리워진다. 그때는 우리가 제일 잘 살았었는데….'

형이 부자가 되었으니 은근히 기대하였으나, 현실은 우리의 예상과 전혀 달랐다. 만나서 식사하고 같이 지낼 때는 형이 돈을 쉽게 지불하였으나, 그 외에는 매우 인색하였다. 돈이 들어갈 수 있는 새로운 사업에 대해서는 하나하나 따지면서 계산해 보고, 필요하다고 요구해도 한꺼번에 해주지 않는다.

먹고 살기 위한 공장을 지을 때를 보자. 공장을 지을 수 있는 빈 땅이 많이 필요하다고 해서 힘들게 많은 땅을 만들어서 빌려주었더니, 공장을 조금씩 짓고 있었다. 한꺼번에 많이 지으라고 하니, 공장을 돌리면서 돈이 벌리면 그때 확장하면 된다고 대답했다.

우리가 부족한 신발이나 옷(양복과 정장), 치약과 칫솔 등을 직접 생산하려고 하니 도와 달라고 말한 적이 있었다. 그때 형은 우리의 기술이나 설비가 부족하여 생산할 수 없다고 말했다. 그러면 형이 만들어 줄 수 있느냐고 물으니, 비용이 많이 들어 도와줄 수 없다고 말했다.

'참, 인색하게 군다. 부자가 되면 다 저렇게 바뀌나. 말만 동생이지 뭐 하나 속 시원하게 도와주지를 않네.' 이 핑계 저 핑계만 대면서 피해만 다니는 형이 매우 야속하게 느껴진다.

다시 닥친 위기

내가 형하고 이야기하면서 지내는 사이에 매기네 생각이 많이 바뀐 사건이 일어났다.

매기네에 앙심을 품은 사막의 작은 마을 사람들이 메기 집안의 무역 사무실을 불태운 것이다. 여러 사람이 죽자 매기는 즉시 그 마을을 보복 공격하였다. 전 마을에서 제일 힘이 센 매기의 눈 밖에 나면 모두 죽을 수밖에 없다. 그런데 갑자기 우리도 혼내 주어야 할 나쁜 마을이라고 말했다.

'아, 이게 뭐지? 다음에는 우리를 공격하겠다는 거야? 큰일이네. 다시 무서운 무기를 만들어야 하나?'

우리를 나쁜 마을이라고 말한 매기는 예상대로 우리를 위협하기 시작하였고, 우리는 다시 위험한 무기를 본격적으로 만들기 시작하였다. 내가 매기와 옛날에 한 약속을 깨고 다시 무서운 무기를 만들고 있다고 매기는 매우 화가 나 있었다. 나와 이야기를 하려고 하지 않고, 우리를 공격할 기회만 찾는 것 같았다. 둘이 서로 말은 안 하고 째려보고 있는데, 다행히도 이번에 찰스네가 옆에서 거들었다. 매기와 친하게 지내면서 부자가 된 찰스네가 매기를 도와주기 위해 나선 것이다.

우리와 매기를 화해시키기 위하여 찰스는 주위 마을의 모든 대표들을 다 불러 모아서 의논하기 시작했다. 매기는 화가 많이 났는지 이번에는 쉽게 합의를 하지 않는다. 계속 무서운 무기를 만드는 것을 무조건 포기하라고만 주장한다.

'우리가 포기한다면 사막의 작은 마을처럼 공격당할 수 있다. 말도 안 되는 말이다! 먼저 우리를 치지 않겠다는 약속을 받아내야 한다. 사실 찰스도 우리가 무서운 무기를 만드는 것을 좋아하는 것 같지는 않으나, 그렇다고 무서운 무기를 무서워하지도 않는 것 같은 데 매기는 왜 저렇게 흥분하고 있을까?'

주위 마을 대표들과 같이 찾은 합의안을 매기가 계속 거부하고 있어서 나는 특단의 대책을 결심할 수밖에 없었다. 먼저 형을 다시 만나서 우리끼리 서로 잘 지내자고 하면서 말하면서, 주위 마을 대표 합의안대로 하자고 약속하였다. 그리고 거의 동시에 무서운 무기의 폭파 실험도 실시하였다.

'우리를 우습게 보고 있으니, 매기가 합의를 안 하는 거야. 우리의 실력을 보여주면 합의할 거야!'

나의 굳은 의지를 확인한 메기는 할 수 없이 합의하였다. 그리고 우리를 나쁜 마을 명단에서 지웠다. 이 과정에서 찰스가 매우 힘들게 일했다. 고마운 찰스!

'이제야 겨우 다시 마음 편하게 살 수 있겠네. 역시 행동으로 보여 주니 위기가 지나가는군!'

점점 고립되는 아우

그러나 마음 편한 상태가 오래가지는 않았다. 합의를 하고 나서 조금 지나자, 매기가 형과 같이 남쪽에서 싸움놀이 연습을 다시 시작하였다. 우리가 형네를 쳐들어올 것에 대비하여 연습을 한다고 말했다.

'이게 뭐야? 참, 황당하군! 같이 친하게 지내면서 협력하고 있는데 뒤에서는 싸움 연습을 준비하고 있었네. 형도 믿을 수가 없군. 이제는 더 이상 헛된 희망을 갖지 말자.'

형과의 관계를 다 끊었다.

더욱더 황당한 것은 찰스가 나 대신 다른 사람을 우리 집안의 가장으로 만들려고 몰래 작업했다는 것이다. 다행히 내가 사전에 알게 되어서 최악의 사태를 막을 수 있었다.

'이제는 찰스도 믿을 수가 없군.' 찰스와도 거리를 두기 시작하였다.

모두와의 관계를 멀리하고 나는 깊은 생각에 잠겼다. '어떻게 해야 이 난관을 돌파할 수 있을까?'

한참을 생각해도 다른 방법이 없는 것 같다. '우선 우리를 공격하지 못하게 무서운 무기를 먼저 개발하자. 그러고 나서 다시 생각해 보자!' 나는 본격적으로 무서운 무기를 개발하기 시작하였다.

무기를 개발할수록 매기는 신경질적으로 변하였다. 모든 마을 사람에게 내가 무서운 무기를 만드는 나쁜 사람이니 친하게 지내서는 안 되고, 그 어떠한 지원도 하면 안 된다고 주장하였다. 매기가 찰스를 압박하면서 우리에 대한 찰스네의 지원도 점점 줄어들게 되었다. 찰스네가 우리를 무조건 도와주면서 우리가 살 수 있었는데, 찰스네의 지원이 줄어드니 생활이 갈수록 힘들게 되었다.

그렇지만 찰스네는 우리 가족이 흩어지지 않을 정도의 최소한의 지원은 계속하고 있다. 무서운 무기의 개발에 대해서 찰스가 찬성하지는 않지만, 우리 가족이 없어지면 찰스네가 더 힘들어질 것이라고 생각하면서 도와주는 것 같다. 또한 전에 나 몰래 다른 사람을 지원하려고 했던 잘못이 있어서 더 잘하는 것도 있다.

아우의 희망

드디어 무서운 무기 개발에 성공하였다. 그런데 무서운 무기를 가지고 있어도, 형만 무서워하고, 다른 사람들은 아무도 우리를 무서워하지 않는다. 왜 그렇지? 곰곰이 다시 생각해 보니 알 것 같다.

'우리가 몇십 개를 가지고 있다. 그런데 찰스는 몇백 개를 보유하고 있고, 매기는 천 개는 가지고 있으니, 전혀 우리를 두려워하지 않고 있는 것이다. 그렇군! 무서운 무기를 가져도 큰 효과가 없군. 오히려 매기는 적극적으로 우리 마을을 공격하려고 기회만 보고 있는 것 같다.' 사실 찰스가 반대하지 않았다면, 매기가 벌써 우리를 공격했을 수도 있었다.

그동안 무서운 무기를 만드느라 집안을 제대로 살피지 못했다. 다시 집안을 보니 가족들 모두몹시 힘들게 살고 있다. 가족들이 행복하게 사는 것이 중요하다. 이제는 가족을 챙겨야 할 때이다. 어떻게 해야 할까?

우신 형과 다시 이야기를 해보자. 그래도 믿을 수 있는 사람은 가족이니까.

다시 잘살고 싶으니 도와줄 수 있느냐고 묻자, 매기만 반대 안 하면 이번에는 제대로 도와주겠다고 말한다. 좋군!

매기와 다시 말해보니 우선 무서운 무기를 포기해야 한다고 옛날보다 더 강하게 말한다. 나는 무서운 무기는 포기할 수 있지만, 먼저 우리를 해치지 않겠다는 약속을 해달라고 대답했다. 이에 매기는 무서운 무기를 포기하기 전에는 어떠한 약속도 하지 않겠다고 한다. 두 번이나 약속을 깬 우리를 믿지 못한다고 말을 덧붙였다.

'참, 곤란하군. 나도 믿지 못하는데… 형과 계속 싸움 연습을 하는 매기를 나도 믿기 어려운데… 왜 내가 매기만 믿어야 하고, 매기는 나를 못 믿지?' 동시에 같이 하나씩 양보하자고 해도 반응이 영 별로 좋지 않다.

찰스에게 상의를 해보니 시간을 가지면서 천천히 대화하라고 한다.

집안 형편이 매우 나쁘다. 천천히 나아가기도 어렵다. 어떻게 해야 하나? 나의 고민은 깊어지고 있다. 먹고 살기가 급한데, 문제는 쉽게 풀릴 것 같지는 않다. 나의 작은 희망은 우리 가족이 행복하게 사는 것인데~.

'누가 나를 도와줄 수 있어요?'

나의 소원

민족 국가

네 소원이 무엇이냐 하고 하나님이 내게 물으시면 나는 서슴지 않고 「내 소원은 대한 독립이오」 하고 대답할 것이다. 그다음 소원은 무엇이냐 하면 나는 또 「우리나라의 독립이오」 할 것이오, 또 그다음 소원이 무엇이냐 하는 셋째 번 물음에도 나는 더욱 소리를 높여서, 「나의 소원은 우리나라 대한의 완전한 자주독립이오」 하고 대답할 것이다.

동포 여러분! 나 김구의 소원은 이것 하나밖에는 없다. 내 과거의 칠십 평생을 이 소원을 위하여 살아왔고 현재에도 이 소원 때문에 살고 있고 미래에도 나는 이 소원을 달성하려고 할 것이다.

독립이 없는 나라의 백성으로 칠십 평생에 설움과 부끄러움과 애탐을 받은 나에게는 세상에 가장 좋은 것이 완전하게 자주 독립한 나라의 백성으로 살아보다가 죽는 일이다. 나는 일찍 우리 독립정부의 문지기가 되기를 원하였거니와 그것은 우리나라가 독립국만 되면 나는 그 나라에 가장 미천한 자가 되어도 좋다는 뜻이다. 왜 그런고 하면 독립한 제 나라의 빈천이 남의 밑에 사는 부귀보다 기쁘고 영광스럽고 희망이 많기 때문이다. 옛날 일본에 갔던 박제상(朴堤上)이, 「내 차라리 계림의 개, 돼지가 될지언정 왜왕의 신하로 부귀를 누리지 않겠다」 한 것이 그의 진정이었던 것을 나는 안다. 제상은 왜왕이 높은 벼슬과 많은 재물을 준다는 것을 물리치고 달게 죽음을 받았으니 그것은 「차라리 내 나라의 귀신이 되리라」 함이었다.

근래에 우리 동포 중에는 우리나라를 어느 큰 이웃 나라의 연방에 편입하기를 소원하는 자가 있다 하니 나는 그 말을 차마 믿으려 아니 하거니와 만일 진실로 그러한 자가 있다 하면 그는 제정신을 잃은 미친놈이라 밖에 볼 길이 없다.

나는 공자, 석가, 예수의 도를 배웠고 그들을 성인으로 숭배하거니와 그들이 합하여서 세운 천당, 극락이 있다 하더라도 그것이 우리 민족이 세운 나라가 아닐 진 데 우리 민족을 그 나라로 끌고 들어가지 아니할 것이다. 왜 그런고 하면 피와 역사를 같이 하는 민족이란 완연히 있는 것이어서 내 몸이 남의 몸이 못 됨과 같이 이 민족이 저 민족이 될 수 없는 것이 마치 형제도 한집에서 살기 어려움과 같은 것이다. 둘 이상이 합하여서 하나가 되자면 하나는 높고 하나는 낮아서 하나는 위에 있어서 명령하고 하나는 밑에 있어서 복종하는 것이 근본 문제가 되는 것이다.

이에 대하야 일부 소위 좌익의 무리는 혈통의 조국을 부인하고 소위 사상의 조국을 운운하며 혈족의 동포를 무시하고 소위 사상의 동무와 프롤레타리아의 국제적 계급을 주장하여 민족주의라면 마치 이미 진리권 외에 떨어진 생각인 것 같이 말하고 있다. 심히 어리석은 생각이다. 철학도 변하고 정치, 경제의 학설도 일시적이거니와 민족의 혈통은 영구적이다. 일찍 어느 민족 내에서나 혹은 종교로 혹은 학설로 혹은 경제적 정치적 이해의 충돌로 하여 두 파 세 파로 갈려서 피로써 싸운 일이 없는 민족이 없거니와 지내어 놓고 보면 그것은 바람과 같이 지나가는 일시적인 것이오, 민족은 필경 바람 잔 뒤에 초목 모양으로 뿌리와 가지를 서로 걷고 한 수풀을 일구어 살고 있다. 오늘날 소위 좌우익이란 것도 결국 영원한 혈통의 바다에 일어나는 일시적인 풍파에 불과한 것을 잊어서는 아니 된다.

이 모양으로 모든 사상도 가고 신앙도 변한다. 그러나 혈통적인 민족만은 영원히 성쇠흥망의 공동운명의 인연에 얽힌 한 몸으로 이 땅 위에 나는 것이다.

세계 인류가 너나없이 한 겁이 되어 사는 것은 좋은 일이오 인류의 최고요 최후인 희망이오 이상이다. 그러나 이것은 멀고 먼 장래에 바랄 것이오 현실의 일은 아니다. 사해동포(四海同胞)의 크고 아름다운 목표를 향하여 인류가 향상하고 전진하는 노력을 하는 것은 좋은 일이오 마땅히 할 일이나 이것도 현실을 떠나서는 안 되는 일이니 현실의 진리는 민족마다 최선의 국가를 일러 최선의 문화를 낳아 길러서 다른 민족과 서로 바꾸고 서로 돕는 일이다. 이것이 내가 믿고 있는 민주주의요. 이것이 인류의 현 단계에서는 가장 확실한 진리다.

그러므로 우리 민족으로서 하여야 할 최고의 임무는 첫째로 남의 절제도 아니 받고 남에게 의뢰도 아니 하는 완전한 자주독립의 나라를 세우는 일이다. 이것이 없이는 우리 민족의 생활을 보장할 수 없을뿐더러, 우리 민족의 정신력을 자유로 발휘하여 빛나는 문화를 세울 수가 없기 때문이다. 이렇게 완전 자주독립의 나라를 세운 뒤에는, 둘째로 이 지구상의 인류가 진정한 평화와 복락을 누릴 수 있는 사상을 낳아 그것을 먼저 우리나라에 실현하는 것이다.

나는 오늘날 인류의 문화가 불완전함을 안다. 나라마다 안으로는 정치상, 경제상, 사회상으로 불평등, 불합리가 있고 밖으로 국제적으로는 나라와 나라의, 민족과 민족의 시기, 알력, 침략, 그리고 그 침략에 대한 보복으로 적고 큰 전쟁이 끊일 사이가 없어서 많은 생명과 재물을 희생하고도 좋은 일이 오는 것이 아니라, 인심의 불안과 도덕의 타락은 갈수록 더하니 이래서는 전쟁이 끊일 날이 없어 인류는 마침내 멸망하고 말 것이다. 그러므로 인류 세계에는 새로운 생활원리의 발견과 실천이 필요하게 되었다. 이야말로 우리 민족이 담당한 천직이라고 믿는다.

이러함으로 우리 민족의 독립이란 결코 삼천리 삼천만의 일이 아니라 진실로 세계 전체의 운명에 관한 일이오, 그러므로 우리나라의 독립을 위하여 일하는 것이 곧 인류를 위하여 일하는 것이다.

만일 우리의 오늘날 형편이 초라한 것을 보고 자굴지심을 발화야 우리가 세우는 나라가 그처럼 위대한 일을 할 것을 의심한다 하면 그것은 스스로를 모욕하는 일이다. 우리 민족의 지나간 역사가 빛나지 아니함이 아니나 그것은 아직 서곡이었다. 우리가 유연배우로 세계 역사의 무대에 나서는 것은 오늘 이후다. 삼천만의 우리 민족이 옛날의 희랍 민족이나 로마 민족이 한 일을 못 한다고 생각할 수 있겠는가.

내가 원하는 우리 민족의 사업은 결코 세계를 무력으로 정복하거나 경제력으로 지배하려는 것이 아니다. 오직 사랑의 문화, 평화의 문화로 우리 스스로 잘 살고 인류 전체가 의좋게 즐겁게 살도록 하는 일을 하자는 것이다. 어느 민족도 일찍 그러한 일을 한 이가 없었으니 그것은 공상이라고 하지 말라. 일찍 아무도 한 자가 없기에 우리가 하자는 것이다. 이 큰일은 하늘이 우리를 위하여 남겨 놓으신 것임을 깨달을 때 우리 민족은 비로소 제 길을 찾고 제 일을 알아본 것이다. 나는 우리나라의 청년 남녀가 모도 과거의 조그맣고 좁은 생각을 버리고 우리 민족의 큰 사명에 눈을 떠서 제 마음을 닦고 제힘을 기르기로 낙을 삼기를 바란다. 젊은 사람들이 모도 이 정신을 가지고 이 방향으로 힘을 쓴다면 삼십 년이 못 하야 우리 민족은 괄목상대하게 될 것을 나는 확신하는 바이다.

정치 이념

나의 정치 이념은 한 마디로 표시하면 자유다. 우리가 세우는 나라는 자유의 나라라야 한다.

자유란 무엇인가. 절대로 각 개인이 제멋대로 사는 것을 자유라 하면 이것은 나라가 생기기 전이나 저 레닌의 말 모양으로 나라가 소멸된 뒤에나 있을 일이다. 국가 생활을 하는 인류에게는 이러한 무조건의 자유는 없다. 왜 그러고 하면 국가란 일종의 규범의 속박이기 때문이다. 국가 생활을 하는 우리를 속박하는 것은 법이다. 개인의 생활이 국법에 속박되는 것은 자유 있는 나라나 자유 없는 나라나 마찬가지다. 자유와 자유 아님이 갈리는 것은 개인의 자유를 속박하는 법이 어디서 오느냐 하는 데 달렸다. 자유 있는 나라의 법은 국민의 자유로운 의사에서 오고 자유 없는 나라의 법은 국민 중의 어떤 일 개인 또는 일 계급에서 온다. 일 개인에서 오는 것을 전체 또는 독재라 하고 일 계급에서 오는 것을 계급독재라 하고 통상 파쇼라고 한다.

나는 우리나라가 독재의 나라가 되기를 원치 아니한다. 독재의 나라에서는 정권에 참여하는 계급 하나를 제하고는 다른 국민은 노예가 되고 마는 것이다.

독재 중에도 가장 무서운 독재는 어떤 주의 즉 철학을 기초로 하는 계급독재다. 군주나 기타 개인 독재자의 독재는 그 개인만 제거되면 그만이거니와 다수의 개인으로 조직된 한 계급이 독재의 주체일 때에는 이것을 제거하기는 심히 어려운 것이니 이러한 독재는 그보다는 큰 조직의 힘이거나 국제적 압력이 아니고는 깨트리기 어려운 것이다. 우리나라의 양반정치도 일종의 계급독재이거니와 이것은 수백 년 계속하였다. 이탈리아의 파시스트, 독일의 나치 일은 누구나 다 아는 일이다.

그러나 모든 계급독재 중에도 가장 무서운 것은 철학을 기초로 한 계급독재다. 수백 년 동안 이조 조선에 행하여 온 계급독재는 유교, 그 중에도 주자학파의 철학을 기초로 한 것이어서 다만 정치에 있어서만 독재가 아니라 사상, 학문, 사회생활, 가정생활, 개인생활까지도 규정하는 독재였었다. 이 독재정치 밑에서 우리 민족의 문화는 소멸되고 원기는 마멸된 것이었다. 주자학 이외의 학문은 발달하지 않았으니 이 영향은 예술, 경제, 산업에까지 미쳤다. 우리나라가 망하고 민력이 쇠진하게 한 가장 큰 원인이 실로 여기 있었다. 왜 그런고 하면 국민의 머릿속에 아무리 좋은 사상과 경륜이 생기더라도 그가 집권계급의 사람이 아닌 이상, 또 그것이 사문난적이라는 범주 밖에 나지 않는 이상 세상에 발표되지 못하기 때문이었다. 이 때문에 싹이 트려다가 눌려 죽은 새 사상, 싹도 트지 못하고 밟혀 버린 경륜이 얼마나 많았을까. 언론의 자유가 어떻게나 중요한 것임을 통감하지 아니할 수 없다. 오직 언론의 자유가 있는 나라에만 진보가 있는 것이다.

시방 공산당이 주장하는 소련식 민주주의란 것은 이러한 독재정치 중에도 가장 철저한 것이어서 독재정치의 모든 특징을 극단으로 발휘하고 있다. 즉 헤겔에게서 받은 변증법, 포이 엘 바흐의 유물론 이 두 가지와 아담 스미스의 노동가치론을 가미한 마르크스의 학설을 최후의 것으로 믿어 공산당과 소련의 법률과 군대와 경찰의 힘을 한데 모아서 마르크스의 학설에 일점일획이라도 반대는 고사하고 비판 만 하는 것도 엄금하여 이에 위반하는 자는 죽음의 숙청으로써 대하니 이는 옛날 조선의 사문난적에 대한 것 이상이라, 만일 이러한 정치가 세계에 퍼진다면 전 인류의 사상은 마르크스주의 하나로 통일될 법도 하거니와 설사 그렇게 통일이 된다 하더라도 그것이 불행히 잘 못된 이론 일 진댄 그런 큰 인류의 불행은 없을 것이다. 그런데 마르크스의 학설의 기초인 헤겔의 변증법의 이론이란 것이 이미 여러 학자의 비판으로 말미암아 전면적 진리가 아닌 것이 알려지지 아니하였는가. 자연계의 변천이 변증법에 따르지 아니함은 뉴턴, 아인슈타인 등 모든 과학자들의 학설을 보아서 분명하다.

그러므로 어느 한 학설을 표준으로 하여서 국민의 사상을 속박하는 것은 어느 한 종교를 국교로 정하여서 국민의 신앙을 강제하는 것과 마찬가지로 옳지 아니한 일이다. 산에 한가지 나무만 나지 아니하고 들에 한가지 꽃만 피지 아니한다. 여러 가지 나무가 어울려서 위대한 산림의 아름다움을 일구고 백 가지 꽃이 섞여 피어서 봄 들의 풍성한 경치를 이루는 것이다. 우리가 세우는 나라에는 유교도 성하고 불교도 예수교도 자유로 발달하고 또 철학으로 보더라도 인류의 위대한 사상이 다 들어와서 꽃이 피고 열매를 맺게 할 것이니 이러하여야만 비로서 자유의 나라라 할 것이오, 이러한 자유의 나라에서만 인류의 가장 크고 가장 높은 문화가 발생할 것이다.

나는 노자(老子)의 무위(無爲)를 그대로 믿는 자는 아니거니와 정치에서 너무 인공을 가하는 것을 옳지 않게 생각하는 자이다. 대개 사람이란 전지전능할 수가 없고 학설이란 완전무결할 수 없는 것임으로 한 사람의 생각, 한 학설의 원리로 국민을 통제하는 것은 일시 속한 진보를 보이는 듯 하더라도 필경은 병통이 생겨서 그야말로 변증법적인 폭력의 혁명을 부르게 되는 것이다. 모든 생물에는 다 환경에 순응하여 저를 보존하는 본능이 있으므로 가장 좋은 길은 가만히 두는 길이다. 적은 꾀로 자주 건드리면 이익 보다도 해가 많다. 개인 생활에 너무 잘게 간섭하는 것을 결코 좋은 정치가 아니다. 국민은 군대의 병정도 아니오 감옥의 죄수도 아니다. 한 사람 또는 몇 사람의 호령으로 끌고 가는 것이 극히 부자연하고 또 위태한 일인 것은 파시스트 이탈리아와 나치 독일이 불행하게도 가장 잘 증명하고 있지 아니한가. 미국은 이러한 독재국에 비겨서는 심히 통일이 무력한 것 같고 일의 진행이 느린 듯하여도 그 결과로 보건댄 가장 큰 힘을 발하고 있으니 이것은 그 나라의 민주주의 정치의 효과이다. 무슨 일을 의논할 때에 처음에는 백성들이 저마다 제 의견을 발표하여서 헌헌효효하야 귀일할 바를 모르는 것 같지마는 갑론을박으로 서로 토론하는 동안에 의견이 차차 정리되어서 마침내 두어 큰 진영으로 포섭되었다가 다시 다수결의 방법으로 한 결론에 달하여 국회의 결의가 되고 원수의 결재를 얻어 법률이 이루어지면 이에 국민의 의사가 결정되어 요지부동하게 되는 것이다.

이 모양으로 민주주의란 국민의 의사를 알아보는 한 절차, 또는 방식이오 그 내용은 아니다. 즉 언론의 자유, 투표의 자유, 다수결에 복종—이 세 가지가 곧 민주주의다. 국론 즉 국민의 의사의 내용은 그때그때의 국민의 언론전으로 결정되는 것이어서 어느 개인이나 당파의 특정한 철학적 이론에 좌우되는 것이 아님이 미국식 민주주의의 특색이다. 다시 말하면 언론, 투표, 다수결복종이라는 절차만 밟으면 어떠한 철학에 기초한 법률도 정책도 만들 수 있으니 이것을 제한하는 것은 오직 그 헌법의 조문뿐이다. 그런데 헌법도 결코 독재국의 그것과 같이 신성불가침의 것이 아니라 민주주의의 절차로 개정할 수가 있는 것이니 이러므로 민주 즉 백성이 나라의 주권자라 하는 것이다. 이러한 나라에서 국론을 움직이려면 그중에서 어떤 개인이나 당파를 움직여서 되지 아니하고 그 나라 국민의 의견을 움직여서 된다. 백성들의 적은 의견은 이해관계로 결정되거니와 큰 의견은 그 국민성과 신앙과 철학으로 결정된다. 여기서 문화와 교육의 중요성이 생긴다. 국민성을 보존하는 것이나 수정하고 향상하는 것이 문화와 교육의 힘이오, 산업의 방향도 문화와 교육으로 결정됨이 큰 까닭이다. 교육이란 결코 생활의 기술을 가르치는 것만을 의미하는 것이 아니다. 교육의 기초가 되는 것은 우주와 인생과 정치에 대한 철학이다. 어떠한 철학의 기초 우에 어떠한 생활의 기술을 가르치는 것이 곧 국민 교육이다. 그러므로 좋은 민주주의의 정치는 좋은 교육에서 시작될 것이다. 건전한 철학의 기초 우에 서지 아니한 지식과 기술의 교육은 그 개인과 그를 포함한 국가에 해가 된다. 인류 전체로 보아도 그러하다.

이상에 말한 것으로 내 정치 이념이 대강 짐작될 것이다. 나는 어떠한 의미로든지 독재정치를 배격한다. 나는 우리 동포를 향하여서 부르짖는다. 결코 결코 독재정치가 아니 되도록 조심하라고. 우리 동포 각 개인이 십분의 언론자유를 누려서 국민전체의 의견 대토 되는 정치를 하는 나라를 건설하자고. 일부 당파나 어떤 한 계급의 철학으로 다른 다수를 강제함이 없고, 또 현재의 우리들의 이론으로 우리 자손의 사상과 신앙의 자유를 속박함이 없는 나라, 천지와 같이 넓고 자유로운 나라, 그러면서도 사랑의 덕과 법의 질서가 우주 자연의 법칙과 같이 준수되는 나라가 되도록 우리나라를 건설하자고.

그러라고 나는 미국의 민주주의 제도를 그대로 직역하자는 것은 아니다. 다만 소련의 독재적인 「민주주의」에 대하야 미국의 언론 자유적인 민주주의를 비교하여서 그 가치를 판단하였을 뿐이다. 둘 중에서 하나를 택한다면 사상과 언론의 자유를 기초로 한 자를 취한다는 말이다.

나는 미국의 민주주의 정치제도가 반드시 최후적인 완성된 것이라고는 생각지 아니한다. 인생의 어느 부분이나 다 그러함과 같이 정치형태에 있어서도 무한한 창조적 진화가 있을 것이다. 더구나 우리나라와 같이 반만년 이래로 여러 가지 국가 형태를 경험한 나라에는 결점도 많으려니와 교묘하게 발달한 정치나 제도도 없지 아니할 것이다. 가까이 이조 시대로 보더라도, 홍문관, 사간원, 사헌부 같은 것은 국민 중에 현인의 의사를 국정에 반영하는 제도로 맛있는 제도요, 과거제도와 암행어사 같은 것도 연구할 만한 제도다. 역대의 정치제도를 상고하면 반드시 쓸 만한 것도 많으리라 고 믿는다. 이렇게 남의 나라의 좋은 것을 취하고 내 나라의 좋은 것을 골라서 우리나라에 독특한 좋은 제도를 만드는 것도 세계의 문운에 보태는 일이다.

내가 원하는 우리나라

나는 우리나라가 세계에 가장 아름다운 나라가 되기를 원한다. 가장 부강한 나라가 되기를 원하는 것은 아니다. 내가 남의 침략에 가슴이 아팠으니 내 나라가 남을 침략하는 것을 원치 아니한다. 우리의 부력은 우리의 생활을 풍족히 할 만하고 우리의 강력은 남의 침략을 막을 만하면 족하다. 오직 한없이 가지고 싶은 것은 높은 문화의 힘이다. 문화의 힘은 우리 자신을 행복되게 하고 나아가서 남에게 행복을 주겠기 때문이다. 지금 인류에게 부족한 것은 무력도 아니오 경제력도 아니다. 자연 과학의 힘은 아무리 많아도 좋으나 인류 전체로 보면 현재의 자연과학만 가지고도 편안히 살아가기에 넉넉하다. 인류가 현재에 불행한 극본 이유는 인의가 부족하고 자비가 부족하고 사랑이 부족한 때문이다. 이 마음만 발달이 되면 현재의 물질력으로 이 십억이 다 편안히 살아갈 수 있을 것이다. 인류의 이 정신을 배양하는 것은 오직 문화다. 나는 우리나라가 남의 것을 모방하는 나라가 되지 말고 이러한 높고 새로운 문화의 근원이 되고 목표가 되고 모범이 되기를 원한다. 그래서 진정한 세계의 평화가 우리나라에서, 우리나라로 말미암아서 세계에 실현되기를 원한다. 홍익인간(弘益人間)이라는 우리 국조 단군의 이상이 이것이라고 믿는다. 또 우리 민족의 재주와 정신과 과거의 단련이 이 사명을 달하기에 넉넉하고 우리 국토의 위치와 기타의 지리적 조건이 그러하며 또 일차 이차의 세계대전을 치른 인류의 요구가 그러하며 이러한 시대에 새로 나라를 고쳐 세우는 우리의 탄 시기가 그러하다고 믿는다. 우리 민족이 주연배우로 세계의 무대에 등장할 날이 눈앞에 보이지 아니하는가.

이 일을 하기 위하여 우리가 할 일은 사상의 자유를 확보하는 정치양식의 건립과 국민교육의 완비다. 내가 우에서 자유의 나라를 강조하고 교육의 중요성을 말한 것이 이 때문이다.

최고 문화 건설의 사명을 달성할 민족은 일언이폐지하면 모두 성인을 만드는 데 있다. 대한 사람이라면 간 데마다 신용을 받고 대접을 받아야 한다. 우리의 적이 우리를 누르고 있을 때는 미워하고 분해하는 살별, 투쟁의 정진을 길렀었거니와 적은 이미 물러갔으니 우리는 증오의 투쟁을 버리고 화합의 건설을 일삼을 때다. 집안이 불화하면 망하고 나라 안이 갈려서 싸우면 망한다. 동포 간의 증오와 투쟁은 망조다. 우리의 용모에서는 화기가 빛나야 한다. 우리 국토 안에는 언제나 춘풍이 태탕하여야 한다. 이것은 우리 국민 각자가 한번 마음을 고쳐먹음으로 되고 그러한 정신의 교육으로 영속될 것이다.

최고 문화로 인류의 모범이 되기를 사명으로 삼는 우리 민족의 각 원은 이기적 개인주의자여서는 안 된다. 우리는 개인의 자유를 극도로 주장하되 그것은 저 짐승들과 같이 저마다 제 배를 채우기에 쓰는 자유가 아니오 제 가족을 제 이웃을, 제 국민을 잘살게 하기에 쓰이는 자유다. 공원의 꽃을 꺾는 자유가 아니라, 공원의 꽃을 심는 자유다.

우리는 남의 것을 빼앗거나 남의 덕을 입으려는 사람이 아니라 가족에게, 이웃에게, 동포에게 주는 것으로 낙을 삼는 사람이다. 우리 말에 이른

바 선비요 점잖은 사람이다.

그러므로 우리는 게으르지 아니하고 부지런하다. 사랑하는 처자를 가진 가장은 부지런할 수밖에 없다. 한없이 주기 위함이다. 힘든 일은 내가 앞서 사랑하는 동포를 아낌이오 즐거운 것은 남에게 권하니 사랑하는 자를 위하기 때문이다. 우리 조상 네가 좋아하던 인후지덕이란 것이다.

이렇게 함으로 우리나라의 산에는 삼림이 무성하고 들에는 오곡백과가 풍성하며 촌락과 도시는 깨끗하고 풍성하고 화평할 것이다. 그러니 우리 동포, 즉 대한 사람은 남자나 여자나 얼굴에는 항상 화기가 있고 몸에서는 덕의 향기를 발할 것이다. 이러한 나라는 불행 하려야 불행할 수 없고 망하려 하여도 망할 수 없는 것이다. 민족의 행복은 결코 계급투쟁에서 오는 것도 아니오 개인의 행복이 이기심에서 오는 것이 아니다. 계급투쟁은 끝없는 계급투쟁을 낳아서 국토에 피가 마를 날이 없고 내가 이기심으로 남을 해하면 천하가 이기심으로 나를 해할 것이니 이것은 조금 얻고 많이 빼앗기는 법이다. 일본의 이번 당한 보복은 국제적 민족적으로도 그러함을 증명하는 가장 좋은 실례다.

이상에 말한 것은 내가 바라는 새 나라의 용모의 일단을 그린 것이어니와 동포 여러분! 이러한 나라가 된다면 얼마나 좋겠는가. 우리네 자손을 이러한 나라에 남기고 가면 얼마나 만족하겠는가. 옛날 한토의 기자(箕子)가 우리나라를 사모하여 왔고 공자께서도 우리 민족 사는 데 오고 싶다고 하셨으며 우리 민족을 인(仁)을 좋아하는 민족이라 하였으니 옛날에도 그러하였거니와 앞으로는 세계 인류가 모두 우리 민족의 문화를 이렇게 사모하도록 하지 아니하려는가.

나는 우리의 힘으로, 특히 교육의 힘으로 반드시 이 일이 이루어질 것을 믿는다. 우리나라의 젊은 남녀가 다 이 마음을 가진다면 아니 이루어지고 어찌하랴.

나도 일찍 황해도에서 교육에 종사하였거니와 내가 교육에서 바라던 것이 이것이었다. 내 나이 이제 칠십이 넘었으니 몸소 국민교육에 종사할 시일이 넉넉지 못하거니와 나는 천하의 교육자와 남녀 학도들이 한번 크게 마음을 고쳐먹기를 빌지 아니할 수 없다.

1. 1947년 출판된 백범일지에 게재된 '나의 소원' 전문을 여기에 소개한다.
2. 당시의 글은 세로쓰기로 되어 있었고, 한문투가 많아서 읽기 부담스러운 면이 있다. 이에 현대언어에 익숙한 독자들의 이해를 돕기 위해 필자가 최소 부분만 수정하였다.

한반도 공화국 리포트

펴낸날 2019년 10월 14일

지은이 김경종

펴낸이 주계수 | **편집책임** 이슬기 | **꾸민이** 이슬기

펴낸곳 밥북 | **출판등록** 제 2014-000085 호

주소 서울시 마포구 양화로 59 화승리버스텔 303호

전화 02-6925-0370 | **팩스** 02-6925-0380

홈페이지 www.bobbook.co.kr | **이메일** bobbook@hanmail.net

ISBN 979-11-5858-599-0 (03340)

※ 이 도서의 국립중앙도서관 출판시도서목록(CIP)은 e-CIP 홈페이지(http://www.nl.go.kr/cip)에서 이용하실 수 있습니다. (CIP 2019038804)